U0678244

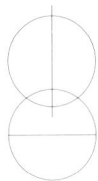

新中日文化交流史大系

编委会

主　编：王　勇

副主编：葛继勇

委　员：王　勇　王晓平　葛继勇　邢永凤

　　　　江　静　[日]河内春人　[日]森公章

　　　　陈　翀　张伟雄　丁　莉

国家出版基金项目
NATIONAL PUBLICATION FOUNDATION

隋唐中日书籍交流史

王勇 著

浙江人民出版社

总　序

　　中日文化交流的历史悠久而灿烂，历代名人辈出且留存史料丰赡，在中日两国学术界备受关注，多年来，该领域积淀了无数的学术研究成果。

　　日本学者辻善之助《增订海外交通史话》、藤田元春《上代日中交通史研究》、木宫泰彦《日中文化交流史》均出版于半个世纪前，这三部著作堪称中日文化交流史领域的先驱作品，至今仍有其重要意义。其中《日中文化交流史》经胡锡年翻译成中文后，更是对从事该领域研究的中国学者产生了莫大的影响。森克己围绕"宋日贸易"所著的《日宋贸易之研究》《续日宋贸易之研究》《续续日宋贸易之研究》《日宋文化交流之诸问题》四部扛鼎之作，搜集网罗该领域的基本史料，夯实了该领域的研究基础。田中健夫的《对外关系与文化交流》《中世对外关系史》等书聚焦元明时期，他继承了森克己的学术理念，着眼于东亚地区，促成了该领域的新发展。

　　此外，实藤惠秀研究清末时期的中国留学生（《中国人留学日本史》），大庭修研究江户时代中国书籍的流通（《江户时代中国典籍流播日本之研究》），池田温围绕法制研究中日交流史（《东亚文化交流史》），小曽户洋、真柳诚研究中日医学交流史（《汉方的历史》），等等。学者们均在各自的研究领域颇有建树，取得了不俗的成绩。近年来，这一领域的学术新人亦层出不穷，如森公章、山内晋次、田中史生、榎本涉、河野贵美子、河内春人等活跃在国际学术舞台，成果频出，备受瞩目。

回看中国，除了民国时期王辑五所著《中国日本交通史》，我国学者对这一领域的真正研究，始于1972年中日两国邦交正常化之后。

史学领域，汪向荣的《古代的中国与日本》与王晓秋的《近代中日文化交流史》发掘新资料、提出新见解，代表20世纪该领域的顶尖水平；杨栋梁主编六卷本《近代以来日本的中国观》，称得上是"从周边看中国"的佳作。

文学方面，20世纪末严绍璗的《中日古代文学关系史稿》与王晓平的《近代中日文学交流史稿》珠联璧合，以其宏大的视角与浑厚的国学底蕴，全面梳理中日文学交流千年史脉，至今仍被视作经典。

考古学分野，王维坤的《中日文化交流的考古学研究》以出土文物为据，实证中日文化交流史事；尤其是王仲殊，围绕"三角缘神兽镜"提出"东渡吴人制镜说"（《王仲殊文集》第二卷），在日本学界引起甚大反响。

思想史层面，王家骅的《儒家思想与日本文化》关注儒家思想在日本的变容，内容极富创见；刘岳兵的《明治儒学与近代日本》探究"西化"氛围中传统儒学的命运，提出富有挑战性的命题。

此外，来自中国台湾地区、香港地区、澳门地区的学者也是一股不可忽略的研究力量，如研究明代中日关系史的郑樑生，研究东亚教育圈的高明士，研究中日书籍翻译史的谭汝谦等人，都有丰硕的研究成果问世。

综上所述，在中日文化交流史领域，日本学者比中国学者早一步着手研究，凭借对基础史料的收集、整理、解读，在学界独领风骚多年。但近20年来，中国学者潜心研究，积极吸收国内外优秀研究成果，终于取得了飞跃性进步，研究水平达到国际水平，甚至在一些特定的"点"和"线"上有领先之势。

形成上述局面的原因主要有两点：首先，中国学者的汉语功底扎实，不仅能解读日本的汉语史料，还能从中国的历史文献与新出土文物资料中发掘新史料；其次，自1972年中日两国邦交正常化以来，留学日本后归国的中国学者大多数不仅有阅读日语文献资料的能力，还具备撰写外语论文及学术著作的水平。

这些年来，在从事中日文化交流史研究的中国学者中，有不少人因为其杰出的学术成果在国际学术界受到高度评价，甚至获得重量级学术奖项。如：王仲殊因对"三角缘神兽镜"的突破性研究，获得"福冈亚洲文化奖"；严安生因对日本留学精神史的精深研究，获得"大佛次郎奖"；严绍璗因在中日文学交流史领域的巨大贡献，获得"山片蟠桃文化奖"；王晓平因从事汉诗与和歌的比较研究，获得"NARA万叶世界奖"；王勇因提出"书籍之路"理论，获得"国际交流基金奖"；等等。

中日文化交流史为中日两国共有的研究主题，从事该领域研究的学者同人们交流互动亦非常频繁。20多年前，由浙江人民出版社推出的"中日文化交流史大系"正是其成果之一。

30年前的春日，我邀请中日比较文学界的国际知名学者中西进先生到杭州大学（现浙江大学）作专题讲座。讲座结束后，时任杭州大学校长沈善洪先生让我陪同中西进先生一同考察江南园林史迹。1991年5月18日，在无锡的一家酒店中，我与中西进先生共同商定了"中日文化交流史大系"的选题计划。该计划得到了许多同人的帮助，进展顺利。该丛书日文版定名为"日中文化交流史丛书"，自1995年7月起依次出版，共十卷；中文版定名为"中日文化交流史大系"，由浙江人民出版社于1996年11月一次性出版十卷。

此后20多年间，随着考古文物资料的出土及文献资料的不断发现，中日学术界的理念及研究方法也有新的发展，中日两国的人文学术交流更是不断深入。基于此，作为中日文化交流史的研究学者，我认为召集中日两国的学者重新审视两国之间文化交流历史的机缘已然成熟，也正是出版"新中日文化交流史大系"的最佳时机。

20多年前出版的"中日文化交流史大系"以专题史的形式，把全套书分为历史卷、法制卷、思想卷、宗教卷、民俗卷、艺术卷、科技卷、典籍卷、人物卷、文学卷等十卷，而每卷又都是由多人共同执笔的通史体裁著作。"新中日文化交流史大系"（第一辑）共有九卷，邀请了研究中日文化交流领域备受关注的学者，让其用通俗易懂的语言为读者讲述其最新的研究成果，力求做到"有趣有用"。

本丛书于2016年入选国家"'十三五'国家重点出版物出版规划"，2020年入选国家出版基金资助项目。此外，本丛书还得到2017年度国家社科基金重大项目"中日合作版'中日文化交流史丛书'"（首席专家：葛继勇）与浙江大学"双一流"项目"经典文化传承与引领——《东亚汉典》编纂与研究"（主持人：王勇）的支持。在此特别向支持本丛书的各单位和个人表示谢意。

悠久且灿烂的中日文化交流史，是世界文化交流互鉴历史中的瑰宝。希望本丛书能够为新型中日关系的构筑以及两国民众的相互理解略尽绵薄之力。是为序。

浙江大学日本文化研究所

王　勇

2021年10月1日

目　录

2

4

5

第一章
从传说到史实

人类文明的传播，大抵依赖"人"与"物"的承载，这是毋庸置疑的；至于承载体之"物"，因承载不同类型的文明，可大别为"物质""技术""精神"诸层面。

举个浅显的例子：大约在秦汉时期，以"丝绸"为象征的物质文明，在东西文明交汇中独领风骚，形成历史上著名的"丝绸之路"，改变了沿线国家的文明景观；迨至魏晋南北朝时期，以"蚕桑"为代表的技术文明，随着民族迁徙而传播到周边国家，日本史籍称之为"养蚕之道"[1]，推动了这些国家生产力的大幅度提高；到了隋唐时代，"书籍"作为精神文明的结晶，承载着法律制度、伦理道德、文学素养、审美情趣等，风靡整个东亚，笔者将其命名为"书籍之路"[2]，它成功重塑了

---

[1] 《日本书纪》卷一："于时天照大神……口里含茧，便得抽丝，自此始有养蚕之道焉。"传说日本天皇的始祖天照大神即是位养蚕织女，从某种意义上说，日本文明亦起步于"养蚕之道"。

[2] 关涉"书籍之路"的论述，可参见以下著述：王勇等编：《中日文化交流史大系·典籍卷》，浙江人民出版社1996年版；王勇、久保田秀夫编：《奈良·平安期の日中文化交流—ブックロードの视点から—》，农文协出版社2001年版；王勇：《"丝绸之路"与"书籍之路"》，《浙江大学学报》2003年第5期；王勇等：《中日"书籍之路"研究》，北京图书馆出版社2003年版；王勇：《書物の中日交流史》，国际文化工房2005年版；王勇编：《书籍之路与文化交流》，上海辞书出版社2009年版；王勇编：《东亚坐标中的书籍之路研究》，中国书籍出版社2013年版；王勇：《奈良·平安期のブックロード》，大樟树出版社2018年版。

周边民族的精神世界。

　　既然世界各地的文明内质存在各种差异，那么文化交流的形式也就不可能划一雷同。当西方人坚信丝绸是从"羊毛树"[1]上采集而来时，日本列岛的先民已经开始养蚕植桑、生产丝绸了。追溯中日古代历史，从根本上影响日本文明进程的，既不是丝绸也不是陶瓷，而是当时西方人或许不屑一顾的书籍。

　　毋庸置疑，以"丝绸"为焦点探讨东西文化交汇，是行之有效的一条路径。那么，以"书籍"为线索考察中日乃至东亚文化交流，也许不失为一种有益的尝试。

一

徐福赍书说

　　中国书籍之东传，究竟始于何时？往古的传闻虚实参半，需作一番认真的辨伪。如殷亡周兴，箕子远走朝鲜半岛，朝鲜史书《增补文献通考·艺文志》说："箕子率中国五千人入朝鲜，其《诗》《书》《礼》《乐》、医巫、阴阳、卜筮之流，皆从焉。"意思是说，"六经"中的《诗经》《尚书》《礼记》《乐经》等皆随箕子东行传至朝鲜，尤其是秦火后不传的《乐经》，反映出后世"礼失求诸野"的念想，不可全视作信史。

　　从地理位置或空间距离来看，中国书籍传至日本列岛，时间上应该晚于朝鲜半岛。秦汉之际的徐福传说，便从这段历史中衍生出来。在《史记》《海内十洲记》等古籍中，徐福（一作"市"）为齐人，假言为秦始皇访求长生不老仙药，率童男女数千，携带"五谷""百工"

1　"羊毛树"传说详见本书第二章《从"丝路"到"书路"》第二节《"羊毛树"传说》。

等，乘楼船入海，"得平原广泽，止王不来"[1]。

这段逸事为后世津津乐道，好事者不断添枝加叶，传说的舞台从《史记》的"平原广泽"转换为《后汉书·东夷列传》《三国志·孙权传》中的"夷洲"及"亶洲"等，至隋唐五代已经延伸到日本[2]。

在此过程中，徐福被塑造成不亚于箕子的文明传播使者，他不仅率领"百工"、携带"五谷"，而且也如箕

图1-1　徐福渡海图（田中玄顺《本朝列仙传》）

---

1 《史记·淮南衡山列传》："又使徐福入海求神异物，还，为伪辞曰：'臣见海中大神，言曰："汝西皇之使邪？"臣答曰："然。""汝何求？"曰："愿请延年益寿药。"神曰："汝秦王之礼薄，得观而不得取。"即从臣东南至蓬莱山，见芝成宫阙；有使者，铜色而龙形，光上照天。于是臣再拜，问曰："宜何资以献？"神曰："以令名男子若振女与百工之事，即得之矣。"'秦皇帝大悦，遣振男女三千人，资之五谷、种种百工而行。徐福得平原广泽，止王不来。"

2 《隋书·倭国传》记载裴世清在日本沿途所闻："又东至秦王国，其人同于华夏，以为夷洲，疑不能明也。"薛俊《日本考略·沿革考》云："先秦时，遣方士徐福将童男女数千人入海求仙，不得，惧诛，止夷、亶二洲，号秦王国，属倭奴。"到了唐代，中日交往日趋频繁，人们发现日本的文物制度类似中国，颇存上古遗风，于是将徐福东渡之地锁定为日本。元和元年（806）三月，入唐僧空海回国途经越州，鸿渐《奉送日本国使空海上人橘秀才朝献后却还》云："禅居一海隔，乡路祖州东。到国宜周礼，朝天得僧风。山冥鱼梵远，日正蜃楼空。人至非徐福，何由寄信通。"这大概是文献所见"祖州""徐福""日本"诸意象结合的最早的史料。此外，五代义楚《释氏六帖》载："日本国亦名倭国，在东海中。秦时，徐福将五百童男、五百童女止此国。今人物一如长安。……又东北千余里，有山名富士，亦名蓬莱。其山峻，三面是海，一朵上耸，顶有火烟；日中，上有诸宝流下，夜则却上，常闻音乐。徐福止此，谓蓬莱。至今，子孙皆曰秦氏。"《释氏六帖》上述说法得自日本醍醐时代僧人宽辅，此人是真言宗高僧，法号弘顺大师，公元927年来到中国，与义楚交情甚厚。

子教化朝鲜那样，把大量中国先秦典籍传播到日本。徐福凿空书籍东传之路的传说，在波澜壮阔的徐福传说中形成较晚，虽然较之箕子赍书入朝鲜要早，但目前似乎只能上溯到北宋时期。

北宋太平兴国八年（983），日本东大寺僧奝然入宋，翌年赴开封向太宗献《本国职员令》《王年代纪》及中国珍籍《孝经新义》《孝经郑氏注》等，令朝野为之刮目。在这种时代氛围下，宋代的徐福传说又添枝节，将"焚书坑儒"与汉籍东传牵系在一起，衍生出徐福赍书东渡的情节，事见欧阳修（1007—1072）的《日本刀歌》。

这是一首传说与现实交映的名诗，每四联自成一节。第一节从西方的"切玉"宝刀传说，过渡到"越贾得之沧海东"，作者描述宝刀的材质、装饰、功效甚详，似乎亲见其物；第二节叙"妇童""百工""五种"[1]随徐福而往，皆承袭《史记》以来说法，而"至今玩器皆精巧""士人往往工词藻"，则反映出11世纪宋人对日本的认知。我们需要特别关注的，是第三节如下四联：

> 徐福行时书未焚，逸书百篇今尚存。
> 令严不许传中国，举世无人识古文。
> 先王大典藏蛮貊，沧波浩荡无通津。
> 令人感激坐流涕，锈涩短刀何足云。

大意是徐福东渡在"焚书"[2]之前，随身携带的"逸书百篇"（即

---

1 "五种"：五种农作物。《周礼·夏官·职方氏》："河南曰豫州……其谷宜五种。"郑玄注："五种，黍、稷、菽、麦、稻。"此处与"百工"呼应，泛指各类农作物。
2 焚书：公元前213年，秦始皇采纳丞相李斯建议，下令焚烧《秦记》以外的列国史记，民间私藏的《诗经》《尚书》等限期烧毁，此举持续到秦朝末年，史称"焚书"。事见《史记·秦始皇本纪》。

《尚书》）得以留存日本；然而，日本严禁此书回传中国，因此世人无缘得睹古本；想到"先王大典"失落海外，这把宝刀反而引发无限伤感。

自五代吴越国以来，中国佚书络绎从高丽、日本回传[1]，在此背景下催生的"徐福赍书说"，对后世影响颇大。1339年，日本南朝重臣北畠亲房著《神皇正统记》，即将上述传说目为信史。他在书中写道：

> 第七代孝灵天皇……三十六年，岁在丙午，周灭秦兴。四十五年乙卯，秦始皇即位。始皇好仙，求长生不老之药于日本；日本则求五帝三王遗书于彼国，始皇悉数予之。其后三十五年，彼国焚书坑儒，孔子全经唯存日本矣。

江户时代儒医橘南溪（1754—1806）著有《西游记续编》一书，认为徐福一行在日本熊野登陆，当地的新宫、木宫至今仍称蓬莱山，宫内神宝中藏有先秦文书，新宫附近筑有徐福墓，等等。

图1-2　徐福与童男童女图（橘南溪《西游记续编》）

1　王勇：《吴越国海外求书缘起考》，见王勇等：《中日"书籍之路"研究》，北京图书馆出版社2003年版，第146—171页。

徐福赍书说，是徐福传说衍变中的一个历史环节，近藤杢在《关于江户初期以前儒典的传来与刊行》一文中，对其形成轨迹归纳如下：

> 《史记》徐福"入海说"，一转而为"渡日说"，事见后周义楚的《释氏六帖》；再转而为"赍书说"，直至为宋欧阳修的《日本刀歌》所咏。

《日本刀歌》在中国的反响，比之日本更为强烈。宋人汤东涧为诗作跋，提到一桩逸事：日本僧俊芿（1166—1227）来华，见"六经"之本不同，归而摹写其国传本，遣弟子渡海以赠吴越知旧，惜海途覆舟失人，因谓"此书不当入中国"[1]。如此说来，宋代相信徐福所携古本幸存海外者，并非欧阳修一人。

宋元之际的马端临（1254—1323）以治学严谨著称，论及此诗，一句"可叹也，亦可疑也"[2]，尚未盲信。至元代，谢应芳（1295—1392）《送赠题日本》云："往来尔国远秦火，六籍不随埃烬零。愿言传写遗全璧，一洗鱼鲁开群盲。"[3]深信先秦经书随徐福东渡，期待日本僧人完璧归赵。明丰坊之父丰熙，出家藏《古书世本》，自称是"箕子朝鲜本""徐市倭国本"，成为明清时代扑朔迷离的一段公案。

综上所述，在漫长的时间川流中逐渐沉积而成的徐福传说，从某种意义上讲，是中日两国人民历时千余年共同创作的一部巨型史诗。它从

---

1 盛如梓：《庶斋老学丛谈》卷上。
2 马端临：《文献通考》卷一七七。
3 《四部丛刊》三编所收《龟巢稿》卷十。元人杨维桢（1296—1370）《送僧归日本》亦云："我欲东夷访文献，归来中土校全经。"诗出《铁崖集》，此转引自《邻交征书》二篇卷之二。又明人杨慎则感叹："由此观之，则《尚书》全文日本国尚有之也。"见杨慎《丹铅余录·总录》卷十二《外国书》。

一个侧面折射出中日文化交流的悠久历史。这一传说所涵盖的内容，不可能全部是客观史实，但至少是历史的真实。举例说，徐福所止之地已成千古不解之谜，但公元前3世纪以降，曾有移民集团渡海东迁日本列岛，却是无可置疑的历史事实。同样，徐福赍书一节，疑点甚多，显为后世伪托，但是如果我们撇开具体的人物，便可以大胆推断：秦人移民集团在传播水稻技术和金属文化的同时，必定把中国文化的载体——汉文书籍亦携往日本。

二

神功掠书说

《怀风藻》是日本现存最古的一部汉诗集，成书于天平胜宝三年（751），编者不详，或为淡海三船[1]。全书共收汉诗118首，诗风明显受六朝、初唐诗影响。此诗集《序》以四六骈俪文写成，追叙古代文明开化的一幕，言简意赅，兹录如次：

> 逖听前修，遐观载籍。袭山降跸之世，橿原建邦之时，天造草创，人文未作。至于神后征坎，品帝乘乾。百济入朝，启龙编于马厩；高丽上表，图乌册于鸟文。王仁始导蒙于轻岛，辰尔终敷教于译田，遂使俗渐洙泗之风，人趋齐鲁之学。

作者通过"逖听前修，遐观载籍"，相信天孙降临（袭山降跸）、神

---

1 《怀风藻》与淡海三船之关系，详见本书第七章《淡海三船与中日诗文交流》第五节《〈怀风藻〉成书经纬》。

7

第一章　从传说到史实

武东征（橿原建邦）之时，日本列岛尚处于"天造草创，人文未作"的状态。然而，经"神后征坎，品帝乘乾"之世，则出现"俗渐洙泗之风，人趋齐鲁之学"盛况。

我们不禁要问：这种繁荣的文明局面，究竟由谁一手缔造？开拓于哪个时代？具体地说，"神后征坎""品帝乘乾"发生于何时？"百济入朝""高丽上表"是什么事件？"王仁""辰尔"又是何等人物？

两汉之际，佛教从印度传入中国，公元384年胡僧摩罗难陀自东晋入百济，枕流王延之入宫，奉若贵宾，《三国史记》说"佛法始于此"。尔后又经150多年，佛教从百济传入日本，终于完成了漫长的东传历程。[1]

《日本书纪》卷十九钦明天皇十三年（壬申年，552）十月条，描述了佛教传入日本的最初一幕：百济圣明王遣使献"释迦佛金铜像一躯、幡盖若干、经论若干卷"，并附表称颂佛法"于诸法中最为殊胜……周公、孔子尚不能知"，天皇闻之大喜，说"朕从昔来，未曾得闻如是微妙之法"。

从百济王的赞颂表文推之，佛教东传日本之际，"周公、孔子"已为日本皇室所知，因而儒学应该在此前传入倭国。那么儒教及相关书籍，究竟于何时首传倭国的呢？《怀风藻》提到"神后征坎"，"坎"与"韩"不仅音通（日语均读若"KAN"），且系《易》八卦之一，当三韩所处之正北方，所以指神功皇后征三韩。然，此事与书籍东传、倭国开化有何关联呢？

据《日本书纪》神功皇后摄政前纪（仲哀天皇九年）十月条载，神功皇后率船队扬帆出征朝鲜半岛，新罗王"素旆而自服，素组以面缚，

1　关于佛教传入日本的经路，《隋书·倭国传》明载："敬佛法，于百济求得佛经，始有文字。"

封图籍降于王船之前", 高句丽、百济
闻皇后入新罗"封重宝府库, 收图籍
文书", 相继表示"从今以后, 永称西
蕃, 不绝朝贡"。

神功皇后出征三韩的最初动机,
显然为了掠夺财富和扩张领土。《古事
记》借神言谕示皇后: "西方有国, 金
银为本, 目之炎耀, 种种珍宝, 多在
其国。吾今归赐其国。"《日本书纪》
亦见"振兵甲而渡险流, 整舻船以求
财土"之言。文明程度的高低与军事
力量的强弱, 在世界古代史中屡成反

图1-3　神功皇后像 (浮世绘)

比。野蛮民族往往通过掠夺性战争, 一方面对文明地区造成严重破坏,
另一方面又在文明冲击下逐渐开化。倭国入侵朝鲜亦未脱其例: 他们既
肆意抢掠"重宝府库", 又苦心搜罗"图籍文书", 从而使其文明进程又
迈出一大步。

由于图籍文书是思想文化的重要载体, 故江户时代以来, 一部分学
者把神功皇后征韩, 视作中国书籍东传之始。如松下见林 (1637—
1703) 在《本朝学源》中推断: "住吉大神美彼国, 令神功皇后平定,
以授应神天皇, 当斯之时, 三韩文献都归本朝。"伊地知季安 (1782—
1867) 在《汉学纪原》中说得更为肯定: "海西书籍之入国朝, 盖应首乎
皇后亲征新罗所收还本也。"谷川士清在《日本书纪通证》(1747) 中,
把"文书"解释为"经史百家之言", 认为"盖此时既来于我邦也明矣"。

《怀风藻》将"神后征坎"视为本国文明开化之最早契机, 很显然
关注到了"收图籍文书"的举措, 也就是说"图籍文书"的传播是开启
文明新纪元的标志。倭国从贪求物质财富到索取精神文化, 具有一定的

9

事实根据，也符合文明进化的一般规律。然而事情发生在仲哀天皇九年（200），就与史实有些龃龉了。关于《日本书纪》的纪年，从江户时代开始即有学者疑之，尤以那珂通世（1851—1908）的考证最为精详。经与朝鲜古史比照，神功、应神二代比实际纪年提前两个甲子（120年）以上。

神功皇后征韩的时间，目前无法精确考定。大致推断，此事应该发生于4世纪中叶前后，大略相当于中国的东晋时期（317—420）。到了4世纪末，倭在朝鲜南部称霸一时，先后将新罗、百济纳入势力范围，从而与图谋南下的高句丽形成正面冲突。现存吉林省集安县内的《好太王碑》，记录了这一时期倭兵渡海破百济、新罗，其后高句丽好太王（374—412）率大军数败倭寇的事迹。这块碑文与《日本书纪》的皇后征韩记事，恰可互为佐证。

奈良时代成书的《怀风藻》，追忆文明开化历史时，首先提到"神后征坎"，折射此事历4个世纪后，已然成为文化人的某种共识。如《万叶集》卷五收录山上忆良"镇怀石之歌"，说的是神功皇后身怀皇子（应神天皇），渡海亲征新罗，为推迟分娩，腰悬两石镇胎云云。此歌作于天平元年（729），当时镇怀石立于伊都县道侧。

虽然我们无法确定，神功皇后是否在历史上实有其人；也无法具体考证，哪些书籍被倭人掠夺回国。但是，4世纪中叶前后，朝鲜半岛局势混乱，高句丽、新罗、百济逐鹿争雄，倭国在此期间出兵海外，迅速扩张势力，应该是毫无疑问的事实。

回到主题，具有象征意义的"神后征坎"，本意当在垂涎财富与领土，可事实上不可避免地演变成一场文化掠夺。据《日本书纪》记载，神功皇后凯旋归国时，仅从新罗一地就获战利品80船，其中肯定夹有"图籍文书"之类的书籍，这是否意味着书籍之路的开启呢？笔者的回答是有所保留的。

本书所要讨论的书籍之路，是把书籍传播视为文化的流动形式，即是一种文化对另一种文化的影响过程。从文化交流的角度视之，神功皇后"掠书说"纵然实有其事，但倭国在4世纪时汉字尚未普及到一定程度，更遑论有人能读懂书籍。在此情况下，书籍也仅仅是个摆设或象征，未能对倭国文化形成实质性影响，所以这仅仅是书籍东传之滥觞，而书籍之路的开启，必须等待此后的"品帝乘乾"。

三

王仁献书说

神功皇后在位69年而卒，第四子应神登基继位，是为日本历史上第十六代天皇。这就是《怀风藻》所说的"品帝乘乾"[1]，按照《日本书纪》的纪年为公元270年，如前所述，实际时间应该不早于4世纪末期，时值东晋晚期，朝鲜半岛局势极度不稳。

据《三国史记·百济本纪》记载，阿莘王于392年继位，次年（393）开始频频挑战高句丽，395年惨败于浿水，397年"王与倭国结好，以太子腆支为质"。对百济来说，为了与强敌高句丽周旋，同时提防宿敌新罗趁机偷袭，与倭国结盟甚至入质，实是无奈之举。对倭国而言，在半岛几番进退，切身感受到彼此之间巨大的文明落差，迫使倭王宁可牺牲物质利益，以换取文化输入。

具体地说，"神功征坎"一役，倭国将新罗王室的"图籍文书"席卷而归，但没有能力去读懂、消化这些书籍，于是从百济招请专家成为

1　应神天皇名"誉田（honda）"，日语"品""誉"同音，故"品帝"指"誉田"，即应神天皇。"乾"为《易》中的"天"，所谓"乘乾"喻指登基继位。

当务之急。诚如，牧野谦次郎在《日本汉学史》所言："遂征新罗而入其国都，封重宝府库、收图籍文书凯旋，盖此一役为经籍传入我国之滥觞，使我国文化一跃迈入文明开化。其年更遣荒田别等使百济，恐为当时无人能读经籍，而特聘其国识者。"[1]

据《日本书纪》记载，百济派遣为倭皇室启蒙的文化使节，滥觞于应神天皇十五年（284）八月六日抵达倭国的阿直岐。此人虽以贡献良马之名目来到日本，但因他"亦能读经典"，所以被日本皇室聘请为太子的教师，其子孙繁衍为执掌文书记录的"史部"集团。[2]

《怀风藻》所说的"百济入朝，启龙编于马厩"，便是指这段史事。"马厩"即阿直岐饲养贡马之处，借指阿直岐生活与工作之所，在此开启"龙编"[3]，是为太子菟道稚郎子启蒙。阿直岐用以启蒙太子菟道稚郎子的"龙编"，与《日本书纪》中的"经典"应该同义，主要包括四书五经之类的儒学典籍。朝鲜史书《海东绎史》（韩致奫，1923年），列出一个具体书目：

> 应神十五年秋十月丁卯，百济王遣使阿直岐者，贡《易经》《孝经》《论语》《山海经》及良马二匹。阿直岐能通经典。

这是后人的揣测，不足为信史。然而，阿直岐既为太子之师，又被

1　[日]牧野谦次郎述、三浦叶笔记：《日本漢學史》，东京世界堂书店1938年版。

2　《日本书纪》应神天皇十五年（284）八月六日条："百济王遣阿直岐贡良马二匹。即养于轻坂上厩，因以阿直岐令掌饲，故号其养马之处曰厩坂也。阿直岐亦能读经典，即太子菟道稚郎子师焉。……其阿直岐者，阿直岐史之始祖也。"

3　龙编：一般指龙宫的经藏，多指佛教经书。如唐人王勃《梓州通泉县惠普寺碑》："彩帙瑶箱，龙编月久。"蒋清翊注云："经有出于龙宫者，故曰龙编，犹今言龙藏矣。"也有指其他书籍的，如唐人司空图《复安南碑》："中权令峻，按虎节以风生；上将策奇，指龙编而天落。"此处当作兵书解。

崇为"史"(专事文书工作)之祖,随身携带并习得一些儒教经典,也在情理之中。

关于阿直岐其人其事的虚实真伪,学术界一直存在争议。如笠井倭人认为,《古事记》《日本书纪》所载应神天皇治世来自百济的阿直岐、王仁等,皆系编者为附和神功征三韩传说而杜撰,不能视为确定他们赴倭时间的可信史料。[1]反之,也有人认为阿直岐不仅在历史上实有其人,而且就是入倭为质的百济太子腆支王。

阿直岐抵达倭国的次年,即《日本书纪》应神十六年是岁条,有如下记载:"百济阿花王薨。天皇召直支王,谓之曰:'汝返于国以嗣位。'仍且赐东韩之地而遣之。"上述记事系于"乙巳",按《日本书纪》纪年为285年。查朝鲜史书《三国史记》,百济阿莘王十四年(405)载"秋九月,王薨",其年亦当"乙巳",两者干支相同。《日本书纪》的"阿花王"即《三国史记》的阿莘王[2],其薨于乙巳年(405),则阿直岐、王仁赴日年次皆可考定。

《日本书纪》应神十五年(284)八月六日条,即阿直岐朝贡记事的后半段,紧接着"阿直岐亦能读经典,即太子菟道稚郎子师焉"之后,天皇和阿直

图1-4 王仁像(菊池宽斋《前贤故实》)

1 [日]井上秀行编:《セミナー日朝関係史Ⅰ》,樱枫社1969年版,第74页。
2 《三国史记·百济本纪》阿莘王元年条说"阿莘王(或云阿芳)",《三国史记·年表》云"莘"为"华"之讹。"芳"与"华"义近,推测应为"阿华王",《三国史记》的"莘"为讹字,《日本书纪》的"花"为异体字。

岐有如下一段对话。天皇问："有无学识超过你的博士?"阿直岐回答："有。王仁非常优秀。"于是天皇遣使百济，招聘王仁赴日任教[1]。

天皇既然求"胜汝博士"，可以理解为太子已尽得阿直岐所传，所以需要更高明的学者；阿直岐举荐王仁，或许跟回国在即、找人接替有关，这使人联想到次年百济太子直支王回国继位事。不管怎样，天皇派专使前往百济"征王仁"，其结果在《日本书纪》应神十六年（285）二月条中有交代：

> 王仁来之，则太子菟道稚郎子师之，习诸典籍于王仁，莫不通达。所谓王仁者，是书首等之始祖也。

太子菟道稚郎子拜王仁为师，即《怀风藻》所云"王仁始导蒙于轻岛"。应神天皇居住的皇宫称"轻岛丰明宫"，王仁在此教授太子，所以说"导蒙于轻岛"，这比阿直岐在马厩授徒，教育制度及设施更趋完备了。太子随王仁"习诸典籍"，而且"莫不通达"。一个"诸"字挑明典籍不是一种或少数，但未说明是什么书籍。然而，《古事记》则记载稍详，即"《论语》十卷、《千字文》一卷，并十一卷"[2]。

《古事记》不仅明示书名，而且标出卷数，这条记载遂成为后世学者确定汉字及汉籍东传的重要依据。本居宣长在《古事记传》中写道：

---

1 《日本书纪》应神天皇十五年（284）八月六日条："于是天皇问阿直岐曰：'如胜汝博士亦有耶?'对曰：'有王仁者，是秀也。'时遣上毛野君祖荒田别、巫别于百济，仍征王仁也。"
2 《古事记》："又科赐百济国，若有贤人者贡上。故受命以贡上人，名和迩吉师。即《论语》十卷、《千字文》一卷，并十一卷，付是人即贡进。"

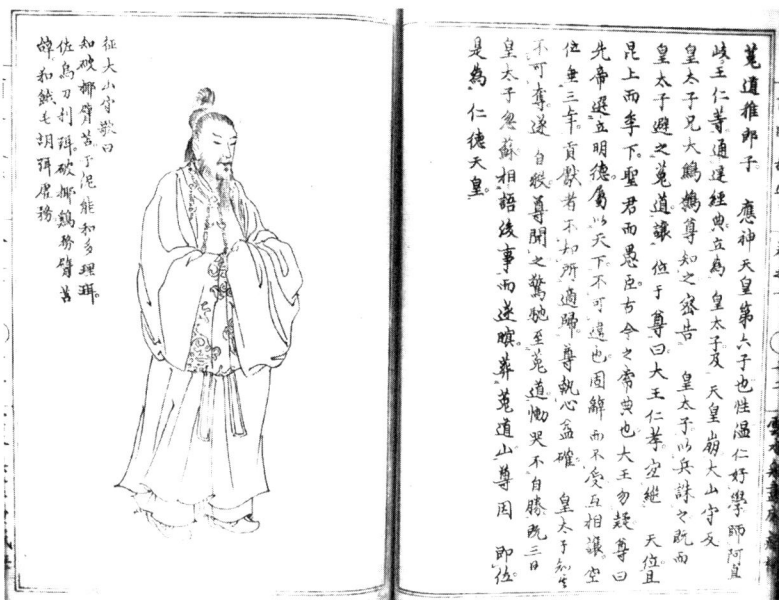

图1-5　菟道稚郎子像（菊池宽斋《前贤故实》）

西土文字东传之嚆矢，《古事记》作应神天皇御代百济遣和迩吉师贡《论语》和《千字文》，当为是时。且《怀风藻·序》等亦见其旨，奈良时代必如此传闻。在此之前，尽管也有外国人……迁来，然书籍并未传来。

"王仁献书说"，大致反映了5世纪初儒学书籍东传的某些史实，但《古事记》的这条记载，我们也不能不加分析地全部目为事实。比如说，《千字文》作者周兴嗣卒于梁普通二年（521），如果信从《日本书纪》与《古事记》的记载，这部书在著者去世前百余年就已传到东邻，这显然不符合实际情况。

四

《千字文》之谜

《千字文》经由百济传入日本一事，关乎中日书籍之路开启的关键时间节点，因此有必要梳理其传播之脉络、辨明其事实之真伪。

首先，关于《千字文》的成书背景，唐代李绰《尚书故实》、韦绚《刘宾客嘉话录》等皆有载录，兹引《尚书故实》如下：

> 梁武教诸王书，令殷铁石于大王书中拓一千字不重者，每字片纸，杂碎无序。武帝召兴嗣谓曰："卿有才思，为我韵之。"兴嗣一夕编缀进上，鬓发皆白，而赏赐甚厚。

这则记事包含诸多信息：（1）事情发生在梁武帝治世，梁武帝于公元502年即位，周兴嗣死于537年，则《千字文》成书于502—537年间；（2）编撰的初衷是梁武帝为了"教诸王书"，即出发点是为皇室子弟启蒙；（3）最初，殷铁石奉敕从王羲之书法中集字一千，仅供习字，并不连贯；（4）周兴嗣再奉命"韵之"，使之文意连贯、音韵生动。

唐人武平一《徐氏法书记》也有一段相关记载："梁大同中，武帝敕周兴嗣撰《千字文》，使殷铁石模次羲之之迹，以赐八王。"值得注意的是，武平一认为事情发生在梁大同年间（535—545），则《千字文》成书时间可以框定在535—537年之间。

其次，百济国王遣使向日本传送《千字文》一事，成书于712年的日本史书《古事记》中卷是这样记载的：

> 亦百济国主照古王以牡马一匹、牝马一匹付阿知吉师以贡上（此阿知吉师者，阿直史等之祖）。亦贡上横刀及大镜。又科赐百济

国，若有贤人者贡上。故受命以贡上人，名和迩吉师。即《论语》
十卷、《千字文》一卷，并十一卷，付是人即贡进（此和迩吉者，
文首等祖）。

上文中出现的几个人名，"阿知吉师"与"和迩吉师"分别对应的
是《日本书纪》中应神天皇治世来自百济的"阿直岐"与"王仁"，他
们分别被奉为"史"与"文"的始祖，其首传文化之功毋庸置疑；百济
国主"照古王"，经比对朝鲜史书《三国史记》，即"近肖古王"（346—
375）。无论是应神天皇治世，还是近肖古王在位期间，时间均远早于周
兴嗣奉命次韵《千字文》。

由于《千字文》成书晚于东传日本约半个世纪，于是就出现了各种
猜测，一种观点认为《古事记》《日本书纪》把后世之事误记入前史，
其纪年不可信；另一种意见主张王仁传入日本的是钟繇的《千字文》，
而非周兴嗣的《千字文》；近来韩国学者提出"百济版《千字文》
说"[1]，推测是百济时期根据中国传入的《千字文》加以再创作，并由
王仁带入日本。众说纷纭，莫衷一是。

我们换一个角度，从《千字文》的注本寻找突破口。《日本国见在
书目录》"小学家"著录隋唐时代传入日本的《千字文》注本5种，即
"李暹注""梁国子祭酒萧子云注""东驼固撰""宋智达撰""丁觇注"。
这些注本大多散佚，现存的注本敦煌出土文献有两种，《斯坦因劫经
录》S.5471著录为《千字文注》，《伯希和劫经录》P.3973v著录为《千
字文注残卷》。两本皆首尾残缺，未详作者、书者、抄写年代。值得注
意的是，伯希和P.2721《杂抄》列举诸多童蒙书及其作者，《千字
文》下有"钟繇撰，李暹注"双行小字，其下又单行大字标注"周兴

1　李孝善：《韩国〈千字文〉书志》，《历史文化社会论讲座纪要》2013年第10期。

嗣次韵"。

此外，日本现存两种李暹注本，一为上野本《注千字文》（以下略作"上野本"），弘安十年（1287）抄本；一是《篆图附音增广古注千字文》（下文略作"篆图本"），元和三年（1617）刻本。两书均完整，并附有《序》。以上两本之《序》提供了极其珍贵的信息，但两本互有异文，兹据上野本并参照篆图本引录如下（据篆图本补字以 [ ] 示之）：

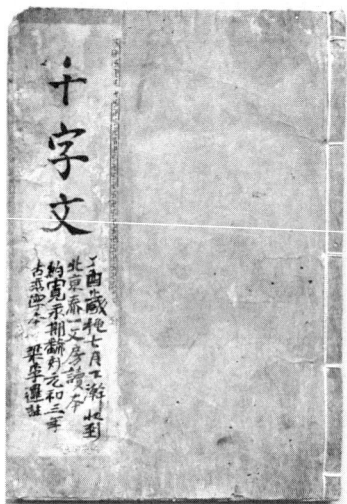

图1-6　和刻本《篆图附音增广古注千字文》

《千字文》者，魏太尉钟繇之所作也。梁邵陵王萧论评书曰：钟繇之书，如云鹄游天，群鸿戏海，人间难遇。王羲之书，字势雄强，如龙跳渊门，虎卧凤阁，历代宝之，[传] 以为训，藏于秘府。逮永嘉失据，迁移丹阳，然川途重阻，江山遐险，兼为石氏逼逐，驱驰不安，复经暑雨，所载典籍，因兹糜烂，《千字文》几将湮没。晋中宗元皇帝恐其绝灭，遂敕右军琅琊之人王羲之缮写其文，用为教本。但文势不次，音韵不属，及其将导，颇以为难。至梁武帝受命员外散骑侍郎周兴嗣，令推其理致，为之次韵也。

从上文推之，可以获得以下信息：（1）《千字文》原创者是钟繇，而秘府藏有钟繇写本与王羲之写本；（2）西晋后期发生"永嘉之乱"（311），衣冠南渡过程中"《千字文》几将湮没"，于是晋中宗（司马睿，317—322年在位）令王羲之"缮写其文"，但因"文势不次，音韵不属"难以推广；（3）梁武帝命周兴嗣"推其理致"，重新次韵，以期流通。经过以上梳理，可知历史上《千字文》存在过以下几种主要传本：

（1）钟繇（151—230）原创本《千字文》；

（2）王羲之（303—361）缮写本《千字文》；

（3）周兴嗣（469—537）次韵本《千字文》；

（4）李暹（6世纪）加注本《千字文》。

如果信从《古事记》《日本书纪》的记载，《千字文》从百济传入日本的时间是4世纪末或5世纪初，那么极有可能是钟繇原创本或王羲之缮写本。

五

博士轮换制

王仁被奉为"书首等之始祖"，作为一个拥有高度文化知识的族群领袖，他也同样吸纳了同时代精英的众多事迹，被塑造成近乎超人的形象。《续日本纪》卷四十延历九年（790）七月十七日条，载百济王仁等所上表文，叙述王辰尔家谱传说：

> 降及近肖古王，遥慕圣化，始聘贵国，是则神功皇后摄政之年也。其后轻岛丰明朝御宇应神天皇，命上毛野氏远祖荒田别，使于百济搜聘有识者。国主贵须王恭奉使旨，择采宗族，遣其孙辰孙王（一名智宗王）随使入朝。天皇嘉焉，特加宠命，以为皇太子之师矣。于是始传书籍，大阐儒风；文教之兴，诚在于此。

这里的辰孙王（智宗王）为百济贵须王孙，应神天皇遣荒田别赴百济"征王仁"，事见前引应神十五年（284）八月六日条；王仁为皇太子师，见应神十六年（285）二月条。然而，在这篇表文中，辰孙王与王仁几乎合为一体，共享"始传书籍，大阐儒风"之功劳[1]。

应神天皇治世，以移民为主体的知识精英族群有三个：其一为西文首，以王仁为始祖；其二为东文直，尊阿知使主为始祖；其三为船史（连），奉王辰尔为始祖。王辰尔为辰孙王四世孙，敏

图1-7 应神天皇像（松平定信《集古十种》）

达天皇元年（572）五月十五日因破译高句丽表疏而名声大振。兹从《日本书纪》引录如下：

> 天皇执高丽表疏授于大臣，召聚诸史令读解之。是时诸史于三日内皆不能读。爰有船史祖王辰尔，能奉读释。由是天皇与大臣俱为赞美曰："勤乎辰尔，懿哉辰尔。汝若不爱于学，谁能读解？宜从今始，近侍殿中。"既而诏东西诸史曰："汝等所习之业，何故不就？汝等虽众，不及辰尔。"

我们从7世纪中叶的《船氏王后墓志》推断，王辰尔亦称"王智仁"，历史上实有其人，他能够超越东西文众人，原因是窥破了高句丽

1　关于王仁的祖籍，一般认为出自乐浪王氏，奉汉高帝为祖。《续日本纪》延历十年（791）四月八日条，载文忌寸最弟等上表："汉高帝之后曰鸾，鸾之后王狗转至百济。百济久素王时，圣朝遣使征召文人，久素王即以狗孙王仁贡焉。是文、武生等之祖也。"

表疏的诀窍："高丽上表疏，书于乌羽。字随羽黑，既无识者。辰尔乃蒸羽于饭气，以帛印羽，悉写其字。朝廷悉之异。"这就是《怀风藻》所说的"高丽上表，图乌册于鸟文"。王辰尔活跃于敏达天皇治世，"译田"乃敏达天皇都城，所以有"终敷教于译田"之说。

图1-8　王辰尔解读高句丽表疏（山本序周《绘本故事谈》）

从时代背景稽考，5世纪以降《千字文》之类的童蒙读本、《论语》之类的儒学经典东传日本，比较接近当时文化交流的状况。然而，"王仁献书说"却依然带有浓郁的传说色彩，不可全部视为史实。

6世纪以后，《日本书纪》纪年渐与中朝文献契合，肇始于王仁的百济与日本的书籍流通，出现一系列更为可信的记载，而书籍的承载者如同王仁一样，是一批被称之为"博士"的专业人才。

继体天皇七年（513）六月，百济遣使"贡五经博士段杨尔"，开一系列记事之先河。值得注意的是，百济使者别奏判还"己汶之地"，显然这是以人才（文化）换领地（财富）的交易。3年之后，即继体天皇十年（516）九月，百济遣使"谢赐己汶之地"，同时"别贡五经博士汉高安茂，请代博士段杨尔"。至此，百济与日本之间，博士轮换制度基本形成。

从上述两条史料判断,博士是3年一轮换。钦明天皇十四年(553)六月,遣使百济,要求"医博士、《易》博士、历博士等,宜依番上下。今上件色人正当相代年月,宜付还使相代"。这里提到"依番上下",虽然516年至553年间缺失相关记载,但日本朝廷提醒百济"正当相代年月",说明轮换制度一直在运作,而且"相代年月"有具体规定。百济方面,似乎也遵循这一制度。翌年(554)二月,按照日本要求,进行大规模的博士轮换:

> 仍贡德率东城子莫古,代前番奈率东城子言;五经博士王柳贵,代固德马丁安;僧昙惠等九人,代僧道深等七人。别奉敕贡《易》博士施德王道良,历博士固德王保孙,医博士奈率王有悛陀,采药师施德潘量丰、固德丁有陀,乐人施德三斤、季德己麻次、季德进奴、对德进陀,皆依请代之。

百济的博士及其他技术人才,自然不会空手赴日,必定会携带相关书籍及器具等。如钦明天皇提醒百济轮换博士时,还提出"卜书、历本、种种药物"的要求。百济既然说"皆依请代之",说明也满足了日本对书籍、历本、药物的需求。

从《日本书纪》一系列相关记事看,百济最早贡献的是"五经博士",先后有段杨尔(513)、汉高安茂(516)、马丁安(551?)、王柳贵(554)充当其任;从钦明天皇十五年(554)开始,博士的专业范围逐渐扩大,增加了更为实用(或急需)的《易》博士、历博士、医博士。

上述博士轮换制度,看似是百济与日本之间特殊的历史现象,但如果放眼整个东亚,可以发现更深层的缘由,从而勾勒出更恢宏的文化交流模式。

翻检中国史籍，汉武帝时最早在太学设置五经博士；南朝梁因袭其制，天监四年（505）建国学之际，置教授五经之博士各一名，自兹渐为定例。

百济与南朝交往密迩，6世纪中叶开始，频频遣使萧梁，接受文化甚多。如据《梁书·百济传》载，中大通六年（534）、大同七年（541），百济连续两次遣使朝贡梁朝，其目的就是"请《涅盘》等经义、《毛诗》博士并工匠、画师等"，梁朝"敕并给之"。大约此后不久，据《陈书·陆诩传》载，百济奉表礼聘"讲《礼》博士"，陆诩衔命前往讲授。

百济以轮换方式向日本派遣五经博士，几乎与遣使从南朝聘请博士同步，不由得让人联想两者的互动关系。从百济派往日本的博士之姓名，如段杨尔、汉高安茂、马丁安、王柳贵以及王道良、王保孙、王有悛陀等判断，也有论者推测他们或许是南朝人，但笔者更倾向于认定他们是南朝博士培养出来的、移居百济的汉人后裔。

文化在传播过程中会发生种种变异，往返东亚的博士的知识结构也当如此。在中国历史上，凡博士均学有专攻，即精通"五经"（《易经》《尚书》《诗经》《礼记》《春秋》）之一种。如中大通六年、大同七年赴百济的"《毛诗》博士"，当是《诗经》专家；赴百济"讲《礼》"的陆诩，应该是《礼记》权威。然而，百济派往日本的学者，多冠以"五经博士"头衔，以一人而兼通五经，说明百济的经学结构不同于中国，或者说日本对儒学的专业性要求不高。

从5世纪初的王仁，到6世纪中叶的王柳贵、王道良、王保孙、王有悛陀，以"博士"为载体的儒学知识及中国典籍的东传，逐渐揭开传说的面纱，显露出历史的真容。

六

佛经与历本

《隋书·倭国传》记载:"于百济求得佛经,始有文字。"佛教自百济传入日本当无疑义。据《日本书纪》钦明天皇十三(壬申)年(552)十月条,百济遣使献佛像、经论的同时,特意说明"于诸法中最为殊胜……周公、孔子尚不能知"。百济王当然清楚半个世纪以来,轮换派遣博士,向日本传授儒学的来龙去脉,所以才说"佛教胜过儒学",以抬高纳贡品的身价。

佛教正式传入日本的时间,后世文献多取"壬申年说",然而比《日本书纪》成书更早的《元兴寺伽蓝缘起并流记资财账》及《上宫圣德法王帝说》均作"戊午年(538)",两者相距14年。虽然"壬申年

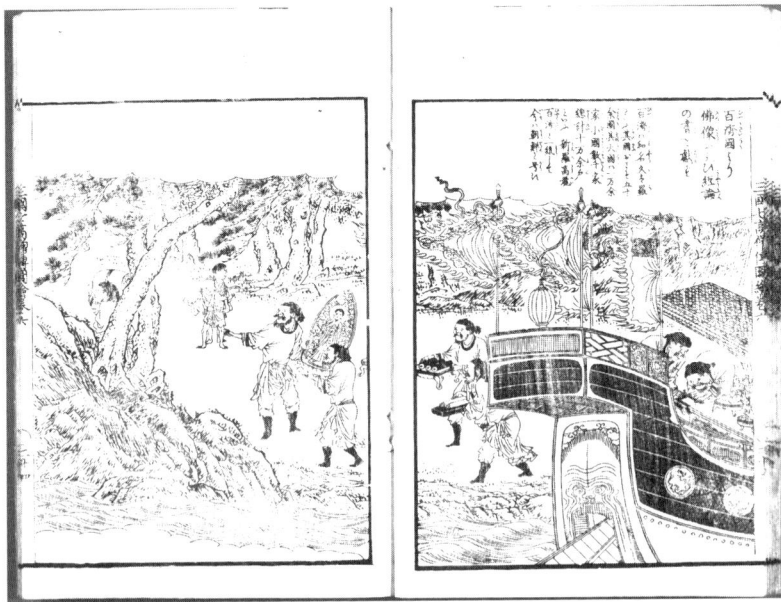

图1-9　百济贡佛像经论(一禅居士编、松川半山画《三国七高僧传图会》)

说"出自正史，但"戊午年说"似乎更近事实。根据之一是，钦明十四年（553）日本要求百济按例轮换博士，翌年百济"皆依请代之"，除了儒学博士之外，还以"僧昙慧等九人，代僧道深等七人"，说明5世纪中叶百济与倭国之间亦存在定期派遣僧侣的协议。

从前述五经博士段杨尔的例子看，轮代周期至少为3年，这意味道深等于钦明十一年（550）以前来到日本，而人数达到"七人"，显然不似最早一批。与道深等同时轮代回国的东城子言，据《日本书纪》所载是钦明八年（547）赴日的，可作为推定道深等7人赴日时间的一个参照。

据此至少可以肯定两点：首先，佛教通过官方渠道，从百济传入日本，时间早于552年；其次，僧侣以定期轮换形式赴日，应该是博士轮换制度的延伸。颇有意思的是，崇峻天皇元年（588），百济国遣使献佛舍利、僧侣及各类技术人才，其中包括炉盘博士、瓦博士多人[1]。这也可理解为"博士"概念在逐渐发生变化，如同"轮换"对象逐渐扩展一样。

本章无意拘泥于佛教东传的时间细节，如果从书籍交流的视野考察这段历史，《日本书纪》的"壬申年说"依然值得关注，因为这一年（552）百济使节带去"经论若干卷"，这是有关佛经东传最早的确切记录。

纵观悠久漫长的东亚文化交流历史，僧侣作为文化传播者、书籍搬运者的贡献，远远大于以"博士"为先锋的儒学者；僧侣不仅是佛教文化的传播者，他们是多元文化的载体，也把佛教以外的精神文明、技术

---

1 《日本书纪》崇峻天皇元年（588）是岁条："百济国遣使并僧惠总、令斤、惠寔等，献佛舍利。百济国遣恩率首信、德率盖文、那率福富味身等进调，并献佛舍利，僧聆照律师、令威、惠众、惠宿、道严、令开等，寺工太良未太、文贾古子、炉盘博士将德白昧淳，瓦博士麻奈文奴、阳贵文陵贵文、昔麻帝弥，画工白加。"

知识带到日本。

试举一例。日本推古天皇十年（602）十月，百济僧观勒携带"历本及天文地理书，并遁甲方术之书"东渡，日本朝廷选拔"书生三四人"师之，其中玉陈习历法、高聪学天文遁甲、日立攻方术，最后"皆学以成业"。

观勒本业为佛教，自然也会携带佛经之类的书籍，遗憾的是《日本书纪》没有记载具体书名。不过，观勒用以传授玉陈的"历本"，推测是南朝刘宋时期何承天制定的《元嘉历》，而当时百济正施行此历。

观勒的贡献远不止于成功教授几个徒弟，由他传到日本的书籍曾引发一场文明变革。时隔一年稍多，日本朝廷突然于推古十二年（604）正月宣布始用日历。江户时代学者藤田一正在研究《日本书纪》纪年时发现，推古十二年至持统五年（691）干支与《元嘉历》合，持统六年（692）十一月之后则与《仪凤历》合。翻检《三代实录》，持统四年（690）十二月"有敕始用《元嘉历》，次用《仪凤历》"，证明改用《仪凤历》之前，日本通行《元嘉历》。

"始用日历"，意味着遵奉正朔；而施行南朝系统的《元嘉历》，表明一种文明取向。长期以来，日本从百济输入人才与书籍，间接地摄取中国南方文化。这种延续约百年的模式，以推古十年（602）观勒赴日为标志，宣告完成历史使命。取而代之的，将是隋唐时代开通的中日直通的书籍之路。

以上我们追溯了中国书籍东传从传说到史实的曲折历程，大体上讲，这条书籍之路在六朝时期已经开通，下面再提纲挈领简述要点：

第一，书籍之路开启之初，并非从中国直达日本，而是从中国东晋传入百济，再从百济传入倭国。从中国长江流域经百济而至日本的书籍流播主流，在隋唐之前（虽然有"倭五王"朝贡南朝）这一格局基本没有变化。六朝文化对百济、倭国的影响，可谓极其深远。日本史籍（如《日本书纪》）多以"吴"指称隋唐以前的中国，在地域上限定在江南一带，时间上大致与六朝叠合。这一时期影响日本的六朝文化，如使用《元嘉历》，流行谈玄风，喜好骈俪文，等等。

第二，倭国融入汉字文化圈大家庭，其契机当是4世纪中叶，以"神功征坎"为象征的朝鲜经略。倭人在掠夺战争中，有两项意外收获：一是领教了高句丽骑兵的利害，5世纪初迅速从百济引进马匹，改变作战方式；二是明白了从书籍中汲取知识的重要性，苦于国内缺乏识字阶层，5世纪前后从百济招聘文化人才，并在此后形成轮代制度，极大地提高了精神文明程度。如果神功皇后征三韩，与"图籍文书"只是偶然邂逅的话，聘请阿直岐为太子师体现了求学热情，而应神天皇遣使赴百济"征王仁"则属于主动出击。从被动接受到主动索求，标志着书籍之路的真正开启。

第三，关于《古事记》所载王仁携带的《千字文》，学术界争议颇多。有人以《千字文》东传比周兴嗣去世早了上百年，因而否定《古事记》此条记事的真实性，似乎有些武断；我们认为，《古事记》所指《千字文》很可能是钟繇原创本或王羲之缮写本；还有人绝对信任《古事记》的记载，不过以周兴嗣卒年为依据，认为王仁赴日当在521年之后。总而言之，书籍东传始于"神功征坎"，《日本书纪》未标明具体书名，或许说明书籍从各个渠道传入，皇室无非是为了读懂这些书籍而延聘阿直岐、王仁为师的。阿直岐、王仁用以启蒙太子的课本，绝不可能是周兴嗣次韵的《千字文》，但必定是《千字文》之类的童蒙读本，因为日本人要学习汉籍，必先掌握汉字，故此，以识字为目的编纂的各种童蒙读本，无疑是最先影响日本文化的中国典籍。

第四，倭国太子菟道稚郎子，先后师承阿直岐、王仁，学习"经典""典籍"，达到"莫不通达"的境界，可以看作"俗渐洙泗之风，人趋齐鲁之学"的典型。我们举两个例子，看看这位被寄予厚望的皇位继承人，是如何学以致用的。其一，应神天皇二十八年（297）九月，高句丽上表云"高丽王教日本国"，太子怒责"表状无礼，则破其表"（《日本书纪》）。这个事例说明太子不仅精通汉文，而且熟悉外交规范，恪守儒教礼数。其二，应神天皇四十年（309），立菟道稚郎子为嗣，次年天皇驾崩，菟道稚郎子执意让位于兄大鹪鹩（仁德天皇），而其兄也坚辞不受，相互推让3年，最终菟道稚郎子自杀明志，大鹪鹩登基而为仁德天皇。这个事例说明菟道稚郎子模仿儒教的禅让故事，有太伯、许由遗风，具有崇高的道德理想。

我们以《怀风藻》序言为线索，稽考了神功皇后、应神天皇、阿知岐（直支王、阿知使主）、王仁（辰孙王、王辰尔）、菟道稚郎子等人的事迹，在5世纪前后的时空中，描摹出一条发自六朝建康、途径朝鲜半岛百济、蜿蜒通达倭国的书籍之路。进入5世纪"倭五王"时代，这条书籍通道得到加强。随着遣隋唐使往返东海，书籍之路的源头由南而北，追溯到中原地区。这是后话，兹不赘言。

第二章
从"丝路"到"书路"

中华民族对世界文明贡献的睿智，人们通常总会提到"四大发明"——指南针、火药、造纸术和印刷术。实际上，汉字、瓷器、丝绸等发明创造，无论地位、作用和影响，均不亚于四大发明。

何谓"书籍之路"？这要从"丝绸之路"谈起。众所周知，"丝绸之路"的概念，最早由普鲁士地理学家费迪南·冯·李希霍芬（Ferdinand von Richthofen，1833—1905）首创，他在1877年出版的《中国》[1]一书中，用以指称两汉之际中国与中亚两河地区以及印度之间的贸易通道。继李希霍芬之后，赫尔曼（Albert Herrman）、斯坦因（Marc Aurel Stein）等西方学者通过文献考证和实地勘查，进一步拓展了其内涵和外延，使之成为世界上"最长、最古、最高"[2]的东西交通路线。

图2-1 "丝绸之路"概念的
首倡者李希霍芬像

1　F. V. Richthofen: *China: Ergebnisse eigener Reisen*, Dietrich Reimer, Berlin, 1877.
2　"丝绸之路"在时间上持续数千年，在空间上绵延数千里，穿越有"世界屋脊"之称的帕米尔高原，所以堪称世界上"最长、最古、最高"的贸易通道。

一

丝绸之路

中国丝绸究竟起源于何时，因为年代邈远，难以准确稽考。然而，远古传说留下的一些痕迹，让我们依稀看到蚕桑发明之初的一些景状。如《绎史》卷五引《黄帝内传》载："黄帝斩蚩尤，蚕神献丝，乃称织维之功。"《路史》注引《皇图要览》载："伏羲化蚕桑为穗帛，西陵氏始养蚕。"《通鉴外纪》载："太昊伏羲氏化蚕桑为穗帛。"《通鉴前编·外纪》载："西陵氏之女嫘祖为帝之妃，始教民育蚕，治丝茧以供衣服，而天下无皴瘃之患，后世祀为先蚕。"等等。

《山海经·海外北经》记载："欧丝之野在大踵东，一女子跪据树欧丝。三桑无枝，在欧丝东，其木长百仞，无枝。"古代汉语中"欧"与"呕"相通，所以郭璞在注释这个词时说："言嗽桑而吐丝，盖蚕类也。"这位跪在树前食桑吐丝的女子，或许就是被尊奉为"蚕神"的嫘祖。

从考古发掘的角度看，5000多年前的新石器时代，华夏民族已经驯化野蚕，利用蚕茧手工缫丝，织绸制衣。如距今4700多年的浙江省湖州市钱山漾良渚文化遗址，出土了密度很高的平纹结构家蚕丝织物残片[1]；再如，河南省荥阳县青台村仰韶文化遗址，出土了公元前3500年的平纹织物等。

此外，河南省安阳殷墟出土的甲骨文中，已有关于桑、蚕、丝、绸的纪事，表明桑、蚕、丝、绸生产已经兴起，缫丝、织绸、染色等工艺

---

[1] 1958年在浙江省吴兴县发掘的钱山漾遗址中，出土一块公元前2750±100年的长2.4厘米、宽1厘米的绸片，其经纬线至少由20多粒蚕茧缫制而成。绸表面细致、平整、光洁，呈平纹组织，经密52.7根/cm，纬密48根/cm，显示丝绸织造技术已达到相当高的水平。

粗具雏形，成为社会生产中一个较为重要的组成部分。周代丝绸生产已有较大发展，《禹贡》所载中国九个州中，有六个州出产丝绸：

> 兖州：厥贡漆丝，厥篚织文
>
> 青州：岱畎丝、枲、铅、松怪石……厥篚檿丝
>
> 徐州：厥篚玄纤缟
>
> 扬州：厥篚织贝
>
> 荆州：厥篚玄纁玑组
>
> 豫州：厥贡漆、枲、绤、纻，厥篚纤纩

这些带有"纟"（俗称"绞丝旁"）的贡品，均是丝绸的不同种类。汉字中以"纟"作偏旁的字之所以很多，不能不说与中国丝织业的发达有关。

到了秦汉时期，丝织业不但得到了大发展，而且随着汉代中国对外的大规模扩展的影响，丝绸的贸易和输出也达到空前繁荣。汉建元二年（前139），张骞（前164—前114）奉汉武帝之命，以匈奴人堂邑父（亦作"甘父"）为向导兼译人，率众百余人，穿越河西走廊，翻越葱岭，直达大宛，再至大月氏，历时13年，完成凿空西域之伟业。元狩四年（前119），再次奉使西行，足迹遍及乌孙、大宛、康居、大月氏、大夏等国。

张骞两度出使西域，经历千难万险，冲破横亘于东西方之间的心理与物理屏障，开阔了中国人的世界视野，扩大了汉王朝在西域的影响，开启了中外交流新纪元，促进了中国丝绸源源不断地向西流通，可谓厥功至伟。

1992年9月15日，中国邮政发行的《敦煌壁画》邮票，其第四组第四枚"唐·出使西域"，反映的是西汉张骞出使西域，临行时汉武帝

送别的场景。该图案选自敦煌莫高窟323窟北壁右半部壁画，此画由三个部分组成，即"汉武帝甘泉宫拜祭金人""汉武帝送别张骞""张骞到大夏国"。

大约2000年之后，普鲁士地理学家李希霍芬发现在汉朝政权建立后，尤其是张骞"凿空西域"后，西方文献中出现"丝绸"词汇的频率增加了，因此敏锐地捕捉到张骞开拓的这条商路，率先将其命名为"丝绸之路"，用以指称两汉之际中国与中亚地区以及印度之间的贸易通道，为之正名，其功不可没。

进入20世纪中期，好事者不断为之添枝加叶，遂使"丝绸之路"四通八达，无处不至。虽然李希霍芬首创的"丝绸之路"，时空外延被不断扩展，流通物品被不断充实，以致演化成一个"泛文化交流"的符号；然而这个伟大的创意在世界广泛传播，为之诠释和拓展者不绝于世，足以说明其具有相当的学术理据与旺盛的生命力。

追根溯源，秦汉以来东西方之间确实存在一条丝绸贸易通道的实体，这种来自遥远土地的神秘物品，引发西方人的种种幻想，以致产生诸如"羊毛树"之类的浪漫传说。

然而，无论是学术界还是一般民众，关注的焦点是连接东西方的丝绸之路，而中国丝绸向东传播到朝鲜半岛及日本列岛，历史同样悠久古老，而且形式与内涵别具一格，但世人对其的关注度却明显不如前者。

二

"羊毛树"传说

公元前139年，张骞奉使凿空西域，成为丝绸之路上的首个里程碑。西方对中国的幻想、憧憬、好奇、认知，从此发生翻天覆地的变化。

古希腊和古罗马文献中频频出现的"赛里斯"（拉丁文Seres），一般认为源自汉字的"丝（Si）"，也就是拉丁文中"丝（Serica）"一词的来源。丝在西方古典文献中演绎为三种基本涵义：（1）丝绸织物的名称——赛里斯（丝）；（2）擅长制作丝绸的民族——赛里斯人（丝人）；（3）丝绸民族居住的国度——赛里斯国（丝国）。

张骞并未抵达欧洲，那么遥远的罗马人是何时、何地、如何与丝绸邂逅的呢？后世对这段邈远的记忆，流传着各种各样的说法。其中一个版本认为，罗马人与丝绸的第一次接触，发生在东西方军事冲突的战场上。

公元前53年，古罗马三巨头之一的克拉苏（Marcus Licinius Crassus，约前115—前53）率领7个军团4万士兵，越过幼发拉底河，与安息军队进行决战。安息是横跨伊朗高原和两河流域的亚洲古国，建于公元前247年，开国君主是阿尔撒息，汉朝取"阿尔撒息王朝"之音，将其译为"安息"。

双方大军在卡莱（Carrhae）展开了鏖战，在罗马军队凶猛攻势下已露败象的安息军队，在其天才统帅苏莱那的命令下，突然展开一幅幅巨大的军旗，在日光照射下令人眼花缭乱，罗马士兵在惊愕与慌乱中丧失斗志，2万余人阵亡，1万余人被俘。

据西方史学家考证，那些鲜艳刺目的军旗，是用穿越浩瀚的沙漠从中国运来的丝绸制成的。因此这次惨痛的失败，促成罗马人首次近距离接触中国丝绸。此后不久，罗马人也设法得到了这种神奇的物品，其华丽多彩、轻柔细软的优良质地，远远超过了罗马人常用的棉毛或羊毛纺织品。

卡莱战役之后不过40年，也就是奥古斯都（Augustus，又译作"屋大维"）执政的后期，穿着丝绸在罗马贵族中成为一种身份标志与社会风尚。由于罗马不能直接从东方获得丝绸，只能从安息商人手中购买，所以其价格昂贵得离谱：一磅高级丝绸料子（约10尺）值12两黄金，丝绸与黄金几乎是等量交换的。

巨大的丝绸需求，造成罗马帝国贸易逆差的扩大，每年用以支付进口丝绸的货款高达10万盎司黄金，致使国库逐渐空虚，因此元老院曾颁布命令，禁止男人穿丝绸服装。罗马奥勒留皇帝（Aurelius，161—180）曾带头不穿丝绢袍服，并禁止贵族穿戴丝织物。但这些措施无法阻止人们对美的追求，丝绸服装从贵族迅速普及庶民。

随着丝绸在生活中扮演越来越重要的角色，诱发了罗马人强烈的好奇心与想象力，由此产生种种幻想和猜测。奥古斯都时代的古罗马诗人维吉尔（Vigile，前70—前19）《田园诗》（一作《农事诗》）写道："塞里斯人从他们那里的树叶上采集下了非常纤细的羊毛。"[1]几乎同时代的罗马地理历史学家斯特拉波（Strabo，约前63—约23），在其《地理书》中也记载："也是出于同一原因（气候的酷热），在某些树枝上生长出了羊毛。尼亚格（Néarque）说，人们可以利用这种羊毛纺成漂亮而纤细的织物，马其顿人用来制造坐垫和马鞍。这种织物很像足丝脱掉的皮织成的赛里斯布。"[2]知识渊博的古罗马作家老普林尼（Gaius Plinius Secundus，23—79），在《自然史》（又译作《博

WOOL TREE YARN
DYED BY NATURE

图2-2　西方传说中的
"羊毛树"

1　［法］戈岱司著，耿昇译：《希腊拉丁作家远东古文献辑录》，中华书局1987年版，第1—2页。人名标音及生卒年均依所引之书，下同。

2　［法］戈岱司著，耿昇译：《希腊拉丁作家远东古文献辑录》，中华书局1987年版，第5—6页。

物志》）一书中描述得更为详细：

> 人们在那里所遇到的第一批人是塞里斯人，这一民族以他们森林里所产的羊毛而名震遐迩。他们向树木喷水而冲刷下树叶上的白色绒毛，然后再由他们的妻室完成纺线和织布这两道工序。由于在遥远的地区有人完成了如此复杂的劳动，罗马的贵妇人们才能穿上透明的衣衫而出现于大庭广众之中。[1]

古罗马著名诗人伊塔利库斯（Silius Italicus，约28—约103），在《惩罚战争》中充满想象力地描述长满羊毛的奇幻树林：

> 旭日的光辉已经照遍塔尔泰斯海（Tartesse）面，冲破黑夜的重重暗影，照临东国的海岸。晨曦照耀中的赛里斯人前往小树林中去采集枝条上的绒毛。
>
> ……
>
> 赛里斯人居住在东方，眼看着意大利（火山）的灰烬漂白了他们长满羊毛的树林。天哪！这真是蔚为奇观！[2]

公元395年，罗马帝国分裂为东西两部分，东罗马即历史上的拜占庭，建都于君士坦丁堡（今土耳其伊斯坦布尔一带），虽然势力向东大幅度扩展，但是安息扼守着通往远东的商道，罗马人不得不通过安息人的转手，高价获取他们需要的丝绸。

1　［法］戈岱司著，耿昇译：《希腊拉丁作家远东古文献辑录》，中华书局1987年版，第10页。
2　［法］戈岱司著，耿昇译：《希腊拉丁作家远东古文献辑录》，中华书局1987年版，第14—15页。

图2-3 查士丁尼像

到了查士丁尼（Justinianus，527—565在位）治世，拜占庭面对的是强大的波斯帝国，双方围绕丝绸货源斗智斗勇。据唐僧玄奘所著的《大唐西域记》记载，查士丁尼为摆脱波斯人对丝绸价格的垄断，计划与埃塞俄比亚人联手，绕过波斯走海路去印度购买丝绢，然而这个计划因波斯人阻碍而失败。无奈之下，查士丁尼请突厥可汗出面调停，然因波斯王毒杀突厥可汗的使臣，双方矛盾进一步激化，终于爆发史称"丝绸之战"、长达20年之久的战争。

"丝绸之战"使罗马和波斯彻底决裂，因蚕丝奇缺而价格飙升，罗马境内的丝织加工业濒临停顿。在这种情况下，查士丁尼设法在本国自主发展蚕桑生产。这时一名传教士自称知悉养蚕和植桑的方法，他游历东方一年时间，将蚕种和桑籽藏在竹杖中偷偷带回罗马，并按道听途说的方法将蚕种埋入地下，又将桑籽放在怀中孵化，结果当然以失败告终。

正在罗马人一筹莫展之际，印度僧人的登场使事情又有了转机。关于拜占庭获知丝绸生产技术的过程，拜占庭史学家普罗科波（Procope de Cesaree,？—562）在《哥特战记》中记载了这样一个故事：

　　某些来自印度的僧侣们深知查士丁尼皇帝以何等之热情努力阻止罗马人购买波斯丝绸，他们便前来求见皇帝，并且向他许诺负责制造丝绸，以便今后避免罗马人再往他们的宿敌波斯人中或其他民族中采购这种商品了。

　　他们声称自己曾在一个叫赛林达（Serinda）的地方生活过一段

时间，而赛林达又位于许多印度部族居住地以北。他们曾非常仔细地研究过罗马人地区制造丝绸的可行方法。由于皇帝以一连串问题追问他们，询问他们所讲的是否真实，所以僧人们解释说："丝是由某种小虫所造，天赋了它们这种本领，被迫为此而操劳。"他们还补充说："绝对不可能从赛林达地区运来活虫，但却很方便也很容易生养这种虫子；这种虫子的种子是由许多虫卵组成的；在产卵之后很久，人们再用厩肥将卵种覆盖起来，在一个足够的短期内加热，这样就会让小动物们诞生。"

听到这番讲述以后，皇帝便向这些人许诺将来一定会特别厚待恩宠他们，并鼓励他们通过实验来证实自己的言论。为此目的，这些僧人返回了赛林达，并且从那里把一批蚕卵带到了拜占庭。依上述的方法炮制，他们果然成功地将蚕卵孵化成虫，并且用桑叶来喂养幼虫。从此之后，罗马人也开始生产丝绸了。

根据该书的记载，罗马人大约在6世纪中期终于弄清了丝绸生产的奥秘，并随后开始大规模生产。普罗科波提到的"赛林达"，一种译法作"塞林提亚"，这又是个什么地方呢？玄奘《大唐西域记》卷十二讲到瞿萨旦那国的"麻射僧伽蓝及蚕种之传入"，讲述一个与蚕和蚕种相关的故事：

> 王城东南五六里，有麻射僧伽蓝，此国先王妃所立也。昔者，此国未知桑蚕，闻东国有也，命使以求。时东国君秘而不赐，严敕关防，无令桑蚕种出也。瞿萨旦那王乃卑辞下礼，求婚东国。国君有怀远之志，遂允其请。瞿萨旦那王命使迎妇，而诫曰："尔致辞东国君女，我国素无丝绵桑蚕之种，可以持来，自为裳服。"女闻其言，密求其种，以桑蚕之子置帽絮中。既至关防，主者遍索，唯

王女帽不敢以验。遂入瞿萨旦那国，止麻射伽蓝故地。方备仪礼，奉迎入宫。以桑蚕种，留于此地。阳春告始，乃植其桑。蚕月既临，复事采养。初至也，尚以杂叶饲之，自时厥后，桑树连阴。王妃乃刻石为制，不令伤杀，蚕蛾飞尽，乃得治茧，敢有犯违，明神不祐。遂为先蚕建此伽蓝。数株枯桑，云是本种之树也。故今此国有蚕不杀，窃有取丝者，来年辄不宜蚕。

这个故事的大意是：瞿萨旦那国原先不知道养蚕方法，听说"东国"有桑蚕，君主禁止蚕种外传。于是，瞿萨旦那王要求与东国和亲，嘱咐迎娶东国公主的使节暗示公主偷携蚕种出境。公主心领神会，悄悄地在帽子的丝絮中藏入一些蚕卵，当出嫁队伍到

图2-4 金汁写本《丹珠尔》影印本（天津古籍出版社1988年版）

了边关时，守边官员不敢查验公主的帽子，于是蚕种就被带到了瞿萨旦那国。到了春天，人们种植桑树，饲养蚕种。此时，王妃（公主）刻石为令，不准伤害桑蚕，如有违反，神灵不佑，此后成为制度。

"瞿萨旦那"是梵文Gostana的音译，古书中常称"于阗"，即今天新疆的和田。这个故事还有其他版本，藏文大藏经《丹珠尔》中有一部《于阗国授记》（*Li'iyul lung bstan pa*），书中讲述了类似的故事，只是情节稍有不同；《新唐书·西域传》谈到于阗国时，亦有如下记载：

初无桑蚕，丐邻国，不肯出。其王即求婚，许之。将迎，乃告曰："国无帛，可持蚕自为衣。"女闻，置蚕帽絮中，关守不敢验，自是始有蚕。女刻石，约无杀蚕，蛾飞尽得治茧。

历史真是奇妙！1000多年后的20世纪初，匈牙利裔英国探险家、国际敦煌学开山鼻祖之一的斯坦因进入和田，在一处古代民居的遗址中发现一块木板画。

这块木板画上有四位人物，中间那位女子身份显贵，头戴一顶华丽的冠帽，上面缀满珠宝；左侧女子高举左手，直指着那顶宝冠，似

图2-5　蚕种西传木板画（局部）

乎在说这宝冠中藏有什么。右边那位女子坐在布满经线的织机旁，手执纺织工具。斯坦因意识到这位头戴宝冠的女子，就是玄奘所讲故事中的"东国公主"。

三

从沙漠到海洋

李希霍芬首创的"丝绸之路"一词，让人遐想古希腊以来有关"赛里斯（Seres）"——"丝绸之国"的东方传闻，因此给人以新奇而梦幻、刺激而深刻的印象，尤其是经由其弟子赫尔曼（Albert Herrmann）、斯文·赫定（Sven Hedin）等进一步阐发，后被国际学界广泛接受，成为描述古代以来欧亚大陆东西方文明交流的重要关键词。

原先只是指称两汉之际中国与中亚地区，以及印度之间的贸易通道的"丝绸之路"，在后人的阐发与演绎之下，成为四通八达的世界各国文化交流之象征。然而，立足于"丝绸"这个关键词，大而言之，可分为"陆上丝路"与"海上丝路"。

有关"海上丝路"的起源，仍然可以追溯到李希霍芬，据说他在一张地图上提到过"海上丝绸之路"[1]，但没有涉及具体内容。在此之后，被誉为"欧洲汉学研究泰斗、法国敦煌学先驱"的爱德华·沙畹（Emmanuel-èdouard Chavannes，1865—1918），广泛收集中国文献资料并参引西方人的记载编撰了《西突厥史料》（1903），他在书中具体提道："丝路有陆、海二道，北道出康居，南道为通印度诸港之海道。"

无论是李希霍芬还是沙畹，他们所指的"海上丝路"，均限定是中国与印度之间的贸易通道，没有涉及东亚各国的海上航路。1968年，日本学者三杉隆敏（Misugi Takatosi）出版《追寻海上丝绸之路》[2]，有人因此推举他为现代"海上丝路"的倡导者；然而该书有个副标题"东西陶瓷交涉史"，所以书名虽然冠以"丝绸之路"，其实内容叙述的是"陶器之路"，这与作者本身是陶器专家有关。1982年，三杉隆敏与藤本胜次、山田宪太郎合著《海上丝绸之路》[3]，副标题为"丝绸、香料、陶瓷器"，虽然涉及了"丝绸"，但相当大的篇幅是讲"香料之路"与"陶瓷之路"的。

在日本学者的《海上丝绸之路》问世之际，北京大学东方系教授陈炎也发表了题为《略论海上丝绸之路》[4]的学术论文，此后陆续撰写系列论文，并于1996年汇编为《海上丝绸之路与中外文化交流》。该书收录论文共计18篇，内容涵盖南海丝绸之路与东海丝绸之路，标志着

1　吕文利：《李希霍芬与"丝绸之路"》，《学习时报》2016年6月2日。

2　［日］三杉隆敏：《海のシルクロードを求めて—東西焼物交渉史—》，创元社1968年版。

3　［日］藤本胜次、山田宪太郎、三杉隆敏：《海のシルクロード：絹·香料·陶磁器》，大阪书籍株式会社1982年版。

4　陈炎：《略论海上丝绸之路》，《历史研究》1982年第2期。这篇论文于1986年获北京大学首届科研成果一等奖。

"海上丝路"学术概念的定型。

1987年至1997年，联合国教科文组织（UNESCO）实施"丝绸之路考察"（Silk Road Expedition）10年规划，重点考察东西方海路交通，自此"丝绸之路"跨洋过海、翻山越岭，成为人类史上"最长、最古、最高"的文化交流之路。

中国丝绸东传的确切时间，因年代久远而不可考，但大致推测在秦始皇一统天下后，引发了一个移民高潮，向东迁徙的中原民族，必定将水稻种植、金属器具、蚕桑技术等传播开去。箕子东行、徐福东渡等传说，或许传递了丝绸东传的记忆片段。

《太平御览》引《外国记》云："周详泛海，落纻屿，上多纻，有三千余家，云是徐福童男之后，风俗似吴人。"所谓"纻"，是麻的一种，可以用来织布，"纻屿"便是生产纻或者麻布的岛屿。这使我们联想到《三国志·吴书》中的记载，说亶洲人是徐福后裔，"时有至会稽货布"。

《三国志·吴书》"黄龙二年（230）条"载："二年春正月……遣将军卫温、诸葛直将甲士万人浮海求夷洲及亶洲。亶洲在海中，长老传言秦始皇帝遣方士徐福将童男童女数千人入海，求蓬莱神山及仙药，止此洲不还。世相承有数万家，其上人民，时有至会稽货布。会稽东县人海行，亦有遭风流移至亶洲者。所在绝远，卒不可得至，但得夷洲数千人还。"

纻屿、夷洲、亶洲或虚或实，真实面貌扑朔迷离，但后世一般推定为日本列岛，如元人吴莱《论倭》就认为，散布朝鲜、日本周围的夷洲人、纻屿人皆为"倭种"："海东之地，为国无虑百数。北起拘耶韩，南至耶马台而止。旁又有夷洲、纻屿人，莫非倭种，度皆与会稽临海相望。"

在中国历史上，周武王灭殷商之后，商朝末代国王纣的叔父箕子，率领5000位商朝遗民至朝鲜半岛避乱，联合土著居民建立"后朝鲜侯

41

国"，并得到周王朝的认可，史称"箕子朝鲜"。箕子携众东迁，带去中原先进的思想文化与生产技术，成为传播丝绸的先行者。

中国方面的文献，如《汉书·地理志》载："殷道衰，箕子去之朝鲜，教其民以礼义、田蚕、织作。"又如《后汉书·东夷列传》说："昔武王封箕子于朝鲜，箕子教以礼仪田蚕，又制八条之教。"这里的"田蚕""织作"，说明箕子带去了蚕桑与织造技术。

朝鲜方面的文献，如徐居正《东国通鉴·外纪·箕子朝鲜》云："箕子率中国五千人入朝鲜，其诗、书、礼、乐、医、巫、阴阳、卜筮之流，百工技艺，皆从而往焉。"再如《东史纲目》说："箕子之来，中国人随之者五千。诗、书、礼、乐、医、巫、阴阳、卜筮之流，百工技艺，皆从焉。其民……衣冠制度，悉同乎中国。"上面提到的"百工"，是世间各种工匠技艺的统称，自然应该包括"田蚕""织作"的工匠。

战国末年至秦汉之交，不断有齐人、燕人流入朝鲜。西汉初年，燕人卫满率众千余人来到朝鲜，受到朝鲜王箕准的优待，负责守卫西部边境。卫满利用西部边境与中国接壤的条件，大量招募汉族移民，建立起一支强大的军队。公元前194年，羽翼已丰的卫满，反客为主攻占王都

图2-6 朝鲜的"箕子墓"

王险城（今朝鲜平壤），自立为王，史称"卫氏朝鲜"。

卫氏朝鲜传至第三代右渠王时，显露与汉朝分庭抗礼的野心。公元前109年，汉武帝派出两路大军兴师问罪，次年攻陷王险城，卫氏朝鲜灭亡。汉武帝在其地设置乐浪、临屯、玄菟、真番四郡，史称"汉四郡"，纳入汉王朝版图。

从箕子朝鲜，到卫氏朝鲜，再到汉置四郡，朝鲜半岛北部一直由汉人统治，中原的蚕桑技术与丝绸工艺也随之源源不断地传入。在此期间，当地的韩人在一波又一波汉族移民的推压下，逐渐向东迁徙至朝鲜半岛的南部，在那里形成马韩、辰韩、弁辰三国。箕子朝鲜的末代国王箕准，被卫满率军攻破王险城之后，也是一路南下逃到了马韩地区。所以即使在朝鲜南部的三韩之地，也不可避免地受到中原文化的影响。

《后汉书·东夷列传》载："马韩人知田蚕，作绵布。"《三国志·乌丸鲜卑东夷传》载："弁辰……晓蚕桑，作缣布。"至于辰韩，他们自称是"秦之亡人"，中国影响之深就更不用说了。

有学者认为，"公元前11世纪周武王灭商，箕子的朝鲜之行将中国的养蚕、缫丝、织绸技术及其产品自东北传到朝鲜半岛"；箕子是"浮海去朝鲜"，再通过"海上丝路"，将丝绸传往日本。[1]

具体而言，起自中原地区的丝绸之路，先是通过箕子朝鲜、卫氏朝鲜、汉置四郡延伸至朝鲜半岛北部的汉人统治区；然后，次第南下渗透到半岛南部的韩人地区，那里是汉人、韩人、倭人杂居之地，又与日本列岛隔海相望，因此丝绸之路穿越对马海峡而延伸至日本，应该没有任何疑义。下面我们就来看看日本的情况。

秦始皇时期，徐福渡海求仙药，欧阳修《日本刀歌》云："其先徐福诈秦民，采药淹留丱童老。百工五种与之居，至今器玩皆精巧。"这

---

[1] 蒋淑媛、于天福：《箕子的朝鲜之行与丹东丝绸业的兴衰》，《丝绸》2002年第9期。

首诗也提到徐福东渡时有身怀各种技艺的"百工"随行，而在相关民俗资料及野史传说中，涉及丝绸东传的故事甚多。

日本江户时代地理学家近藤富藏（1805—1887）于文政九年（1826）因斗殴伤人事件获罪，被流放到伊豆群岛最南端的八丈岛（今属东京都），遂潜心研究当地的历史文化，通过收集文献资料、开展田野调查、记录民间传闻，编撰了皇皇72卷的《八丈实记》。这部手稿于明治二十年（1887）被东京府购入，学术界公认是"研究八丈岛历史的必读书"。该书关于徐福东渡，有如下记载：

> 中国秦始皇时代，方术士徐福……来到冲之岛，开垦土地，发展事业，男子从事渔业，女子养蚕，子孙繁衍至三千余户。

此外据《八丈岛志》《青岛岛史》等相关文献记载，日本孝灵天皇七十二年（前219），徐福受秦始皇派遣至东海寻找长生不老仙药。徐福一行最先抵达纪州熊野，派遣童男童女乘船四处寻找仙药。途中乘坐童女的船漂到八丈岛，乘坐童男的船漂到附近的青岛，从此八丈岛叫"护女岛"或"女岛"，青岛叫"童男岛"或"男岛"。

日本九州佐贺县一带有多处与徐福相关的遗存，如县东南部诸富町的"浮盃津"，传说是徐福随浮杯登岸之处，建有"徐福上陆地"纪念碑；市北的金立山上建有金立神社，祭祀被奉为农耕、蚕桑与医药之神的徐福。当地至今还有一个"千布村"，据说徐福船队靠岸处是一大片沼泽

图2-7　日本的徐福之墓（日本熊野市）

地，行走非常困难，于是徐福将带来的布帛铺在地上前行，抵达他们信以为是蓬莱的金立山麓时，足足用了1000匹布帛，于是他们聚居之地便被称作"千布村"。

日本各地有关徐福的传说甚多，而且大多与养蚕、丝绸、织布等有关。箕子东行与徐福东渡的诸多传说，虽然不能全部视为信史，但至少折射出早在周秦时期，中国的丝绸产品与蚕桑技术开始向东传播，形成一条东亚的"海上丝路"，这不仅有考古资料可以印证，而且在文献资料中也能找到大量依据。

四
东亚的"养蚕之道"

前面说到的佐贺县金立神社，那里的祭神除了外来的徐福，还有本土的保食神。这个保食神与蚕桑关系密切。日本现存最古的汉文史书《日本书纪》（720）中叙述了这样一个故事：创世神伊奘诺尊生下三了，即日神天照大神、月神月夜见尊、海神素戋鸣尊。镇坐高天原的天照大神，听闻地上的苇原中国有一位神通广大的保食神，便命令月夜见尊去探虚实。月夜见尊来到下界，见保食神面向大地口中吐出米饭，面对大海口中吐出鱼贝，面朝山林口中吐出禽兽，然后以这些东西款待客人。这时月夜见尊愤然作色道："秽哉，鄙矣！宁可以口吐之物敢养我乎？"乃拔剑杀之，然后回高天原复命。天照大神听后大怒，派天熊人下凡查看，只见保食神已死，"其神之顶化为牛马，颅上生粟，眉上生蚕，眼中生稗，腹中生稻，阴生麦及大豆小豆"。天熊人悉取之复命，天照大神大喜，以粟稗麦豆为陆田种子，以稻为水田种子，"又口里含蚕，便得抽丝，自此始有养蚕之道焉"。

这个故事反映出保食神是农耕之祖，而"眉上生蚕"说明此神带给日本蚕种，日本天皇始祖天照大神"口里含蚕，便得抽丝"，以一种极其原始的方式开启了"养蚕之道"[1]。这使我们联想起《山海经·海外北经》的记载："欧丝之野在大踵东，一女子跪据树欧丝。"中国"蚕神"嫘祖也是食桑吐丝的，这无疑就是蚕桑的原始形态。保食神神话与徐福传说在传播农耕文化方面有诸多相似之点，可以断定日本的"养蚕之道"是在外来文明影响下开启的。

我们从神话回到史实，看看文献史籍是如何记载这段历史的。《三国志·魏书》记载曹魏与倭国的聘交记事，大多取材于外交档案及鱼豢的《魏略》，具有相当的可信度。值得注意的是，景初二年（238）女王卑弥呼派遣的使者，向曹魏贡献"班布"[2]，曹魏则回赠大量丝绸：

　　其年十二月，诏书报倭女王曰：制诏亲魏倭王卑弥呼。带方太守刘夏遣使送汝大夫难升米、次使都市牛利，奉汝所献男生口四人、女生口六人、班布二匹二丈，以到。……今以绛地交龙锦五匹、绛地绉粟罽十张、蒨绛五十匹、绀青五十匹，答汝所献贡直。又特赐汝绀地句文锦三匹、细班华罽五张、白绢五十匹、金八两、五尺刀二口、铜镜百枚、真珠铅丹各五十斤，皆装封付难升米、牛利，还到录受。悉可以示汝国中人，使知国家哀汝，故郑重赐汝好物也。

1　日本蚕桑的起源，应该早于天照大神。《日本书纪》创世神话还有如下内容："日月既生，次生蛭儿……次生火神轲遇突智，时伊奘册尊为轲遇突智所焦而终矣。其且终之间，卧生土神埴山姬及水神罔象女。即轲遇突智娶埴山姬，生稚产灵，此神头上生蚕与桑，脐中生五谷。"
2　"班布"，《册府元龟》卷一百七十"来远"条作"斑布"，推测是一种染色的木棉布。

接着正始四年（243），又遣使朝贡。时隔5年，贡品数量种类大幅提升，包括倭锦、绛青缣、绵衣、帛布等物。从"布"到"锦""缣""绵""帛"，以及从原料到成品，说明质量也有了明显提升：

> 倭王复遣使大夫伊声耆、掖邪拘等八人，上献生口、倭锦、绛青缣、绵衣、帛布、丹木弣、短弓矢。

关于"倭锦"，唐代张楚金的《翰苑》说是"文锦"，所谓"文"即"纹"，意思是有日本式图案的。唐代王维《送秘书晁监还日本国》诗序云："卑弥遣使，报以蛟龙之锦。"则其图案或作蛟龙纹。

卑弥呼死（推定为正始八年，247）后，先立男子为王，但国中不服而起骚乱，待宗女壹与继位始平。她派使节向曹魏朝贡，所献物品包括"异文杂锦二十匹"：

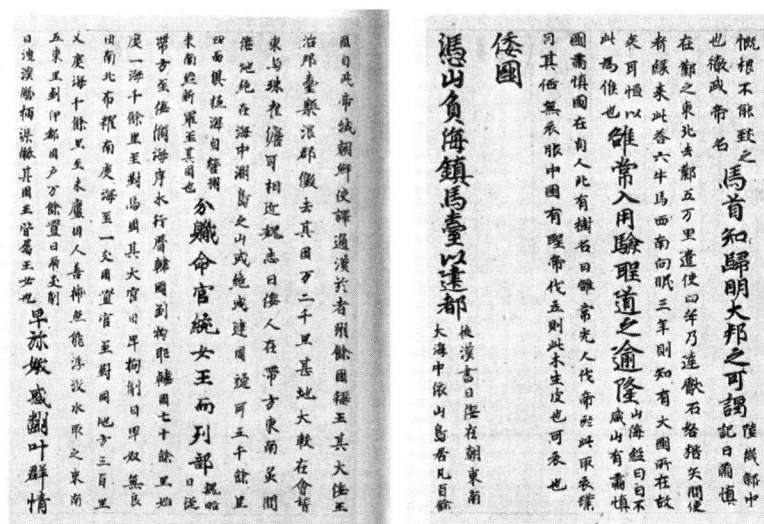

图2-8 《翰苑》残卷（日本国宝，大宰府天满宫）

卑弥呼以死，大作冢，径百余步，殉葬者奴婢百余人。更立男王，国中不服，更相诛杀，当时杀千余人。复立卑弥呼宗女壹与，年十三为王，国中遂定。政等以檄告谕壹与，壹与遣倭大夫率善中郎将掖邪狗等二十人送政等还。因诣台，献上男女生口三十人，贡白珠五千孔、青大句珠二枚、异文杂锦二十匹。

从上述史料来看，倭国频频携带布帛之类向曹魏朝贡的原因是那时倭国已经掌握了蚕桑技术，具备生产丝绸的能力。因此，《三国志·倭人传》说倭人"种禾稻、纻麻、蚕桑、缉绩，出细纻、缣绵"。

综上所述，"沙漠丝路"是由东而西的单方面输出，而"海上丝路"是输出与输入的互动。至迟在公元3世纪前后，倭国已经有了蚕桑业，能够自产多种丝绸制品，所谓"桑"与"蚕"无神秘可言，因而不会产生"羊毛树"之类的奇谈。接下来的问题是，中国对西方严守"丝绸"制造秘密，那么东方又是如何掌握这个秘密的呢？

日本史籍《古语拾遗》（807）云："秦汉百济内附之民，各以万计。"古坟时代的大规模移民，主要包括秦人集团、汉人集团、百济人集团。

据《日本书纪》记载，应神天皇十四年（283，推定为5世纪初），弓月君从百济来到日本，诉说120县族人被新罗阻在加罗国无法前来，天皇遂遣葛城袭津彦往迎，3年后把秦人集团带回日本。弓月君又称"融通王"，当是移居半岛的秦人集团首领（或国王），在大和朝廷被尊为"秦造之祖"。

关于弓月君的族系，《新撰姓氏录》（815）说是秦始皇五世孙，《日本三代实录》（901）则作十三世孙。这些未必都是事实，移民夸耀门第以自重，古今中外不乏其例。

综合《日本书纪》和《新撰姓氏录》的资料，雄略天皇时（5世纪后期）秦人分92部，达18670人；钦明天皇元年（540）"秦人户数总七千五十三户"，按五口之家计算，总数超过35000人。

上述两书还记载，仁德天皇（313—399在位）把秦人分置各郡，让他们专事养蚕织绸，他们所献的丝织品，触及肌肤柔和温暖，于是赐姓为"波多"（Hata），即日语"织机"之意。雄略天皇十五年（471），召集散居各地的秦人归秦酒公管理，他们献给朝廷的绢缣堆积如山，遂赐姓为"太秦公"。[1]日本京都至今仍存"太秦"地名，靠近风景秀丽的岚山，那里是古代秦人集团聚居之地。

汉人集团迁居日本略晚于秦人集团，《日本书纪》卷十应神天皇二十年（289，推定为5世纪初）九月条载："倭汉直祖阿知使主、其子都加使主，并率己之党类十七县而来归焉。"

阿知使主自称汉灵帝后裔[2]，《续日本纪》说是曾孙，《日本三代实录》则云三世孙，《新撰姓氏录》并载三世孙和四世孙二说。其后迁居朝鲜半岛南部，再渡海至日本。

汉人集团主要聚居在大和国桧隈郡（奈良），雄略天皇十四年（470）时来到日本的吴人工匠，亦被安置在此地。在日本文献中，汉人又称"绫人""汉织""穴织"等，说明他们也擅长纺织丝绸。

以上是丝绸从朝鲜半岛传入日本的一条途径，除此之外，还有从中国江南传播的途径。日本现存最早的史书《古事记》（712）中，有关吴国的记事仅"吴人参渡来"一条；然而《日本书纪》中事涉吴、倭交通

---

1 《日本书纪》卷十四雄略天皇十五年（471）条："秦民分散，臣连等各随欲驱使，勿委秦造。由是秦造酒甚以为忧而仕于天皇，天皇爱宠之，诏聚秦民赐于秦酒公。公仍领率百八十种胜，奉献庸调御调也，绢缣充积朝廷，因赐姓曰禹豆麻佐（一云禹豆母利麻佐，皆盈积之貌也）。"《日本书纪》卷十四雄略天皇十六年（472）条："秋七月，诏宜桑国县殖桑，又散迁秦民使献庸调。"
2 《续日本纪》卷三十八延历四年（785）六月十日条追忆祖先："臣等本是后汉灵帝之曾孙阿智王之后也。汉祚迁魏，阿智王因神牛教，出行带方。"

的记事，从应神天皇三十七年（306）至推古天皇二十年（612）共有12条，明确与丝绸有关的3条。首先是《日本书纪》卷十应神天皇三十七年（306）二月条：

> 遣阿知使主、都加使主于吴，令求缝工女。爰阿知使主等渡高丽国，欲达于吴。则至高丽，更不知道路。乞知道者于高丽，高丽王乃副久礼波、久礼志二人为导者，由是得通吴。吴王于是与工女兄媛、弟媛、吴织、穴织四妇女。

大意是说：应神天皇派遣来自百济的汉族移民阿知使主、都加使主，在高丽人的向导下抵达吴国，请求织造丝绸的技术，吴王派兄媛、弟媛、吴织、穴织4名"工女"相随，赴日传授技艺。接着是《日本书纪》卷十应神天皇四十一年（310）二月条：

> 阿知使主等自吴至筑紫。时胸形大神有乞工女等，故以兄媛奉于胸形大神，是则今在筑紫国御使君之祖也。既而率其三妇女以至津国，及于武库而天皇崩之。不及，即献于大鹪鹩尊。是女人等之后，今吴衣缝、蚊屋衣缝是也。

阿知使主等历经4年回到日本，到达筑紫（今福冈）时被当地豪族索要去1名，当带着其他3名工女抵达摄津国的武库（今兵库县一带）时，应神天皇已经去世，于是将工女献给接任的仁德天皇（大鹪鹩尊），她们的后代称作吴衣缝、蚊屋衣缝，继续从事纺织工作。最后是《日本书纪》卷十四雄略天皇十四年（470）正月条：

> 身狭村主青等共吴国使，将吴所献手末才伎、汉织、吴织及衣

缝兄媛、弟媛等，泊于住吉津。是月，为吴客道，通矶齿津路，名吴坂。……三月，命臣连迎吴使。即安置吴人于桧隈野，因名吴原。以衣缝兄媛奉大三轮神，以弟媛为汉衣缝部也。汉织、吴织衣缝，是飞鸟衣缝部、伊势衣缝之先也。

5世纪后期，雄略天皇派汉族移民身狭村主青出使吴国，带回手末才伎、汉织、吴织及衣缝兄媛、弟媛等，并且有吴国使节随同，从海路抵达大阪的住吉津。雄略天皇大喜过望，为迎接吴国使节修缮矶齿津路，将之命名为"吴坂"；嗣后，吴国纺织工匠一行被安置在桧隈野，称此地为"吴原"，成为飞鸟衣缝部、伊势衣缝的祖先。

图2-9　日本供奉的吴织木像
（松平定信《集古十种》）

这里的"吴"泛称中国的六朝，说明4—6世纪时日本主要与南方诸王朝通聘。7世纪以后，推古王朝开始向隋唐派遣外交使团，两国关系发生本质性变化，史书也不再称中国为"吴"，而以"唐"泛称中国。

五

"海上丝路博物馆"探秘

2001年10月，第53届"正仓院展"在奈良开幕，翌日传出一个令人惊愕的信息：展品《成唯识论》卷第四的卷末，发现"显庆四年润十

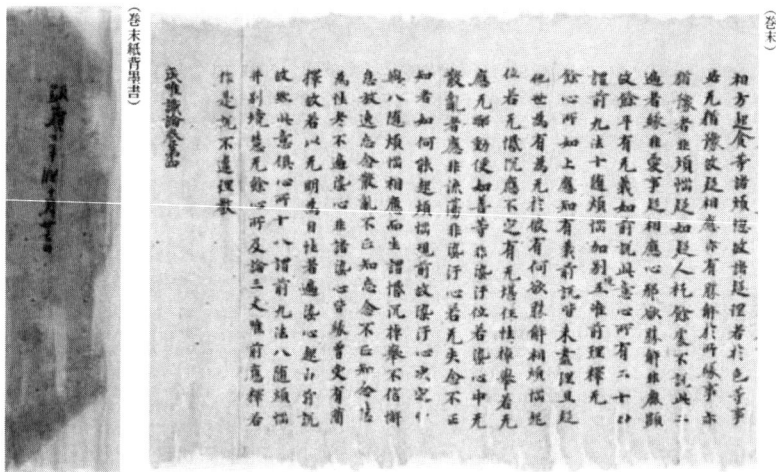

图2-10 唐写经《成唯识论》卷第四（日本正仓院）

月廿七日"墨书文字。其时，笔者正在当地主持"往返丝绸之路的遣隋使·遣唐使"国际会议，即与几位同行前去核实，初步确认纪年墨书与经文出自同一人之手。

《成唯识论》10卷，系玄奘西天求法携归之佛经，从显庆四年（659）闰十月开译，同年十二月完成，其徒窥基（慈恩大师）担任笔受（记录）。"显庆四年润十月廿七日"的墨书，表明第四卷译完的时间，按照一般程序，再经润文、缮写等之后才上呈朝廷。

现藏正仓院的《成唯识论》卷第四很可能是未经润文、缮写的窥基手稿，在佛教史上意义重大。查考同一时期日本的入唐僧，道照（一作"道昭"）和尚曾在玄奘门下求学，回国时玄奘"以所持舍利、经论咸授和尚"；道照回国后创建禅院，"此院多有经论，书迹楷好，并不错误，皆和尚之所将来者"[1]。由此看来，这部《成唯识论》大概是他回国时玄奘所赠，这在中日文化交流史上，又可增添一桩美谈佳话。[2]

正仓院被称为"海上丝路博物馆"，与其独特的历史密切相关。奈良时代（710—794）原是东大寺的校仓，日本天平胜宝八年（756）圣武太上天皇去世，光明皇太后捐入先帝庋藏的"国家珍宝"600多件，其后光明皇太后又4次捐物。这些皇室至宝多为遣隋唐使带回的唐代文物（包括西域文物），如抄录六朝至隋唐诗文的《杂集》，光明皇太后临书《乐毅论》《杜家立成杂书要略》，王羲之、王献之书法真迹，王羲之书法摹本20卷，等等。（《东大寺献物帐》）

正仓院宝物品种繁多，包涵书籍、文具、礼器、佛具、玩具、服饰、食具、药物、武器等，虽然不乏丝绸制品（如服饰、佛具），但比起金银器、玻璃器、漆器等要逊色很多，而至宝中的至宝莫过于文献典籍。

正仓院究竟收藏多少文献典籍，笔者尚未做过精确统计，其数量当以万计。比如，庋藏佛教书籍的"圣语藏"，就有隋代写经22卷、唐代写经221卷、宋版114卷，总数达4960卷之多。前面提到的《成唯识论》卷第四，只是其中的一卷而已。

笔者多次参观"正仓院展"，匆匆浏览丝织品、陶瓷器、金银器后，总是伫立在书籍展台前面，时时陷入沉思：若论对日本文化影响之

---

1 《续日本纪》卷一《道照薨传》："（700）三月己未，道照和尚物化。……初孝德天皇白雉四年（653）随使入唐，适遇玄奘三藏，师受业焉。……于后随使归朝，临诀，三藏以所持舍利、经论咸授和尚，而曰：'人能弘道，今以斯文附属。'……登时船进还归本朝，于元兴寺东南隅别建禅院而住焉。……后迁都平城也。和尚弟及弟子等奏闻，徙建禅院于新京，今平城右京禅院是也。此院多有经论，书迹楷好，并不错误，皆和上之所将来者也。"

2 王勇：《玄奘に教わった入唐僧たち》，收入会议论文集《三藏法师・玄奘のシルクロード：その遺産と指針》，奈良丝绸之路博览会纪念国际交流财团，2000年3月，第13—19页。

巨大，对日本人心灵渗透之深远，究竟是色彩斑斓的丝绸残片，还是深奥难解的汉文典籍呢？

六
周作人的"优孟衣冠"论

20世纪初（1906），周作人追随鲁迅留学日本，在东京住了6年后回国。30年代中期（1936），他在北平寓所写了一篇随笔，题目叫《日本的衣食住》（收入《日本管窥》《苦竹杂记》等），回忆当初在日本的感受：

> 我们在日本的感觉，一半是异域[1]，一半却是古昔，而这古昔乃是健全地活在异域的，所以不是梦幻似的空假，而亦与高丽安南的优孟衣冠不相同也。[2]

所谓"古昔"，作者解释即"中国古俗"，文中还介绍"夏穗卿、钱念劬两位先生在东京街上走路，看见店铺招牌的某文句或某字体，常指点赞叹，谓犹存唐代遗风，非现今中国所有"，因此断言"日本与中国在文化的关系上本犹罗马之与希腊，及今乃成为东方之德法"。

且不论周作人的比喻是否妥当，大凡中国人踏上日本国土，尤其是去古都奈良、京都观光，多少会产生似曾相识、回归往古的奇妙感觉。在日本急遽西化的近代尚且如此，全盘模仿中国的古代则更不待言。

隋大业四年（608），文林郎裴世清出使倭国，"东至秦王国，其人

1　这里的"一半是异域"，当指明治维新后西化的局面。
2　钟叔河：《周作人文类编7　日本管窥》，湖南文艺出版社1998年版，第28页。

同于华夏"（《隋书·倭国传》），表明7世纪初日本部分地区已经"华化"了。五代义楚著《释氏六帖》，说"徐福将五百童男、五百童女"带到日本，"今人物一如长安"。诸如此类的事例很多，由此化生出"慧思转世倭国王子""杨贵妃东渡日本"等的传说[1]。

图2-11　日本节庆中的裴世清花车（日本大阪府）

如果上述诸例说的是"海上丝路"的景观，那么"沙漠丝路"又呈何种景状呢？兹引录唐代诗人王维的《渭城曲》（一作《送元二使安西》）[2]：

渭城朝雨浥轻尘，客舍青青柳色新。

劝君更尽一杯酒，西出阳关无故人。[3]

这首脍炙人口的送别之作，堪称千古绝唱。友人元二将离咸阳（渭城），前往安西（唐安西都护府治所，在今新疆维吾尔自治区库车县境）；王维为之饯行，再三劝酒，依依不舍。诗眼即在"西出阳关无故人"一句，因为出了"阳关"[4]，再也碰不到"故人"，面对的将是文化习俗迥

1　王勇、中西进：《中日文化交流史大系·人物卷》，浙江人民出版社1996年版，第329—393页。

2　彭定求、杨中纳等：《全唐诗》，中华书局1996年版，第1306—1307页。

3　《全唐诗》卷一百二十八，"青青"一作"依依"，"柳色新"一作"杨柳春"。

4　阳关因在玉门关之南得名，在今甘肃省敦煌市西南，为古代通西域要塞。

异的陌生世界，所以读来便觉诗中涌动一股生离死别的悲壮之气。

　　既然同为"丝绸之路"，东西两地的文明景观为何如此相异？一种解释认为：唐代日本频繁遣使来华，促成中国文化大量东传。其实这里存在一个巨大的误区，日本由于大海阻隔，唐代约300年间，实际成行的来华使团不过16批，平均约20年才一次；相比之下，西域诸国与唐陆路相通，使团往来远较日本频繁。以大食为例，从651年至798年遣使39次，平均3年1次，有时1年数至。[1]

　　显然，文化的传播并非一定与人员往来的频率成正比，关键是看使团为何而来，携带什么而归。回头再看周作人的随笔，他说日本与中国相似，"与高丽安南的优孟衣冠不相同"。周作人巧用"优孟衣冠"的典故[2]，说明日本对中国文化的学习，超越了模仿皮毛的阶段，而将之化为血、化为肉、化为骨，因而中国文化是"健全地活在异域的"。

　　运往西方的丝绸，大抵只能做成"衣冠"，或供权贵炫耀，或为女士增艳，虽然可以暂时装点门面，毕竟无法影响其心灵。那么，不属"优孟衣冠"的日本，是如何学习中国文化的呢？

七

日本遣使唐朝之目的

　　日本从630年开始派出遣唐使，由于造船技术落后和航海知识匮乏，途中船毁人亡事件频频发生。贞观五年（631），第一批遣唐使到达

1　沈福伟：《中西文化交流史》，上海人民出版社1988年版，第31页。
2　优孟是楚国优人，愤于宰相（孙叔敖）死后遗族未获厚遇，遂穿戴故人衣冠见楚王，历数孙叔敖功绩，楚王触景生情，下诏优待孙叔敖家族。"优孟衣冠"引申为逢场作戏、粉墨登场、生硬模仿等。

长安时，唐太宗"矜其道远，敕所司无令岁贡"，并遣新州刺史高表仁持节往抚[1]。高表仁历经艰险回国后，"自云路经地狱之门，亲见其上气色蓊郁，又闻呼叫锤锻之声，甚可畏惧也"[2]。

图 2-12　遣唐使船模型（神户市立博物馆）

高表仁的表述或许有夸大之嫌，但千余年前横渡东海，确实要经受生死考验。比如说鉴真大师，5 次东渡失败，途中死亡 36 人，280 余人退出，最后仅 24 人抵达彼岸（《延历僧录》）。以此察之，日本人甘冒鲸波之险，必肩负着重大使命。

首先可以肯定的是，他们与来自西域的使节不同，主要目的不在于购求丝绸。当西方人深信赛里斯人从树上采集羊毛编织丝绸时[3]，日本人已学会"蚕桑缉绩"，生产"细纻、缣绵"，甚至向中国出口倭锦、绛青缣、绵衣、帛布、异文杂锦等[4]。

在唐代的中日文献史料中，我们没有找到遣唐使从中国大量进口丝绸的记录，倒是发现遣唐使带来的贡品以丝绸为主，日本朝廷支付给使

1　刘昫：《旧唐书·倭国传》，中华书局 1995 年版，第 5340 页。

2　王溥：《唐会要》卷九十九《倭国》，《景印文渊阁四库全书》第 607 册，台湾商务印书馆 1986 年版，第 419 页。

3　古代罗马、希腊的"羊毛树"传说，参见［法］戈岱司编、耿昇译：《希腊拉丁作家远东古文献辑录》，中华书局 1987 年版。

4　陈寿：《三国志·魏志三·倭人传》，中华书局 1995 年版，第 855、857、858 页。

团成员的经费也全部是丝绸、布帛之类[1]。既然遣唐使携带丝绸作为贡品和货币，他们远道而来意欲得到什么呢？其实，《旧唐书·日本国传》已经给出答案：

> 开元初，又遣使来朝，因请儒士授经。诏四门助教赵玄默就鸿胪寺教之，乃遗玄默阔幅布以为束脩之礼，题云"白龟元年调布"，人亦疑其伪。所得锡赍，尽市文籍，泛海而还。其偏使朝臣仲满，慕中国之风，因留不去，改姓名为朝衡，仕历左补阙、仪王友。衡留京师五十年，好书籍，放归乡，逗留不去。[2]

日本使以"阔幅布"作为束脩之礼，"所得锡赍"则"尽市文籍"，其"好书籍"如此。所谓"锡赍"当指钱币，而非实物[3]。假设《新唐书》列为"西戎"的波斯、大食、拂菻等同年入朝，且也获锡赍的话，会不会"尽市文籍"而去呢？相信不会，来自"沙漠丝路"的使者，大概会满载丝绸西归。这就是东西使者之不同，他们从唐朝携归的物品，反映出各自的文明取向。

关于唐代中日关系，日本学者池田温教授概括为政治、经济、文化三个方面，指出"当时交易等经济关系尚处于不太发达的阶段，非生活

1　《延喜式·大藏省》载有贡献"大唐皇"的礼单："银大五百两，水织绝、美浓绝各二百匹，细绝、黄绝各三百匹，黄丝五百绚，细屯绵一千屯。别送彩帛二百匹，叠绵二百帖，屯绵二百屯，纻布三十端，望陀布一百端，木绵一百帖，出火水精十颗，玛瑙十颗，出火铁十具，海石榴油六斗，甘葛汁六斗，金漆四斗。"

2　刘昫：《旧唐书·日本国传》，中华书局1995年版，第5341页。

3　刘昫：《旧唐书·崔祐甫传》："时李正己畏惧德宗威德，乃表献钱三十万贯。上欲纳其奏，虑正己未可诚信，以计逗留止之，未有其辞，遂问宰相。祐甫对曰：'正己奸诈，诚如圣虑。臣请因使往淄青，便令宣慰将士，因以正己所献钱锡赍诸军人，且使深荷圣德，又令外藩知朝廷不重财货。'上悦从之，正己大惭，而心畏服焉。"是可为证。

必需品的高度的文化产物发挥着最重要的作用"[1]。笔者以为，上述见解也适用于遣唐使之目的，"非生活必需品的高度的文化产物"则可置换为"书籍"。

遣唐使源于遣隋使，两者在日本历史上首尾衔接，前后300余年。其间，日本使团肩负的具体使命并非一成不变，但购求书籍一直是他们的主要任务，这从中日文献中可以找到充分的佐证。如《善邻国宝记》卷上引《经籍后传记》[2]（原文双行夹注，改为括号内单行注）：

> 以小治田朝（今按推古天皇）十二年岁次甲子正月朔，始用历日。是时，国家书籍未多，爰遣小野臣因高于隋国买求书籍，兼聘隋天子。

这是文献所载日本派往中国的第一个求书使团，"小野臣因高"即遣隋使小野妹子，入隋后改名苏因高，赴隋之目的是"买求书籍"。自此中日之间的书籍流通渠道开通，并在遣唐使时代得到进一步拓展。遣唐使官员的求书情况，除前述《旧唐书·倭国传》之外，据《日本书纪》记载，第二次遣唐使回国（654）后，大使吉士长丹因"多得文书宝物"而获封户、晋位、赐姓，可见求书成果甚至会影响仕途。

唐朝约300年，日本先后任命20批遣唐使，他们肩负的使命不可能一成不变，有招聘高僧硕学的，有学习佛教文化的，有引进典章制度的，有输送僧俗学生的，但与朝鲜半岛诸国侧重军事、外交、政治的遣唐使不同，目标始终锁定于文化，而在人员往来极端困难的情况下，书籍则是文化的最佳载体，于是在漫长的时光岁月中自然而然形成一条

1　［日］池田温编：《古代を考える：唐と日本》，吉川弘文馆1992年版，第13页。
2　原书已经失传，逸文散见各书（除《善邻国宝记》外，还有《政事要略》等），书名或作《儒传》。

"书籍之路"。

"沙漠，驼队，西方，夕阳西下，背负的是鲜艳的丝绸，这是古代的丝绸之路；大海，船队，东方，旭日东升，运载的是飘香的书籍，这是古代的书籍之路。"我曾经如此描述丝绸之路与书籍之路的不同景观[1]。但是，两者的区别不仅限于地理特征，应该根植于更深的文明内核。

古代输往西域的丝绸，现在即便从深埋沙漠的遗存中出土，大概也已经腐朽而不堪穿用；然而，当年遣隋唐使携归的书籍，直到今天依然是人们智慧的源泉。这些书籍犹如文明的种子，在漫长的岁月里生根发芽，继而开花结果，长成参天大树。

丝绸与书籍的关系，有点类似于米粒和稻种。假如中国出产的大米，成千上万吨地输往西方，一时或许会掀起"中国米"热，但当大米被消费完之后，其影响也就随之烟消云散，因为米粒无法再生米粒；假如中国出产的稻种，只要一颗掉入东方的土壤，如果有人去呵护，便会生根发芽，便会抽出稻穗，便会形成稻田，继而改变那里的生活方式，因为稻种具有自我再生的机能。

书籍也如稻种，一旦播撒在人之心田，就会生根发芽，继而开花结果，在精神世界营造出一片绿洲，直接影响人们创造文明的活动。近代以前，中日之间人员往来及物资流通受到自然条件的阻遏，但日本却最大化地继承了中国的传统文化。倘若隋唐以来，日本不是冒鲸波之险孜孜求索书籍，而是大量购买丝绸、陶瓷、漆器之类，那么最多也只是"优孟衣裳"而已。

笔者在探索中国典籍东传史的过程中，还发现一个值得留意的现

---

1 叶辉、郑贞兆：《中日文化交流史上曾有一条"书籍之路"》，《光明日报》1999年8月10日第2版。

象：清代以前，日本人来华求书，往往每种只取一本，很少有带复本回国的。[1]仔细想来，路途凶险，跨海不易，为了多带书籍，求阙本、购新书乃是效率最高的方法。

众所周知，文化的传播主要依赖人和书。日本由于自然环境限制，自古无法像新罗那样把大量学生送入太学（日本人入太学者，仅阿倍仲麻吕一人），而且中国士大夫渡海传授者罕见其人（少数僧侣除外），因此通过书籍汲取大陆文化，遂为不得已之策。然而，事实证明，书籍作为文化传播的媒介，比之人的持续时间更长、涵盖空间更广。

如果说丝绸是中华物质文明的象征，那么书籍则凝聚着更多的中华文明的精神创意，因而具有强大的再生机能，可以超越时空惠及后代。遣隋唐使携归的书籍，经过传抄、翻刻而流布世间，再经阐释、翻译而深入人心，对日本文化的发展产生不可估量的巨大影响。

时下讨论日本文化的特点，强调其独创性者有之，突出其模仿性者亦有之。然而，从书籍之路的角度审视之，日本文化的创造模式往往介乎两者之间。比如假名文字，均从汉字的草书及略笔蜕化而来，多少留下模仿的痕迹。但是，假名并非为了描摹汉字、标记汉语而创制，只是借助汉字的部分形体以表达日本人的思维，则不能不说是他们的创意。再如汉诗，日本人自隋唐以来吟咏了大量作品，清末俞樾所编《东瀛诗选》录诗4800首，这仅限于17世纪以后的佳作（偶含古代作品），其总数之巨实无法估算，而这些数以万计的诗歌，只是借用汉诗的形式以歌咏日本人的心声，也不能说是纯粹的模仿。

明治维新（1868）之前，"四书五经"之类是日本公私学塾的启蒙书籍。虽然大多数日本人不通汉语，但可以读懂汉文书籍。他们通过阅读中国典籍，与中国人接受大致相近的熏陶，由此形成类似的道德观

1　详见本书第四章《8世纪的"书籍之路"》第七节《奈良时代的入唐求书体制》。

念、审美意识、行为规范、艺术情趣。他们的知识构造与心灵世界，具有东亚的普遍特征。那么，由心灵的发露而创造的文化，自然也具有东亚的普遍特征。

书籍本身是一种奇特的生命体，她在传播过程中不断繁衍子孙，构成大小不等的血缘家族。17世纪前期，清人商舶把《水浒传》带入日本，引起彼地知识阶层的关注，很快有人编出《水浒传解》《水浒传抄译》《水浒传译解》等，对小说进行注释和编译。18世纪，《通俗忠义水浒传》《水浒传画本》《水浒画潜览》等全译本、图解本相继问世，在庶民中形成"水浒热"。与此同时，日本人作家受此启发，创作了《本朝水浒传》《日本水浒传》《女水浒传》《天明水浒传》《天保水浒传》《倾城水浒传》等几十种类本。这些类本不同于译本，虽然大多借用"水浒"题名和某些故事框架，但登场人物、时代背景、表演舞台、故事细节都是日本的，既不是中国文学的模仿，也难算日本文学的独创，笔者把这些书籍看作是中日文学混血的后代。

历史上，中日两国交往甚少，为何文明景观极为相似？这个谜底现在可以揭开：中国典籍犹如文明的种子，经由书籍之路播撒到日本列岛，在异国他乡生根发芽，虽然不免出现种种变异，但中华文明的遗传基因始终传递着古老的信息。

第三章
从布帛到黄金

    笔者曾分析过日本奈良时代遣唐使入唐后频繁的求书活动[1]。这些求书活动不仅仅是入唐僧俗求学的必然之举，而且也应是遣唐使所肩负的官方使命之一。

    遣唐使入唐后获得书籍的途径有多种多样，如大唐朝廷的下赐，又如唐人的馈赠，当然还应该存在等价购书的情况[2]。

    日本学术界流行这样一种说法：遣唐使携带大量砂金用于使节团各项开支及交通费用，给唐人造成了日本盛产黄金的印象，这一印象又通过唐人传给伊斯兰商人，从而促成9世纪的黄金之国"外克瓦克（al-Wāqwāq）"传说的流行[3]。

---

1 王勇：《遣唐使の求書活動》，收入［日］内田庆市、中谷伸生编：《アジアの言語・文化・芸術》，关西大学文学部2011年版，第203—228页。

2 王勇：《"丝绸之路"与"书籍之路"——试论东亚文化交流的独特模式》，《浙江大学学报》第33卷第5期，2003年8月。

3 例如宫崎正胜认为，"唐时遣唐使携带大量砂金用于生活开销等，促成了有关'遍布黄金之岛'的传言。这一传言随后在伊斯兰商人中间蔓延，催生了'外克瓦克'（倭国）传说，并成为'日本国（Zipangu）'传说的源头"（［日］宫崎正胜：《黄金の島ジパング伝説》，吉川弘文馆2007年版，第8页）。另外，前川明久在《八世紀における陸奥産金と遣唐使》一文中说，自8世纪初以来，遣唐使一直向外输出黄金（［日］前川明久：《日本古代政治の展開》，法政大学出版会1991年版）。不过，东野治之则认为"有关这一点并无相关论证，无法赞同"（［日］东野治之：《遣唐使と正倉院》，岩波书店1992年版，第58页注4）。

中日两国文献中确实多次记载到，9世纪以来遣唐使、入唐僧从日本朝廷获得砂金并在中国实际使用。不过，众所周知，日本从8世纪中期才开始开采黄金，因此在此之前的百余年间以及那之后的半世纪之中，遣唐使以何物充当购书资金，这一问题尚未得到彻底解决。

笔者在追踪古代东亚书籍传播轨迹时，多次遇到充当一般等价物的国际货币问题，尤其是铜钱与黄金尚未跨国通行的8世纪，究竟何种货币形态成为当时文化交流与货物流通的润滑油？本章试图对此问题给出答案。

一

遣隋使"买求书籍"

日本遣唐使的求书行为属于国家性计划之一，实际上早由遣隋使开启先例。日本史籍《经籍后传记》[1]记载了一则具有代表性的事例（括号内原文为双行夹注）：

> 以小治田朝（今案推古天皇）十二年岁次甲子正月朔，始用历日。是时，国家书籍未多。爰遣小野臣因高于隋国买求书籍，兼聘隋天子。

1　引自［日］田中健夫编：《善隣国宝记・新訂続善隣国宝记》，集英社1995年版。《善邻国宝记》卷上推古天皇条中引用此书作"经籍后传记"，坂本太郎发现《政事要略》所引《儒传》中有几乎相同的文字，故推测《儒传》与《经籍后传记》为同书异名（［日］坂本太郎：《人物丛书・圣德太子》，吉川弘文馆1979年版），若此推断正确，则《经籍后传记》的成书时间最迟不晚于《政事要略》（1002）。

推古十二年（604）日本派出的遣隋使，以前国内外学者均未提及，我们也不太清楚其中细节[1]。不过，从一个"兼"字推断，与"聘隋天子"这一政治外交使命相比，日本似乎主要是为了求书而派遣了这批使节。文中提到的"买求书籍"，可以看成是一种交易行为。这样说来，遣隋使为了"买"书，自当携带可在中国流通的某种"货币"。

遗憾的是，上述史料并未提到遣隋使携带何物作为货币。稍晚时候流通的"开元通宝"和日本的"和同开宝"（或作"和同开珍"）其时皆未铸造，假如交易手段不是"物物交换"，那么多数学者推断交易货币应该是金银。

图3-1　中国复原的"遣隋使号"（宁波舟山）

1　王勇：《隋文帝与遣隋使》考证了推古十二年（604）的遣隋使的相关情况。载王勇编：《东亚视域与遣隋唐使》，光明日报出版社2010年版，第1—9页。

舒明天皇二年（630）派出的第一批遣唐使继承了遣隋使的多项事业，特别是求书活动得到进一步强化。幸运的是，记录当时用于购买书籍的"货币"的资料今天尚存，堪称吉光片羽。

二
《白氏文集》的买卖

日本遣唐使同东亚诸国的其他使节团一样，入唐后热心搜求书籍，这在来自其他地区的遣唐使中实属罕见。例如，唐朝诗人白居易在《白氏文集》的自记中，记录了日本、新罗等国之人抄写文集携归本国的情况[1]。金泽文库所藏《白氏文集》卷三十三的一段跋语，可为此事提供佐证：

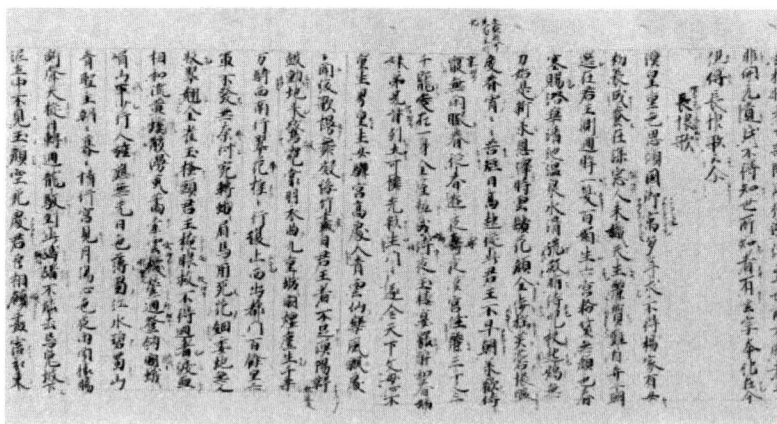

图3-2　金泽文库本《白氏文集》（日本重要文化财，大东急记念文库）

1　《四部丛刊》所收《白氏长庆集》中有白居易自记《白氏集后记》，文中说"集有五本……各藏于家，传于后。其日本、新罗诸国及两京人家传写者，不在此记"，尾署"会昌五年夏五月一日乐天重记"。下引《白氏集后记》均出自此版本。

会昌四年五月二日夜，奉为日本国僧惠萼上人写此本，且缘忽忽，夜间睡梦，用笔都不堪任，且宛草本了。

据此可知，唐会昌四年（844）初夏，居于苏州南禅院的入唐僧惠萼得到唐人僧俗之助，抄写《白氏文集》并带回日本。[1]白居易自己也知晓此事，因而在注明"会昌五年夏五月一日乐天重记"的《白氏集后记》中说，自己选定了收藏文集的地方（其一为苏州南禅院），分抄五部，并明言"其日本、新罗诸国及两京人家传写者，不在此记"。

惠萼誊抄《白氏文集》的经费来自何处我们不得而知，不过与日本一同提到的新罗写本是有资金支持的。白居易自编《白氏文集》时曾借用过元稹所编《白氏长庆集》，而《白氏长庆集》的卷首载有编者元稹所作《白氏长庆集序》，其中提到了下面的故事。

鸡林贾人求市颇切，自云本国宰相每以百金换一篇，其甚伪者，辄能辨别之。[2]

鸡林即朝鲜半岛，此处指新罗。新罗商人之所以"求市颇切"，即热心于购买白居易作品，是因为若将白居易作品带回本国，新罗宰相会

---

1 白居易生前其作品已经传到日本的证据包括：承和五年（838），任大宰府少贰的藤原岳守从唐商船的货物中搜得《白元诗笔》一事（《文德实录》），圆仁在长安求得《白家诗集》六卷（《入唐新求圣教目录》）。且《白氏文集》金泽文库本除卷三十三外，卷十一、卷三十一、卷四十一、卷五十二等均发现了与惠萼相关的跋文，从中可知抄写时间为当年四月至五月。详见［日］太田次男：《白氏文集金沢文库本私見——卷三十一を中心として》，《史学》第44卷3号，1972年4月。此文后收入［日］太田次男：《旧鈔本を中心とする 白氏文集本文の研究》上卷，勉诚社1997年版。
2 白居易：《白氏长庆集》，文学古籍刊行社1955年版，第8页。

出"百金"购买一篇诗文。"贾人"原本就是以经商射利为生，由此可知他们利用了唐和新罗的书籍差价获取利益。

元稹在此序文中还提到，长安、扬州、越州等地在实际生活中出现了买卖白居易以及元稹诗文的现象，"至于缮写模勒，炫卖于市井，或持以交酒茗者，处处皆是"，并作注说"杨、越间，多作书模勒乐天及予杂诗，卖于市肆之中也"，深叹假托两人姓名伪做文章获利的情况[1]。新罗宰相能立辨作品真伪，应该与当时伪作泛滥有关。

值得注意的是，白居易作品买卖的市价以"金"为基准。以黄金百两购白居易诗文一篇之事虽然略有夸张之嫌，但是自9世纪中期以来，包括日本砂金在内的黄金成了东亚各国通用的国际货币，却是不争的事实。

通过上面的事例，我们可以看到东亚的书籍流通，即便不是全部，至少有部分事例涉及货币交易。不过，尽管9世纪的情形如此，这一现象是否出现于本章所关注的时间段——8世纪呢？

三

张鷟和"金贝"

江户初期的儒者那波道圆于元和四年（1618）复刻宋版《白氏长庆集》，他在《后序》中称赞白居易："诗文之称于后世，不知其数千万家也。至称于当时，则几稀矣。况称于外国乎？"

白居易（772—846）在去世前便已名扬东亚各国，李商隐所说

---

1 元稹在《白氏长庆集序》中说："其甚者，有至于盗窃名姓，苟求自售。杂乱间厕，无可奈何。"

"姓名过海，流入鸡林、日南有文字国"（《唐刑部尚书致仕赠尚书右仆射太原白公墓碑铭并序》）便是明证。"日南"应为越南，"有文字国"当指汉字文化圈。

如那波道圆所述独步当代、名扬海外的诗人的确"几稀"，却并非空前绝后。先于白居易百年的张鷟（字文成）便是其中一人。

张鷟（660—740）以《游仙窟》一书闻名，又有《朝野佥载》《龙筋凤髓判》等名作传世。《旧唐书》在其孙张荐的传中记述了张鷟的事迹，兹引如下：

> 下笔敏速，著述尤多，言颇诙谐。是时天下知名，无贤不肖，皆记诵其文。天后朝……新罗、日本东夷诸藩，尤重其文。每遣使入朝，必重出金贝，以购其文。

张鷟当时天下驰名，新罗、日本等东夷诸国对其十分仰慕。遣唐使每次入华，都以重金求购他的诗文。《新唐书·张荐传》中，也简要记载了此事："张鷟属文下笔辄成，浮艳少理致，其论著率诋诮芜猥，然大行一时……新罗、日本使至，必出金宝购其文。"

《旧唐书》记录新罗遣唐使购买张鷟诗文所用货币为"金贝"，《新唐书》则为"金宝"。那么，这能否成为以"黄金"

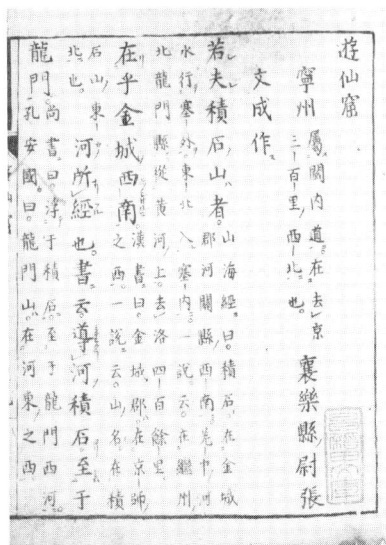

图3-3　1652年日本刊本《游仙窟》
（早稻田大学图书馆）

第三章　从布帛到黄金

作为通货的证据呢？

"金贝"或许是"金刀龟贝"的缩略语，这个词出自《汉书·食货志》。"金刀"可指战国时期流行的仿刀金属货币等物（即"刀币"），"龟"和"贝"也都曾作为货币使用。因此，这里提到的"金贝"应当视为货币的泛称，难以断定是否指代"黄金"。

四

新罗的"买书银"

稍晚时候的资料表明，新罗朝廷会拨发给本国遣唐使用于购买书籍的特殊经费，即"买书银"。目前已知有两则相关史料。

其一是高丽朝仁宗二十三年（1145）金富轼编纂的《三国史记》卷十一《新罗本纪》景文王九年（869）七月条。此年，新罗王子苏判金胤作为谢恩使入唐，携带大量朝贡品，包括马两匹、麩金一百两、银二百两、牛黄十五两、人参一百斤，另有各种锦织品和工艺品。在这条记录的末尾写道：

> 又遣学生李同等三人，随进奉使金胤入唐习业，仍赐买书银三百两。

新罗使的朝贡品清单中的"麩金"，是如同麸子一般细碎轻薄的黄金。不过这并非通货，而是向唐皇进献的贡品。留学生李同等三人所获的购书经费"银三百两"，才应是具有通货性质之物。

第二个例子出自朝鲜时代正祖二年（1778）安鼎福所编的汉文编年史书《东史纲目》卷五真圣女王三年（889）条，内容如下：

> 新罗自事唐以后，常遣王子宿卫。又遣学生入太学习业，十年限满还国。又遣他学生入学者，多至百余人。买书银货则本国支给，而书粮唐自鸿胪寺供给。学生去来者相踵。

这则记事的大意是说，新罗自从奉唐王朝为宗主国后，常派遣王子作为宿卫，又派出留学生进入太学学习，时间长达10年之久；此外，进入其他学府的留学生人数过百，他们的学杂费、生活费由唐鸿胪寺负担，而购买书籍的费用则由本国拨付。

通过以上两则史料可知，新罗的入唐留学生用于购买书籍的费用由本国以银两拨给，而"买书银货"之"货"暗示银两在唐朝是可以流通的金属货币。

中国古代将银称为"白金"的例子极为常见。因此，单单一个"金"字，可能指黄金，可能是金银并称，也可能指"银"。例如《资治通鉴》贞观十八年（644）九月二十五日条写道：

> 鸿胪奏"高丽莫离支贡白金"。褚遂良曰："莫离支弑其君，九夷所不容，今将讨之而纳其金，此郜鼎之类也，臣谓不可受。"上从之。

文中出现的"白金"和"金"无疑是指"银"。联系前文提到的新罗宰相以"百金"购白居易诗文一事，以及日本、新罗以"金贝"或"金宝"竞相购买张鷟诗文一事，如果只讨论新罗一国，那么文中以金指代"银"的可能性大大增加。

如果假定新罗以"银"作为通货用于购买书籍，那么日本遣唐使会以何物作为通货购买书籍呢？我们接下来讨论这一问题。

五

陆奥黄金的幻想

天平十五年（743）十月十五日，圣武天皇发愿铸造东大寺大佛，"尽国铜而镕象，削大山以构堂"[1]，翌年十一月十三日动工，天平二十一年（749）竣工。不过，当时用作金箔的黄金不足，大佛难现庄严宝相。正当"人们多怀疑事将不成，朕亦深忧黄金不足"之时，同年二月二十二日"陆奥国始贡黄金"[2]的消息传报京城，过了两个月，担任陆奥守的百济王敬福献上了黄金九百两。

图3-4 东大寺大佛的营造（崇宪《东大寺大佛殿缘起》）

---

1 ［日］菅野真道：《續日本紀》卷十五，《國史大系》第二卷，经济杂志社1897年版，第249页。

2 ［日］菅野真道：《續日本紀》卷十七，《國史大系》第二卷，经济杂志社1897年版，第278页。

东京大学教授保立道久指出，发现黄金一事可视为"奈良时代最大的政治史事件"[1]，为此改元"天平感宝"，朝野欢欣鼓舞。大伴家持所咏和歌"天皇御代荣，东方陆奥国，山中金花繁"[2]就体现了当时的氛围。

然而，"最大的政治史事件"却不一定是"奈良时代对外贸易中的大事件"。宫崎正胜认为，发现黄金一事是马可·波罗笔下奇幻的日本国（Zipangu）传说"黄金岛"[3]之源头：

> 作为日本国（Zipangu）传说之源的大量砂金与奈良的大佛有着密切关联。大佛落成与否关系到朝廷威信，造像的镀金工程成为发现陆奥砂金的契机。……为了大佛镀金，当时朝廷需要大量黄金，陆奥发现黄金一事使得朝廷的热切期盼终于梦幻成真。[4]

宫崎正胜进而断定"陆奥的黄金由遣唐使一行运至唐朝"，"尤其从奈良时代至安土桃山时代开采的黄金推测多达255吨左右，这些黄金用于遣唐使以及唐宋时期留学僧吸收中国文化、学习各种学问的经费，并一直占据着对华贸易主要出口货物的地位"[5]。

笔者认为，高估奈良至平安时代的黄金出口，一定程度上受到日本中世对宋贸易出口黄金以及在西方流传甚广的"黄金岛"传说的影响。一些研究者已经开始怀疑"日本黄金大量出口"这一习惯说法。山内晋次整理了前人观点，指出"中国开始关注日本黄金流入，还是要到南宋

1　[日]保立道久：《黄金國家》，青木书店2004年版，第53页。

2　《萬葉集》卷十八，京都大学图书馆，近卫文库4—28。

3　马可·波罗在《马可·波罗行纪》中描述Zipangu（日本）："日本国……据有黄金，其数无限，盖其所属诸岛有金……而不知何用。"（冯承钧译，上海书店出版社2001年版，第387页）

4　[日]宫崎正胜：《黄金の島ジパング伝説》，吉川弘文馆2007年版，第9页。

5　[日]宫崎正胜：《黄金の島ジパング伝説》，吉川弘文馆2007年馆，第1页。

以后"，并提出质疑称"自南宋起中国逐渐注意到日本黄金流入，但是即便如此，学者们还是高估了当时的进口数量"[1]。此外，田岛公也证明了9世纪后半期大宰府对外贸易的通货，逐渐从绵变为砂金的事实[2]。

如上所述，若单纯将时间范围限定在奈良时代，我们不得不说陆奥的黄金作为遣唐使的对外通货大量输出唐朝的观点，仅仅是一种"幻想"。

六

黄金来自他国

值得注意的是，圣武天皇在纪念陆奥发现黄金的敕书中说："此大倭国自天地开辟以来，虽有黄金自他国献上，但本国原无此物。"[3]

与上面的文字相关的记录还有《扶桑略记》（抄二）天平二十一年（749）正月四日条，其中提到"陆奥国守从五位上百济敬福，进少田郡所出黄金九百两。本朝始出黄金时也"，并引《或

图3-5　圣武天皇像（早稻田大学藏《古画像》写本）

1　［日］山内晋次：《奈良・平安期のアジアと日本》，吉川弘文館2003年版，第246页。

2　［日］田岛公：《大宰府鴻臚館の終焉——8世紀—11世紀の対外交易システムの解明》，《日本史研究》389号，1995年。

3　［日］菅野真道：《續日本紀》卷十七，《國史大系》第二卷，东京经济杂志社1897年版，第278页。

记》称"东大寺大佛为买黄金，企遣唐使"。[1]

这就是说，天平二十一年（749）之前日本并没有产金，为了筹措用于装饰东大寺大佛的黄金，甚至还计划派出遣唐使到中国采购。因此可以推断，在此之前，古坟中所发现的黄金装饰品和生活用具，以及佛像镀金所用的金箔等全部为舶来品。[2]

在律令不断完善和佛教渐趋兴盛之相互作用下，日本朝廷愈来愈感到缺少黄金一事带来的焦躁和自卑。进入8世纪后不久，政府便向各地派出寻找黄金的使者，凡海宿祢麁镰和三田首五濑肩负"冶金"的使命分赴东方的陆奥和西方的对马。文武五年（701）三月二十一日，对马急报发现黄金，朝廷大张旗鼓纪念，"建元为大宝元年"[3]。同年八月七日，朝廷表彰"冶成黄金"中的功臣、地方官和百姓，为其叙位免税。但没过多久，对马产金为三田首五濑伪造一事便暴露了[4]。这样一来，日本的产金梦再次落空，这一梦想直到半世纪后才得以最终实现。

如此看来，由于日本天平二十一年（749）之前没有开采出黄金，自推古八年（600）第一次遣隋使到天平五年（733）第十次遣唐使（或者再加上天平胜宝四年的第十二次遣唐使），均不可能携带作为国际

---

1 ［日］皇圆：《扶桑略記》，《國史大系》第六卷，东京经济杂志社1897年版，第565页。

2 舶来黄金的事例包括建武中元二年（57）汉光武帝赐倭奴国王金印、景初二年（238）魏明帝赐卑弥呼"金八两"等。早期佛教相关记载，可见《日本书纪》推古十三年（605）四月条："高丽国大兴王，闻日本国天皇造佛像，贡上黄金三百两。"保立道久指出："5世纪中叶后，头领级坟墓遍布日本各地，从中出土了金质装饰品，它们全为三国时代的朝鲜所制。"（［日］保立道久：《黄金國家》，青木书店2004年版，第55页。）

3 ［日］菅野真道：《續日本紀》卷二，《國史大系》第二卷，东京经济杂志社1897年版，第14页。

4 《续日本纪》卷二大宝元年（701）八月七日条引用《注年代历》，记载"于后，五濑之诈欺发露，知赠右大臣为五濑所误也"。

货币的黄金出发。若是《旧唐书》和《新唐书》的记录可信，那么日本使节购入张鹭诗文时所使用的"金贝"或"金宝"，此"金"应当不指代黄金，仅仅是货币泛称而已。

那么，陆奥发现黄金之后，情况有了哪些变化呢？当时的产金量大约有多少？这能不能满足日本自身的需求呢？假若能够满足日本的需求，那么有多少陆奥黄金用于遣唐使的经费带出日本？下面我们将重点关注陆奥黄金发现后的半个世纪里黄金的去向问题。

七
产金地的盛衰

众所周知，推算东大寺大佛镀金所需黄金数量，《大佛殿碑文》[1]和《延历僧录》[2]是最为基本的史料。比较两者记录的大佛镀金量可知，《大佛寺碑文》记"炼金一万四百四十六两"[3]，《延历僧录》记"涂炼金四千百八十七两一分四铢"[4]，后者不到前者的五分之四。

《延历僧录》记录的法量与奈良时代的"权衡制"[5]更为相合，我们以此为基准计算得知，陆奥贡金九百两不过相当于大佛镀金用量的五分

1　《大佛殿碑文》成文于9世纪前半期，除收录于《东大寺要录》外，还以异名收录于《朝野群载》《扶桑略记》《诸寺缘起集》（醍醐寺本）等。详见［日］小西正彦：《創建時東大寺大佛の鍍金に使われた金と水銀の量について》，《計量史研究》第24卷2号，2002年12月。

2　随鉴真赴日的唐僧思托于延历七年（788）作僧传《延历僧录》，全本失传，逸文散见于《日本高僧传要文抄》《东大寺要录》等。

3　［日］简井英俊：《東大寺要錄》卷二，全国书房1944年版，第34页。

4　［日］简井英俊：《東大寺要錄》卷一，全国书房1944年版，第20页。

5　《养老令·杂令》有"权衡：二十四铢为两，三两为大两，十六两为斤"，参考《正仓院文书》可知，奈良时代的权衡制为1斤＝16两、1两＝4分、1分＝6铢。

之一。而且这只是大佛主体的镀金用量。铃木舜一采用《大佛殿碑文》的记录，估算出大佛本体、左右高三丈的胁士塑像、东西两塔的露盘就需要超过13000两黄金[1]。在此数据基础上继续计算可知，陆奥贡金尚不足所需总量的十三分之一。

图3-6　东大寺大佛（日本奈良）

朝廷意识到这一情况后，为了建成大佛以及相关建筑，将陆奥持续性开采黄金视为急务，于天平胜宝四年（752）二月十八日颁布针对性的租税政策，即要求"陆奥国庸调者，多贺以北诸郡，令输黄金。其法，正丁四人一两"[2]。

铃木舜一假定课税对象"多贺以北诸郡"有27乡，每乡50户，各户正丁2人，通过计算得出每年贡金为675两[3]。即便采取这样的应急措施，想要完全满足大佛镀金所需黄金量仍需要相当长的时间，因此陆奥产金绝不可能随便转为其他用途。

铃木舜一还指出另一个重要的事实：宝龟元年（770）陆奥国产金地小田郡东约11公里处桃生城附近的虾夷族长逃入虾夷地。以此事为

1　［日］铃木舜一：《天平の産金地　陸奥國小田郡の山》，《地質学雑誌》第114卷第5号，2008年5月。

2　［日］菅野真道：《續日本纪》卷十八，《國史大系》第二卷，东京经济杂志社1897年版，第299页。

3　［日］铃木舜一：《天平の産金地　陸奥國小田郡の山》，《地質学雑誌》第114卷第5号，2008年5月。

导火索，宝龟五年（774）虾夷爆发叛乱，陆奥国陷入战乱之中。

延历十六年（797）坂上田村麻吕受命为征夷大将军征讨叛乱，取得了诸多战果。弘仁二年（811）长期战乱终于宣告结束。在这30多年的战乱中，多贺城被战火吞噬，律令体系遭到巨大破坏。因此铃木舜一推断"这段时间采金不得不停止"[1]。

假如铃木舜一的推论没有错误，"多贺以北诸郡"的正丁持续开采陆奥黄金作为庸调上交国库，到了将要满足大佛镀金所需黄金用量之时，产金地却沦为了战场，开采黄金的作业不得不停止。

如上所述，奈良时代中期陆奥黄金发现后，最初为了满足东大寺大佛的特需而加急开采，后来因为卷入战火之中不得停止开采。因此，8世纪后半叶遣唐使携带大量黄金出海的假说也不能成立。

八
朝贡品和回赐品

前面提到，天平二十一年（749）陆奥发现黄金一事意味着日本终于成了期盼已久的"产金国"。通过以下的三个事例，我们可以推测出日本朝廷是如何处心积虑，最大限度地利用保立道久所说的"奈良时代最大的政治史事件"[2]的。

其一是天平宝字四年（760）日本首次铸造

图3-7　日本"开基胜宝"金币（760）

1　［日］铃木舜一：《天平の産金地　陸奥國小田郡の山》，《地質学雑誌》第114卷第5号，2008年5月。

2　［日］保立道久：《黄金國家》，青木书店2004年版，第53页。

金币，名为"开基胜宝"[1]；其二是宝龟七年（776）下赐身在唐土的遣唐大使藤原清河"砂金大一百两"[2]；其三是宝龟八年（777）赠予渤海使"黄金小一百两"[3]。

上面三个事例分别为日本最早的金币、最早的遣唐使赐金和最早的外国使节赠金，都是早期使用黄金的案例。我们可以看出来，陆奥发现黄金后，日本信心倍增，试图向海内外展示充满自信的新形象。应当承认，这些行为并未考虑经济因素，是非持续的、偶发的。

那么，奈良时代遣唐使到底是携带何种"通用货币"入唐的呢？如果将派出遣唐使视为一种朝贡贸易的活动，那么我们也可以把朝贡品（通常情况下是预先考虑到常冠以"锡赉"之名的回赐品）理解为物物交换中双方认可的等价"货币"。日本在这一方面留下了丰富的史料。《延喜式·大藏省·赐藩客例》的"大唐皇"条中罗列了以下品目：

> 银大五百两，水织纯、美浓纯各二百匹，细纯、黄纯各三百

---

1 今存32枚，最早一枚于江户宽政六年（1794）出土于西大寺西塔遗址，现为皇室收藏。其他31枚于昭和十二年（1937）与金块、金板及写有疑似"贾行"字样的银币一同出土于西大寺町的畑山，现藏于东京国立博物馆。

2 据《续日本纪》卷三十四宝龟七年（776）四月十五日条载，天皇托第十六次遣唐使（小野石根任大使）给藤原清河亲笔信中有"汝奉使绝域，久经年序。忠诚远著，消息有闻。故今因聘使，便命迎之。仍赐纯一百匹、细布一百端、砂金大一百两。宜能努力，共使归朝"云云。

3 据《续日本纪》卷三十四宝龟八年（777）五月二十三日条记载，史都蒙率渤海使归国之时，天皇所赐国书中记录了赠品含"绢五十匹、纯五十匹、丝二百绚、绵三百屯。又缘都蒙请，加附黄金小一百两、水银大一百两、金漆一缶、漆一缶、海石榴油一缶、水精念珠四贯、槟榔扇十枝"。如此丰富的赠物大概既是考虑到了"都蒙等比及此岸，忽遇恶风，有损人物，无船驾去"的情况，又是回应了史都蒙的强烈要求即"又缘都蒙请"。

第三章 从布帛到黄金

匹，黄丝五百絇，细屯绵一千屯。[1]

与上文相关的史料还有同书中的关于"渤海王"的记载，为"绢三十匹，绝三十匹，丝二百絇，绵三百屯"，而"新罗王"则是"绝二十五匹，丝一百絇，绵一百五十屯"[2]。

东野治之注意到了《册府元龟》所载天平五年（733）遣唐使所带朝贡品与"大唐皇"式条一致，而《续日本纪》所载神龟五年（728）赐渤海使之物与"渤海王"式条不合，推定《延喜式·大藏省·赐藩客例》中诸条款的制定时间为"天平初年"[3]。

站在日本的立场上来说，"大唐皇"中规定的物品为朝贡品清单，而"渤海王"和"新罗王"中记载的则是回赐品清单。值得关注的是，去掉对唐朝贡品中的"银"，其他均属于"绝"[4]"丝""绵"三类。

这三种物品统称为"布帛"，正是"租庸调"里的调。在8世纪的东亚世界，朝廷依据律令制向民众征收"租庸调"作为税金。如果依照东野治之的推断，日本从天平初年（729—732）规定以布帛作为对外贸易的等价物，这一情况一直持续到8世纪末期[5]。

1　[日]藤原忠平：《延喜式》卷三十，《国史大系》第十三卷，东京经济杂志社1900年版，第878页。后附"别送"品目，有"彩帛二百匹，叠绵二百帖，屯绵二百屯，绝布三十端，望陁布一百端，木绵一百帖，出火水精十颗，玛瑙十颗，出火铁十具，海石榴油六斗，甘葛汁六斗，金漆四斗"。

2　[日]藤原忠平：《延喜式》卷三十，《国史大系》第十三卷，东京经济杂志社1900年版，第878页。

3　[日]东野治之：《遣唐使と正仓院》，岩波书店1992年版，第38—41页。

4　因绝为绢的一种，因此本文并未将仅出现于"渤海王"式条中的"绢"单独列出。

5　[日]东野治之：《遣唐使と正仓院》，岩波书店1992年版，第40—41页。

九
遣唐使携带的货币

前文所引《延喜式·大藏省·赐藩客例》诸条款中规定的"𬙂""丝""绵"为官方之间交换的朝贡品和回赐品，并不一定是通行于市场的通货。不过，有数百人（规模大的话超过500人）之多的遣唐使团需要在异国他乡生活一年左右，那么一定需要相当的资金用于日常生活吃穿用度，官方或私人的购物，请益生与留学生的束脩、购买书籍、举行法会、与唐人赠答等方面。

日本朝廷当然会结合遣隋使以来的经验预先考虑这些情况。遣唐使的船出航前，上至大使下至水手，全体人员会按照身份和工种发放一定旅费。《延喜式·大藏省·诸使给发·入诸藩使给法》中规定的物品即为此。

入唐大使𬙂六十匹、绵一百五十匹、布一百五十端

副使𬙂四十匹、绵一百匹、布一百端

判官各𬙂十匹、绵六十匹、布四十端

录事各𬙂六匹、绵四十匹、布二十端

知乘船事、译语、请益生、主神、医师、阴阳师、画师各𬙂五匹、绵四十匹、布十六端

史生、射生、船师、音声长、新罗奄美等译语、卜部、留学生学问生傔从各𬙂四匹、绵二十匹、布十三端

杂使、音声生、玉生、锻生、细工生、船匠、柂师各𬙂三匹、绵十五匹、布八端

傔人、挟杪各𬙂二匹、绵十二匹、布四端

留学生、学问僧各𬙂四十匹、绵一百匹、布八十端

81

还学僧 绝二十四、绵六十四、布四十端。已上布各三分之一给上总布

水手长 绝一匹、绵四匹、布二端

水手 各绵四屯、布二端[1]

虽有数量上的差异，但是遣唐使团全体成员都获得了同样种类的物品。这是因为"绝""绵"和"布"均能用于遣唐使各种开销，在唐土可作为通货使用。

《延喜式》在"入唐大使"一段后又有"入渤海使"和"入新罗使"，均记录了向使节团全员发放"绝""绵"和"布"的数量。此处的"绝""绵"和"布"原为日本的调，也可以看成是包括唐、新罗、渤海在内的东亚区域流通的货币。

我们通过上文清单发现，向留学生和学问僧发放布帛的量较多，与副使级别相当。据此可以推断，这些物品中包含了用于类似于新罗遣唐使购书所用"购书银"之物。

十

从布帛到黄金

《延喜式·大藏省·诸使给发·入诸藩使给法》所定的拨发旅费之法，即向遣唐使发放作为国际货币的布帛之法是何时出现，又是何时消失的呢？

首先我们思考一下出现的时期。

---

1 ［日］藤原忠平：《延喜式》卷三十，《國史大系》第十三卷，东京经济杂志社1900年版，第876—877页。后记"别赐"品目，本文从简略去。

东野治之在论述这种制度出现时期时，推测其"大致定型于天平宝字末年"[1]，即公元763—764年之间。笔者对此不能完全认同。虽无直接证据，但是由于旅费清单中不含砂金，加之朝贡品目中有"银"无"金"[2]，所以可能这一规定早于陆奥产金（即在749年之前），其前身还可追溯到养老元年（717）的第九次遣唐使，其时"四船制度"成型，且开始实行大使、副使、判官、录事的四等官制度。幸运的是，养老年间的遣唐使记录留在了中国史书《旧唐书·日本传》中，其内容如下：

> 开元初，又遣使来朝，因请儒士授经。诏四门助教赵玄默，就鸿胪寺教之。乃遣玄默阔幅布，以为束脩之礼。题云"白龟元年调布"，人亦疑其伪。

"开元初"即开元五年（717），相当于日本的养老元年。日本历史上没有"白龟"年号，如"白龟元年"为"灵龟元年"的笔误，则相当于开元三年（715）。我们可以合理推测，发放给遣唐使的旅费为他们接到任命年份（灵龟二年）前一年的"调布"，这些"调布"的形制模仿唐制，所以在唐朝也能作为"束脩"使用。末尾"人亦疑其伪"大概是说，唐朝官员此前没有经历过日本使以布帛作为学费的事情。这件事恐怕从侧面体现了《延喜式》"入诸藩使给法"实行初期的情况。

接下来，我们探讨一下布帛作为国际货币的消失时期。

前文提到，日本的黄金出口除了宝龟七年（776）下赐藤原清河以

1　[日] 东野治之：《遣唐使と正倉院》，岩波书店1992年版，第57页。
2　《延喜式·大藏省·赐藩客例》的"大唐皇"条中所载朝贡品目如下："银大五百两，水织绝、美浓绝各二百匹、细绝、黄绝各三百匹，黄丝五百绚，细屯绵一千屯……彩帛二百匹，叠绵二百帖，屯绵二百屯，纻布三十端，望陁布一百端，木绵一百帖，出火水精十颗，玛瑙十颗，出火铁十具，海石榴油六斗，甘葛汁六斗，金漆四斗。"

及翌年（777）赠送渤海使的特例之外，整个8世纪再无相关记录。黄金作为固定的国际货币出现后，国际货币为布帛所垄断的时期便宣告结束。这一变化发生于9世纪初期。

日本延历二十年（801）八月十日，朝廷发布以藤原葛野麻吕为大使、石川道益为副使的第十八次遣唐使人事任命。三年后，遣唐使正式出航时，《日本后纪》延历二十三年（804）三月五日条只简略记载"遣唐使拜朝"[1]，而据《日本纪略》延历二十二年（803）三月二十九日条记载，天皇赐大使金二百两、副使金一百五十两。[2]这次对遣唐使的赐予，可说颠覆了《延喜式》所规定的传统条式，开启了以黄金代替布帛作为遣唐使旅费的先例。

最澄作为"还学生"进入使团，到了明州后不久便前往天台山，最终于九月二十六日到达台州。他在此与当地僧俗唱和，在台州司马吴顗的《送最澄上人还日本国序》中，有与黄金相关的记载：

图3-8　日本天台宗开祖传教大师最澄像

1　［日］藤原绪嗣：《日本後紀》卷十二，《國史大系》第三卷，东京经济杂志社1897年版，第35页。

2　《日本紀略·前編》十三，《國史大系》第五卷，东京经济杂志社1897年版，第389页。

> 日本沙门最澄……闻中国故大师智顗，传如来心印于天台山。遂赍黄金涉巨海……臻于海郡。谒大守陆公，献金十五两……陆公……返金于师。师译言，请货金贸纸，用书《天台止观》。陆公从之，乃命大师门人之裔哲曰道邃，集工写之，逾月而毕。[1]

最澄拜谒台州刺史陆淳，献上十五两黄金以及其他礼物，但陆淳没有接受。于是，最澄请求"货金贸纸"——用砂金购买纸张，用于抄写《天台止观》，这时道邃便集合一些书手写经。这或许是日本黄金最早用作写经费用的事例。特别是"遂赍黄金涉巨海"一句，体现了"黄金日本"带给唐人的深刻印象。

我们并不清楚最澄是通过什么渠道获得所带的黄金。一种可能性是，同大使和副使一样，这些黄金是朝廷发给的部分旅费。

进入9世纪后，东亚世界在许多方面发生了变化。从在华流通货币的形态方面看，布帛垄断的时代逐渐落下帷幕，新罗遣唐使"买书银"和日本遣唐使"买书金"所象征的贵金属货币并行时代到来了。

实际上，在最后一次遣唐使即承和年间的使节团出发（838）前，仁明天皇于承和三年（836）正月二十五日对陆奥国下诏："令采得砂金，其数倍常，能助遣唐之资也。"[2]随后，四月二十四日向遣唐使赐物，大使藤原常嗣得"砂金二百两"，副使小野朝臣篁得"砂金百两"。

最后的遣唐使节所携带的砂金也许就是虾夷叛乱平复后，得以恢复开采的陆奥国所产黄金。入唐僧圆仁也在这次使团中，他的日记《入唐求法巡礼记》中记载了大量日本砂金和购买书籍的事例。

1　［日］伊藤威山：《隣交徵书·初編》卷二，学本堂1849年刻本。
2　［日］藤原良房：《續日本後紀》卷五，《國史大系》第三卷，东京经济杂志社1897年版，第214页。

唐朝的货币问题比较复杂，主要流通货币有两种，一是赋税主要来源的布帛，二是朝廷积极推广的铜钱。李埏提出"钱帛兼行"的概念，以概括唐朝货币特征：

> 在我国货币史上，唐代可以称为一个"钱帛兼行时期"。在这个时期里，绢帛也"当作流通手段发生机能"，成了"货币商品"，和铜钱同时流通。这种状况，用唐人的成语来说，就叫做"钱帛兼行"。[1]

对一般民众而言，作为赋税缴纳给朝廷的布帛可以自主生产，劳力付出与财富价值成正比；涉及铜钱的矿山、原料、铸造工艺等把控在朝廷手中，命运捏在他人手里。因此，布帛作为货币相沿成习，深深根植于民众。

建中元年（780），唐德宗采纳宰相杨炎建议推行"两税法"，改传统的征收谷物、布帛的租庸调制度，行秋夏两季征收铜钱之新法。自上而下的政策更易，引发相当程度的社会动荡，首当其冲的民众不得不以自产的谷物、布帛购买铜钱纳税，事实上加重了赋税负担。贞元十年（794），陆贽上疏《均节赋税恤百姓第二条》（《陆宣公集》卷二十二），反对两税征钱：

> 租出谷、庸出绢、调杂出缯纩布麻。非此族也，不在赋法。列圣遗典，粲然可征。曷尝有禁人铸钱，而以钱为赋者也。今日两税，独异旧章；违任土之通方，效算缗之末法。

白居易《赠友诗（之二）》也刻画出民众的悲哀无奈心理："私家

---

1 李埏：《略论唐代的"钱帛兼行"》，《历史研究》1964年第1期。

无铁炉，平地无铜山。胡为秋夏税，岁岁输铜钱。钱力日已重，农力日已殚。贱粜粟与麦，贱贸丝与绵。"（《白氏长庆集》卷二）

虽然唐朝的各个时期，铜钱流通之势时强时弱，但8世纪布帛为钱稳占优势。《通典》卷六中说到"天宝中天下计帐"时道："大凡都计租税庸调，每岁钱、粟、绢、绵、布，约得五千二百二十余万端、匹、屯、贯、石。……其度支岁计，粟则二千五百余万石，布、绢、绵则二千七百余万端、屯、匹，钱则二百余万贯。"在赋税收入中，比重最大的是布帛之属的布、绢、绵，其次农产品的粟，铜钱所占比例不到4%，几乎可以忽略不计。

从东亚全局观之，8世纪周边国家普遍学习唐朝施行租庸调制度，而唐德宗推行的"两税法"新政，却未被朝鲜、日本、越南等真正接受。于是在国际贸易中，唐朝铜钱既不流通，谷物易腐且不便长途携带，布帛则成为唯一能通行的国际货币。

然而，正如唐朝伴随商品经济的发达，实物（谷物、布帛等）作为一般等价物终究要逐渐退出历史舞台，取而代之的是体积更小、方便携带、价值更高的贵金属——金银，而铜钱最终取代金银成为东亚通用货币，则要等待商品经济与国际贸易迎来高潮的两宋时期。

第四章
8世纪的"书籍之路"

8世纪，中日文化交流趋于鼎盛，书籍之路盛况空前。本章聚焦于8世纪中叶日本派出的第十二次遣唐使，通过对正仓院文书中所收4份目录的梳理与考辨，论证遣唐使自唐携归大量书籍，并非个人行为，而是举国之力有计划、持续性搜求阙本的国策所致，所抄写的经书均为日本国内所缺书籍。

举国体制编制阙本目录、遣唐使极力搜集书籍、朝廷直接参与写经事业、佛教界精心保管珍贵的唐本，这一切使日本的佛教书籍与时俱增，从而催生奈良时代"一切经"数目巨大的奇观。

一
四通文书

佛经的汉译始自东汉明帝年间，东晋以后得到官方支持而迅速发展，隋唐时出现专业的翻译机构"译场"，译经事业由此进入全盛时期。汉译佛经在汉字文化圈内畅行无阻，加上中国、朝鲜、日本等地高僧撰写的章疏也在各国间流通，因而在东亚形成了一条川流不息的"书籍之路"[1]。

唐开元十八年
（730），僧智升编撰
《开元释教录》（简称
《开元录》或《开元
藏》），收录一切经
总数为5048卷。仅
仅5年之后的735
年，日本入唐僧玄昉
携带5000余卷佛书

图4-1 唐智升编《开元释教录》

而归，推测是把《开元藏》打包带回了日本。这些唐写本佛经传到日本
后被大量传抄，并迅速流通到各地寺院。

然而令人不可思议的是，据日本天平宝字五年（761）正月二十五
日的《奉写一切经所解》，当时日本的一切经总数竟然达到5330卷，比
《开元录》还多282卷。这有可能吗？本章缀合《正仓院文书》收录的4
份佛经目录，通过复原第十二次遣唐使的求书历程，试图揭开这个
谜团。

第一份文书《可请大乘经本目录》：这通文书收在天平胜宝四年
（754）正月二十五日类收条，这个时间节点很重要。两年前的九月二十
四日，日本任命了第十二次遣唐使官员；两个月后的三月三日，遣唐使
举行拜朝仪式准备离京西行。据时间稍后的《东大寺六宗未决义》
（775）记载，遣唐使任命后不久，僧纲所向寺院各宗发文，征集所需的
书目。《东大寺六宗未决义》存有5份"欠本"目录，《可请大乘经本目

---

1 王勇：《从"丝绸之路"到"书籍之路"——试论东亚文化交流的独特模式》，《浙
   江大学学报》第33卷第5期，2003年9月。

录》列出35部佛书，推断也是各宗上报的求书目录。

第二份文书《可请本经目录》：该目录列出149部书目，除了大乘经外，还有小乘论、贤圣集等。值得注意的是，这个目录包涵《可请大乘经本目录》35部中的34部，并对其中21部添加了书籍的具体信息（作者、译者、卷数等），因此推断《可请本经目录》是僧纲所根据各宗提交的书目汇总、整理、编撰而成。据《东大寺六宗未决义》，这份总目录交到遣唐使手中，以便他们入唐后按图索骥。

第三份文书《奉写一切经所解》：该文书落款天平宝字五年（761）三月二十二日，收书24部107卷，尾书明言这是752年出发、754年回国的遣唐使携归，而且都是首次传入日本的"新本"。由此推断，这是遣唐使根据"阙本"目录购求到手的书目列表。前面提到《可请本经目录》包含《可请大乘经本目录》35部中的34部，而遣唐使携归的24部中13部出现在《可请本经目录》，这绝非偶然现象，3份目录之间具有密切关联。

第四份文书《未写经律论集目录》：这通文书收在天平胜宝五年（753）五月七日类收条下，收书176部684卷，囊括遣唐使携归24部中的20部（除"目录外经"4部）。日本学者多认为是第十二次遣唐使携带入唐的搜书目录，这个推测可以完全排除。从《可请本经目录》可知，日本所需之书，书名、译者、卷数等信息皆不精准，而《未写经律论集目录》不仅标出确切信息，而且还标出写经所需纸数。更可疑的是，第十二次遣唐使是天平胜宝六年（754）正月才回国，天平胜宝五年（753）五月七日他们还在大唐。笔者推测这通文书类收时间有误，应该在此之后、天平宝字五年（761）三月二十二日《奉写一切经所解》之前。

以上4份文书，在《正仓院文书》中互不关联，笔者认为把4份文书串接在一起，基本上可以勾勒出第十二次遣唐使入唐求书的脉络：日本任命遣唐使后，僧纲所向寺院各宗征集"欠本"目录，这是第一份文书；僧纲所汇总各宗递交的目录，整理编撰成一个总目录，委托遣唐使购求，这是第二份文书；遣唐使根据"欠本"目录购求书籍，携带回国上呈朝廷，这是第三份文书；朝廷对遣唐使携归书籍遴选后，确定抄写书目，并支付所需纸张笔墨等，这是第四份文书。

仔细识读第三份文书《奉写一切经所解》，还有惊人发现：遣唐使携归的24部书籍，虽云"并是旧元来无本"，但约有三分之一此前已传入日本，而遣唐使带回的恰恰都是零卷，有些书后还注有"欠"字，如《大庄严法门经》上卷"《阿育王经》九卷欠第七"等。比对此前日本的写经记录，发现此前日本只有《大庄严法门经》下卷，故此次由遣唐使带回缺失的上卷；《阿育王经》完本10卷，因故只购求到9卷，特注明"欠第七"，以俟下次遣唐使购求。

至于本章最初提出的疑问：奈良时代日本的一切经为何在数量上超过中国？笔者认为原因有四：第一是入唐僧尽其所能带回所有书籍；第二是日本高度关注唐朝译经动态，凡日本所无的或新译的，举国家之力购求之；第三是因天灾人祸一旦出现残卷断篇，必向唐朝购求补充之；第四是日本一切经收藏的门槛比中国低，如圣贤集、别生经等也来者不拒。

二

不可思议的写经数

无论古今中外，书籍的越境传播，大多会遭遇语言的阻隔，需要借助翻译的手段。然而在东亚，由于汉字的表意功能，文字足以超越声音的壁垒，使视觉交际成为可能。因此，经由"书籍之路"传入日本的汉

91

文书籍，可以直接供识字阶层阅读，并通过抄写来扩大读者群。

在8世纪古代东亚的书籍流通中，佛教书籍占据很大比例。这有三方面原因，一是佛教被视为当时最先进的文化，是东亚各国努力学习的对象[1]；二是在造船业和航海术不太发达的8世纪，佛教徒是敢于到海外冒险的少数群体[2]；三是8世纪的东亚很少有人懂梵文，因此汉译佛经成为各国摄取佛教知识的唯一媒质。

唐写本佛经从中国传播到周边国家后，一般情况下以抄写的形式被快速且大量复制，从而扩大传播面与受众群。以日本为例，奈良时代设立了大量公私写经机构，朝廷雇佣的专业写经生以及寺院的僧侣，夜以继日地抄写传自中国大陆及朝鲜半岛的佛经，形成规模巨大的"一切经"抄写事业。

据日本史籍记载，日本开始抄写一切经不迟于飞鸟时代（592—710），即天武天皇二年（674）三月，朝廷曾召集写经

图4-2　开创日本抄经事业的
天武天皇

---

1 据《日本书纪》五五二年十月条，百济圣明王遣使日本，献"释迦佛金铜像一躯、幡盖若干、经论若干卷"，并附表云："是法于诸法中最为殊胜，难解难入，周公、孔子尚不能知。此法能生无量无边福德果报，乃至成辨无上菩提，譬如人怀随意宝，逐所须用，尽依情。此妙法宝亦复然，祈愿依情无所乏。且夫远自天竺，爰泊三韩，依教奉持，无不尊敬。"天皇欣喜而曰："朕从昔来未曾得闻如是微妙之法。"此外，《日本书纪》还记载了日本派出遣隋使的动机，即听闻隋朝天子"重兴佛法"，所以派沙门数十人来学佛法。

2 举一个典型的例子：公元752年，第十二次遣唐使抵达长安，谒见唐玄宗时，提出聘请儒学名士萧颖士、佛教高僧鉴真去日本传教。然而，萧颖士与鉴真的反应截然相反：萧颖士托病推辞，鉴真不顾玄宗皇帝的反对偷渡日本。

生在"聚书生，始写一切经于川原寺"[1]。虽然此次写经规模不得而知[2]，但可以断定天武天皇不满足于一切经的数量，仅仅两年后即派出使者，到全国各地收集佛经[3]。

奈良时代迎来遣唐使的最盛期，直接从唐朝传入的书籍数量急速增加，最典型的例子是入唐僧玄昉带回整部一切经。玄昉随第九次遣唐使于养老元年（717）入唐，这次遣唐使成员中还包括被誉为"我朝学生播名唐国者，唯大臣及朝衡二人而已"[4]的吉备真备（大臣）、阿倍仲麻吕（朝衡）等，在中日文化交流史上留下浓重的一笔。玄昉在唐留学将近20年后，于日本天平七年（735）携带"五千余卷"佛经回国[5]。

图4-3　入唐求得一切经的玄昉（土佐秀信《增补诸宗佛像图纂》）

玄昉带回日本的"五千余卷"佛经，推测是唐开元年间的一切经。其主要依据是，开元十八年（730）智升编撰《开元释教录》，经过甄别确定收入一切经的"现定入藏录"[6]，共著录1076部5048卷，卷数与玄昉携归的"五千余卷"大致吻合。

据传唐玄宗对玄昉非常器重，给予他三品官的待遇，允许他身着紫

1　《日本书纪》卷二十九天武天皇二年（674）三月条。
2　距此20余年的白雉二年（651），天武天皇曾"于味经宫，请二千一百余僧尼，使读一切经"（《日本书纪》），推知天武二年的写经不会少于2100卷。
3　《日本书纪》卷二十九天武天皇四年（676）十月三日条。
4　《续日本纪》卷三十三宝龟六年（775）十月二日条《吉备真备薨传》。
5　《续日本纪》卷十六天平十八年（746）六月十八日条《玄昉卒传》："随大使多治比真人广成还归，赍经论五千余卷及诸佛像来。"
6　《开元释教录》卷十九为大乘经律论入藏录、卷二十为小乘经律论及贤圣集传入藏录。

衣袈裟[1]。在中国文化圈内，"紫色"象征高贵的身份，按照唐朝的典章制度，三品以上的官员才有资格穿"紫衣"，而僧侣身着"紫袈裟"，一般由皇帝敕许才可以。由此推断，多达"五千余卷"的一切经，单靠个人之力难以在短时间内抄完，大概是玄昉回国前玄宗皇帝作为褒奖而馈赠的一份大礼，体现了唐朝对传播佛教文化的积极态度。

如果以上推演无误，那么在智升编撰《开元释教录》后仅仅5年时间，入唐僧玄昉便将其悉数传回日本，可以说8世纪的东亚书籍流通之规模与速度超乎我们的想象。更令人惊异的是，这部体量庞大的一切经传到日本后，马上由光明皇后主持的写经所接手抄写，并开始在日本知识阶层流通。这批新写经因为附有光明皇后天平十二年（740）五月一日的《愿文》[2]，通常称作"天平十二年经"或"五月一日经""光明皇后愿经"等，抄写时间始于玄昉归国的翌年（736）九月[3]。

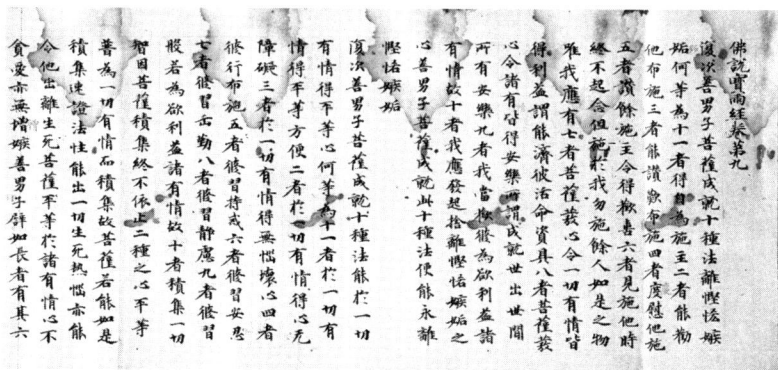

图4-4　光明皇后愿经《佛说宝雨经》（东京国立博物馆）

1　《续日本纪》卷十六天平十八年（746）六月十八日条《玄昉卒传》："唐天子尊昉，准三品令着紫袈裟。"

3　如奈良国立博物馆藏《阿阇世王经》卷末附有《愿文》全文，该卷系写经生吴原生人抄于天平十四年（742）。

3　《写经请本帐》载："自天平八年九月廿九日，始经本请和上所。"东京大学史料编纂所《大日本古文书（编年之七）》，东京大学出版会1987年版，第54页。

开元年间的唐写本一切经东传日本，无论数量还是质量，均是史无前例的，因此极大地刺激和推动了奈良时代的写经事业。大约20年后，据天平宝字五年（761）正月二十五日的《奉写一切经所解》，当时奉日本朝廷之命抄写的一切经总数达到5330卷，较之《开元释教录》著录的5048多出282卷，这是个令人难以置信的数字。

与此同时，天平八年（736）九月二十九日，光明皇后发愿以玄昉携归的唐写经为蓝本开展的抄经事业，经过约20年的持续努力，总卷数达到约7000卷之巨，也远超《开元释教录》的入藏录数。我们禁不住要问：既然奈良时代的一切经以唐写经为圭臬，其总数为何能凌驾于同时期唐朝的一切经之上？

关于产生如此巨大落差的原因，虽然国内外学术界尚未予以足够的重视，但有些日本学者已经给出了部分答案。如山本幸男、山下有美等学者指出，光明皇后的愿经一方面以玄昉携归唐经为底本抄写，另一方面收录被《开元释教录》摒弃在外的别生经、伪疑经、录外经等，由此在总数上超过了唐开元一切经[1]。

此说不无道理，唐智升在编撰《开元释教录》时，入藏门槛定得很高，且重视梵本而轻忽本土，连道世《法苑珠林》那样的名著也拒之门外；相比之下，日本方面的入藏条件就比较宽松，除了前述别生经、伪疑经、录外经之外，唐、新罗乃至日本高僧撰写的章疏类也极力收集采录。

正如先学们所指出的那样，唐与日本之"一切经观"的差异，是造

1　有关这个问题，请参看以下论文：［日］山本幸男：《玄昉将来经典と「五月一日经」の书写（上）》，《相爱大学研究论集》第22号，2006年3月；［日］山本幸男：《玄昉将来经典と「五月一日经」の书写（下）》，《相爱大学研究论集》第23号，2007年3月；［日］山下有美：《五月一日经における别生・疑伪・录外经の书写について》，《市大日本史》第3号，2000年5月。

成两国一切经总数落差的重要原因。本章希冀在此基础上再推进一步，即以8世纪中叶第十二次遣唐使为例，通过解析入唐前准备的阙书目录（《可请本经目录》）与回国后递呈的搜书目录（《奉写一切经所解》），从一个新的角度探讨唐代佛书东传的轨迹，破解奈良一切经数量巨大之谜。

三

《奉写一切经所解》

飞鸟时代开端的写经机构，至奈良时代在律令制度框架下继续发展，逐步形成职责明确、功能齐全、制度完备的"写经所"——除了朝廷运营的写经所，还有皇亲、贵族、寺院等设立的类似机构。

"奉写一切经所"（原称"奉写一切经司"）系直属朝廷、为天皇服务的官营写经机构，"解"则是日本律令制度中下级递呈上级的官方文书体裁。在整个奈良时代，奉写一切经所发出数量众多的"解"，所以一般在文书前冠以"某年某月某日"加以区别。

据前揭天平宝字五年（761）正月二十五日《奉写一切经所解》，当时一切经的总数为5330卷。时隔两个月后的三月二十二日，奉写一切经所又发出一通《奉写一切经所解》，内容是为了追加抄写新增的107卷佛经，要求朝廷支给纸张、笔墨等。也就

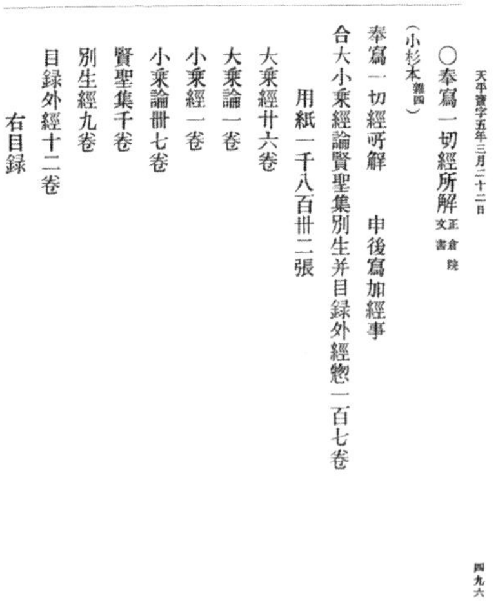

○奉寫一切經所解 文書
　　　　　　　　　　　正倉院

天平寶字五年三月二十二日

（小杉本第四）

奉寫一切經所解　申後寫加經事

合大小乘經論賢聖集別生并目録外經惣一百七卷

用紙一千八百卅二張

大乘經廿六卷
大乘論一卷
小乘經一卷
小乘論冊七卷
賢聖集千卷
別生經九卷
目録外經十二卷
　右目録

四九六

图4-5　天平宝字五年三月二十二日《奉写一切经所解》目录（正仓院文书）

96

是说，在天平宝字五年（761）三月二十二日的时间点，日本官方的一切经数达到5437卷，比《开元释教录》的入藏录多出389卷。

这通《奉写一切经所解》不仅完整列出拟追加抄写的107卷佛经的书目及用纸量，其中大乘经26卷、大乘论1卷、小乘经1卷、小乘论47卷、圣贤集10卷、别生经9卷、目录外经13卷，抄写这些书籍合计需要1852张纸[1]。为了接下来叙述方便，先将这通文书所列的24部107卷书目列表如下[2]（数字编号及☆、★，均系引用者所加）：

部类	书目	用纸
大乘经	（01）《方广大庄严经》十二卷	二百六十六纸
	（02）《大乘方广总持经》一卷	十四纸
	（03）《文殊师利现宝藏经》三卷	四十三纸
	（04）《证契大乘经》二卷	三十四纸
	（05）《无极宝[3]三昧经》一卷	二十纸
	☆（06）《大庄严法门经》上卷	十三纸
	（07）《浴像功德经》一卷（三藏义净译）	四纸
	☆（08）《宝雨经》五卷（一、三、四、六、七）	一百纸
大乘论	（09）《显扬圣教论颂》一卷	十四纸
小乘经	（10）《杂阿含经》一卷	二十二纸
小乘论	（11）《阿毗达磨集异门足论》廿卷	二百八十八纸
	（12）《阿毗达磨品类足论》十八卷	二百六十七纸
	★（13）《阿育王经》九卷（欠第七）	一百一十三纸
贤圣集	（14）《禅法要解》二卷	四十六纸
	（15）《劝发诸王要偈》一卷	九纸
	★（16）《金七十论》二卷（欠第一）	三十六纸
	（17）《胜宗十句义论》一卷	十三纸
	★（18）《集古今佛道（论）衡》一卷（第一、欠三）	二十七纸

1　天平宝字五年（761）三月二十二日《奉写一切经所解》作"1832纸"，实际统计为1852纸。

2　[日] 东京大学史料编纂所：《大日本古文书（编年文书之四）》，东京大学出版会1987年版，第496页。

3　原文脱"宝"字，据后述《可请本经目录》等补。

部类	书目	用纸
贤圣集	(19)《甄正论》三卷	三十七纸
别生经	★(20)《摄大乘论释》九卷(欠十、十一)	二百四十七纸
目录外经	(21)《花严十恶经》一卷	八纸
	☆(22)《一切经正名》第四卷	十八纸
	(23)《集要智因论》一卷(注)	五十一纸
	(24)《摄大乘论释》十卷(大业译)	一百六十二纸

这份天平宝字五年(761)三月二十二日发出的公文,在书目之后、落款之前有一则日式汉文的尾书:

> 以前经论,并是旧元来无本,去天平胜宝六年入唐回使所请来。今从内堂请,奉写加如前。谨解。

下面对这段文字略做解读:首先,"以前经论,并是旧元来无本",此处"以前经论"指该文书所列24部107卷佛书;"并是旧元来无本"的意思是"这些都是此前日本所没有的经论",换句话说均是从唐朝传入的新本。其次,"去天平胜宝六年入唐回使所请来",此处的"入唐回使"指完成朝贡使命归国的第十二次遣唐使,《续日本纪》天平胜宝六年(754)正月十六日条记载:"入唐副使从四位上大伴宿祢古麻

图4-6　天平宝字五年三月二十二日《奉写一切经所解》跋文(正仓院文书)

吕来归，唐僧鉴真、法进等八人随而归朝。"详尽记载了遣唐使归国的年月日。最后，"今从内堂请，奉写加如前"，遣唐使不论官员还是成员，均肩负收集书籍之使命[1]，留学僧俗回国后将书籍递呈朝廷接受验收，故此处"内堂"代指朝廷，尤其指光明皇后设立的朝政机构"坤宫"[2]，此机构持续抄写一切经长达20余年，遣唐使带回的经论如同玄昉那样，第一时间供坤宫写经所抄写，故有"今从内堂请"之说。

这里需要澄清的是，天平宝字四年（760）光明皇太后去世后，一般认为坤宫便被废除了。然这份文书联署人池原公的头衔是"坤宫少疏"，说明坤宫依然存在；同年十二月二十三日《甲斐国司解》[3]出现"坤宫官厮丁"字样，证明光明皇太后去世之后坤宫依然存在了一段时间。

四
石田茂作的解读

第十二次遣唐使携归的佛书"并是旧元来无本"，这句话令人惊讶和好奇。因为随同这批遣唐使赴日的唐僧鉴真也携带了大量书籍，然而

1　参见王勇：《从"丝绸之路"到"书籍之路"——试论东亚文化交流的独特模式》，《浙江大学学报》第33卷第5期，2003年9月。

2　坤宫：天平元年（729）圣武天皇立藤原光明子为皇后，设立皇后宫职掌管内务。天平胜宝元年（749）圣武天皇禅让，皇太后光明子为扶持孝谦天皇，参照唐玄宗改中书省为"紫微省"、武则天改尚书省为"中台"，改皇后宫职为"紫微中台"，使其成为令外朝政机构，其长官为紫微令（后改为"紫微内相"），拥有不经过太政官、中务省而直接奉敕行事的权限。天平宝字二年（758）淳仁天皇继位，改紫微中台为"坤宫官"，职责是"居中奉敕，颁下诸司"。

3　［日］东京大学史料编纂所：《大日本古文书（编年文书之四）》，东京大学出版会1987年版，第523—524页。

鉴真携带的35部中有17部此前已经传入日本。难道遣唐使携带回国的书籍全部是"新本"吗？如果是的话，又是如何做到的呢？

日本著名佛教史学家石田茂作对此存疑，通过比对奈良时代一切经抄写目录，指出《大庄严法门经》《宝雨经》《阿育王经》均非初传之书。具体而言，《大庄严法门经》早在天

图4-7　鉴真携至日本的书籍
（《唐大和上东征传》）

平十四年（742）就有抄写记录，不过仅是下卷，此次传回上卷，于是上下卷始得合璧；《宝雨经》也有天平十四年的抄写记录，所抄写的是第二卷、第五卷、第八卷、第九卷、第十卷，此次由遣唐使传回欠缺的第一卷、第三卷、第四卷、第六卷、第七卷；至于《阿育王经》，石田茂作的表述比较含糊："以前虽有五卷，此次补其缺卷而成十卷完本。"[1]

石田茂作指出《大庄严法门经》《宝雨经》《阿育王经》三部为再传书，再传的理由是日本原有传本都是卷帙不全的阙本。按照这一标准继续追查下去，发现前揭《奉写一切经所解》所列24部中有7部属于阙本：

☆（06）《大庄严法门经》上卷

☆（08）《宝雨经》五卷（一、三、四、六、七）

1　［日］石田茂作：《写经より见たる奈良朝仏教の研究》，《東洋文庫論叢》第十一，东洋文库1930年版，第40页。

★（13）《阿育王经》九卷（欠第七）

★（16）《金七十论》二卷（欠第一）

★（18）《集古今佛道（论）衡》一卷（第一、欠三）

★（20）《摄大乘论释》九卷（欠十、十一）

☆（22）《一切经正名》第四卷

　　石田茂作虽然敏锐地发现了"阙本"这一盲区，即遣唐使只带回所缺之卷，不带回日本已有之卷，揭示了日本入唐求书机制中一个新的特征。然而，他的分析还不足以解释上述7部"阙本"包涵的所有问题。比如《阿育王经》，按石田茂作的说法，日本只有5卷的阙本，那么遣唐使带回9卷，至少有4卷成为复本，这与《大庄严法门经》《宝雨经》仅传回缺卷的情况不同。那么遣唐使"只带回所缺之卷，不带回日本已有之卷"的说法能否成立呢？

　　笔者初步核查奈良时代的写经记录，发现《阿育王经》的写经记录有15次，内中5卷本最多，有10次；4卷本次之，有2次；其余2卷本、1卷本、卷数不明者各1次。由此可知，奈良时代有多个版本的《阿育王经》传到日本，然而在15次写经记录中没有一次是超过5卷的，这颇令人产生怀疑。

　　众所周知，西晋安法钦译《阿育王传》5卷与梁代僧伽婆罗译《阿育王经》10卷，属于同本异译，即同一种梵文佛经的不同汉译本[1]。从遣唐使"不携复本"的求书特征考虑，有一种可能性是此前的既传书为安法钦译本（5卷本），而遣唐使的新传书为僧伽婆罗译本（10卷本）。如果这样解释，遣唐使"只带回所缺之卷，不带回日本已有之卷"的说

1　参照王浩垒：《同本异译〈阿育王传〉与〈阿育王经〉词汇比较研究》，浙江大学博士论文，2012年。

法还是能够成立的。

即便如此，还有若干问题存在。倘若第十二次遣唐使带回僧伽婆罗译10卷本《阿育王经》，为何单单缺少第七卷，只带回9卷呢？注目于《阿育王经》后的注文"欠第七"之"欠"字，发现前述7部阙本中有4部注有此字（标★者），这些卷帙不全之本似非石田茂作所言为"补其缺卷"而携归者，事实上标有"欠"字之卷均未带回日本，这又是什么原因呢？

五
二通"可请"书目

石田茂作以《大庄严法门经》《宝雨经》《阿育王经》为案例，对遣唐使如此精准地带回日本传本的缺卷，赞叹之余又对不明其中机理而甚感遗憾：

> 此次入唐回使带回的经论，似乎事先应该有所预案，才能有的放矢搜求书籍。据此推考，国内学匠自然知道哪些经论不足，遣唐使入唐之际或许受其委托，然后入唐按图索骥。至为遗憾的是，有关这方面的信息我们一无所知。尽管如此，如此大量的未传经卷，经由入唐回使之手传入我国，堪称经典传来史上值得特笔大书之壮举。[1]

---

1 ［日］石田茂作：《写経より見たる奈良朝仏教の研究》，《東洋文庫論叢》第十一，东洋文库1930年版，第40页。

石田茂作察知遣唐使出发之前，接受国内学匠之求书委托而"有所预案"，其洞察机理之慧眼值得敬佩。然而他又感叹"有关这方面的信息我们一无所知"，给后学留下一大难题。笔者追踪这个问题多年，目前稍稍理出些头绪，兹介绍几件相关史料。

《大日本古文书（编年文书之十二）》在天平胜宝四年正月二十五日类收条下，辑录五通缺失年月日的文书，其中以"可请"起头的二通文书（《可请大乘经本目录》《可请本经目录》），推测与第十二次遣唐使搜书活动有关。

天平胜宝四年（752）正月二十五日的时间节点是个关键：2年前的天平胜宝二年（750）九月二十四日，日本朝廷时隔约20年任命了第十二次遣唐使官员[1]；仅仅两个月后的三月三日，遣唐使举行拜朝仪式准备离京西行[2]。

如果《大日本古文书》的系年无误，那么在遣唐使出发之前汇编的《可请大乘经本目录》，很可能就是石田茂作所言国内学匠为遣唐使准备的搜书目录。证据之一是，《可请大乘经本目录》收录的35部佛书，下列6部由此次遣唐使带回（序号系依天平宝字五年三月二十二日《奉写一切经所解》）：

（01）《方广大庄严经》十二卷

（02）《大乘方广总持经》一卷

（03）《文殊师利现宝藏经》三卷

（04）《证契大乘经》二卷

（05）《无极宝三昧经》一卷

1　《续日本纪》卷十八天平胜宝二年（750）九月二十四日条："任遣唐使，以从四位下藤原朝臣清河为大使，从五位下大伴宿祢古麻吕为副使，判官、主典各四人。"
2　《续日本纪》卷十八天平胜宝四年（752）三月三日条："遣唐使等拜朝。"

（07）《浴像功德经》一卷

考虑到天平宝字五年（761）三月二十二日《奉写一切经所解》所列遣唐使携归书目，"大乘经"目录下总共列出8部，其中6部与《可请大乘经本目录》重叠，如此高的比例当非出自偶然。

与这通文书相关的是同一时期的《可请本经目录》，共列出149部书目，除了大乘经之外，还包括小乘论、贤圣集等。虽然《大日本古文书》将两者类收在天平胜宝四年正月二十五日条下，但从记载的方式与内容分析，《可请本经目录》显然晚于《可请大乘经本目录》。《可请本经目录》收录了《可请大乘经本目录》所列的35部中的34部书目，兹列出两者记载不同者做一比较：

图4-8 天平胜宝四年正月二十五日《可请本经目录》（正仓院文书）

《可请大乘经本目录》	《可请本经目录》
《文殊师利所说般若波罗蜜经》一卷	伊吉寺 《文殊师利所说般若波罗蜜经》一卷
《大方广佛花严经不思议佛境界分》一卷	《大方广佛花严经不思议佛境界分》一卷或二卷
《大乘金刚髻珠菩萨修行分》一卷	《大乘金刚髻珠菩萨修行分》一卷亦名金刚菩萨加行品
《菩萨十住行道品》一卷	《菩萨十住行道品》一卷亦直云菩萨十住
《方广大庄严经》十二卷	《方广大庄严经》十二卷一名神通游戏，或云大方广经
《萨昙分陀利经》一卷	《萨昙分陀利经》一卷旧录云萨昙芬陀利经，亦直云分陀利经
《大乘方广总持经》一卷	《大乘方广总持经》一卷或无乘字

《可请大乘经本目录》	《可请本经目录》
《文殊师利现宝藏经》三卷	《文殊师利现宝藏经》三卷或二卷，或无现字，或直云宝藏经
《证契大乘经》二卷	《证契大乘经》二卷亦名入一切佛境智陷卢遮那藏
《无极宝三昧经》一卷	《无极宝三昧经》一卷或无三昧字
《药师如来本愿经》一卷	《药师如来本愿经》一卷隋笈多译
《六度集经》八卷	《六度集经》八卷亦名六度无极经，亦云广无极集，亦云新无极经
《睒子经》一卷	《睒子经》一卷一名孝子睒经，一名菩萨睒经，一名佛说睒经，一名睒本经，一名孝子隐经
《太子沐魄经》一卷	《太子沐魄经》一卷或作慕魄
《作佛形像经》一卷	《作佛形像经》一卷亦云优填王作佛形象经，一名作像因缘经
《浴像功德经》一卷	《浴像功德经》一卷三藏义净译
《千手千眼观世音菩萨姥陀罗尼身经》一卷	《千手千眼观世音菩萨姥陀罗尼身经》一卷或云千臂千眼
《文殊师利根本一字陀罗尼经》一卷	《文殊师利根本一字陀罗尼经》一卷题云大方广菩萨藏中文殊师利根本一字陀罗尼法，亦名一字咒王经
《千啭陀罗尼观世音菩萨咒经》一卷	《千啭陀罗尼观世音菩萨咒经》一卷或无经字
《佛顶最胜陀罗尼经》一卷	《佛顶最胜陀罗尼经》一卷日照三藏译
《持句神咒经》一卷	《持句神咒经》一卷亦云陀罗尼向

据年代稍后的《东大寺六宗未决义》[1]记载，朝廷任命遣唐使之后，僧纲所（管理僧尼与寺院的政府机构，设在药师寺）即向各大寺宗派发牒，征集"未度来书"（未传到日本的佛书），由僧纲所负责甄别汇总编成目录，交给遣唐使入唐搜集。

笔者揣度，《可请大乘经本目录》大概是某大寺或宗派递交的"未度来书"，仅列书名卷数而无其他信息，内容也限于大乘经；僧纲所收集各宗各派的"未度来书"后，经过整理归类并加注相关信息（如作

---

1 这封牒状收录在《大日本佛教全书》第三卷《诸宗用义集》，落款为宝龟七年（776）二月五日。

者、译者、纸数、书籍别名、卷数考证等），方便遣唐使入唐收集。如"《般泥洹经》二卷"目下注云："或直云《泥洹经》，亦云《大般泥洹经》。诸藏中一卷者，唯是上卷，欠下卷也。"又"《释迦谱》十卷"目下注云："别有五卷本，与此广略异。"显然是为搜书者指定具体目标。

《可请本经目录》较之《可请大乘经本目录》，增加了大量详细而具体的书籍信息，由此提高了遣唐使搜书的效

图4-9　《东大寺六宗未决义》
（《大日本佛教全书》）

率，比对天平宝字五年（761）三月二十二日《奉写一切经所解》所载书目，下列13部书籍由遣唐使成功带回（序号系依天平宝字五年三月二十二日《奉写一切经所解》）：

（01）《方广大庄严经》十二卷（大方广普贤菩萨所说经，一名《神通游戏》，或曰《大方广经》）

（02）《大乘方广总持经》一卷（或无"乘"字）

（03）《文殊师利现宝藏经》三卷（或二卷，或无"现"字，或直云《宝藏经》）

（04）《证契大乘经》二卷（亦名《入一切佛境智陪庐遮那藏》）

（05）《无极宝三昧经》一卷（或无"三昧"字）

（07）《浴像功德经》一卷（三藏义净译）

（13）《阿育王经》十卷

（14）《禅法要解》二卷（一名《禅要经》）

（15）《劝发诸王要偈》一卷

（16）《金七十论》三卷（亦名《僧法论》，或二卷）

（17）《胜宗十句义论》一卷

（18）《集古今佛道（论）衡》四卷（或三卷）

（19）《甄正论》三卷

第十二次遣唐使带回的24部佛书中，有13部与《可请本经目录》重合，而且书籍的信息（译者、书名、卷数）高度一致，两者的承继关系毋庸置疑。

六
《未写经律论集目录》

从玄昉735年带回《开元释教录》、736年光明皇后立刻开始抄写的速度看，第十二次遣唐使754年带回的书籍，直到761年才"从内堂请，奉写加如前"，似乎衔接时间过长。填补这个时间空白的是《未写经律论集目录》。

这通文书收录在《大日本古文书（编年之十二）》天平胜宝五年五月七日类收条下，日本学者太平聪考定为委托第十二次遣唐使搜集"未

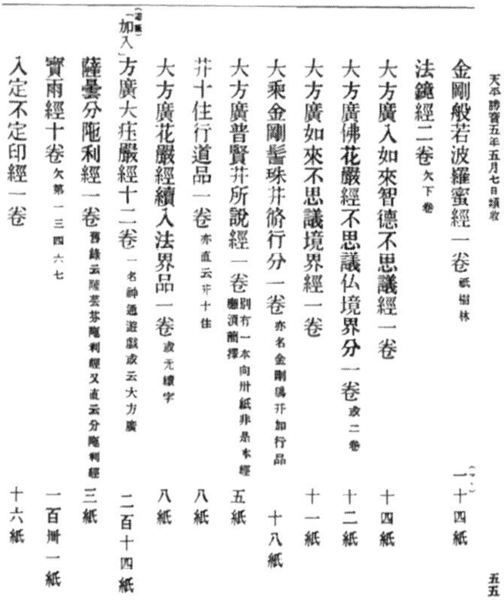
天平勝寶五年五月七日類收

金剛般若波羅蜜經一卷 紙樹林 一十四紙

法鏡經二卷 欠下卷

大方廣入如來智德不思議經一卷 十四紙

大方廣佛花嚴經不思議仏境界分一卷 或二卷 十二紙

大方廣如來不思議境界經一卷 十一紙

大乘金剛髻珠卄脩行分一卷 亦名金剛瑪卄加行品 十八紙

大方廣普賢卄所說經一卷 別有一本向卅紙非是本經 應須簡擇 五紙

卄十住行道品一卷 亦直云卄十住 八紙

大方廣花嚴經續入法界品一卷 或无續字 八紙

（追筆）「加入」方廣大荘嚴經十二卷 一名神通遊戲或云大方廣 二百十四紙

薩曇分陁利經一卷 舊錄云薩芸芬陁利經又直云分陁利經 三紙

寶雨經十卷 欠第一三四六七 一百卅一紙

入定不定印經一卷 十六紙

五五

图4-10 《未写经律论集目录》（正仓院文书）

度来书”目录[1]，榎本淳一也支持这个观点，认为此书目系天平胜宝四年（752）日本所需的写经底本[2]。

然而，我们应该注意到，《未写经律论集目录》被归为天平胜宝五年（753）五月七日文书，前一年（752）三月三日“遣唐使等拜朝”而渡海入唐，这份书目如何送到遣唐使之手呢？唯一的可能是《大日本古文书》将其类收于“天平胜宝五年五月七日”时间有误——或者提前，或者滞后。

我们先来看看《未写经律论集目录》的内容。该文书收入佛教经典176部合684卷，内中大乘经46部124卷，大乘律1部1卷，大乘论11部23卷，小乘经57部88卷，小乘论11部197卷，贤圣集传50部251卷[3]，几乎都是玄昉携归经论中所未见的。

这个书目比之前述《可请本经目录》，与天平宝字五年三月二十二日《奉写一切经所解》重合度更高，遣唐使携归的24部书籍中，除

1 ［日］太平聪：《正倉院文書と古写経の研究による奈良時代政治史の検討》，1993—1994年度科学研究补助金一般研究（C）研究成果报告书，1995年。

2 ［日］榎本淳一：《日本古代における仏典の将来について》，《日本史研究》615号，2013年11月。

3 ［日］榎本淳一：《日本古代における仏典の将来について》，《日本史研究》615号，2013年11月。

"目录外经"项下4部（《花严十恶经》《一切经正名》《集要智因论》《摄大乘论释》），其余20部全部出现在《未写经律论集目录》中。

《奉写一切经所解》	《未写经律论集目录》
《方广大庄严经》十二卷　二百六十六纸	《方广大庄严经》十二卷　二百十四纸
《大乘方广总持经》一卷　十四纸	《大乘方广总持经》一卷　十四纸
《文殊师利现宝藏经》三卷　四十三纸	《文殊师利现宝藏经》三卷　四十二纸
《证契大乘经》二卷　三十四纸	《证契大乘经》二卷　三十二纸
《无极宝三昧经》一卷　二十纸	《无极宝三昧经》一卷　三十纸
《大庄严法门经》上卷　十三纸	《大庄严法门经》上卷　二十六纸
《浴像功德经》一卷　四纸	《浴像功德经》一卷　四纸
《宝雨经》五卷　一百纸	《宝雨经》五卷　一百四十一纸
《显扬圣教论颂》一卷　十四纸	《显扬圣教论颂》一卷　十三纸
《杂阿含经》一卷　二十二纸	《杂阿含经》一卷　二十一纸
《阿毗达磨集异门足论》廿卷　二百八十八纸	《阿毗达磨集异门足论》二十卷　二百七十八纸
《阿毗达磨品类足论》十八卷　二百六十七纸	《阿毗达磨品类足论》十八卷　三百五十五纸
《阿育王经》九卷　一百十三纸	《阿育王经》十卷　一百十一纸
《禅法要解》二卷　三十六纸	《禅法要解》二卷　三十四纸
《劝发诸王要偈》一卷　九纸	《劝发诸王要偈》一卷　六纸
《金七十论》二卷　三十六纸	《金七十论》三卷　五十三纸
《胜宗十句义论》一卷　十三纸	《胜宗十勾义论》一卷　十一纸
《集古今佛道（论）衡》一卷　二十七纸	《集古今佛道（论）衡》四卷　九十九纸
《甄正论》三卷　三十七纸	《甄正论》三卷　三十六纸
《摄大乘论释》九卷　二百三十七纸	《摄大乘论释》十卷　一百七十六纸

　　《未写经律论集目录》与《奉写一切经所解》的另一个相似点，便是每部书后均标明抄写所需的纸张枚数，虽然每部的纸数多略有出入，但这个共性特点说明一个重要而关键的问题——这些书籍均已传到日本，因此能估算出写经所需纸张。据此可以断论，《未写经律论集目

录》绝非如太平聪、榎本淳一推测是求书目录。

由此推论，《大日本古文书》把《未写经律论集目录》类收于天平胜宝五年五月七日文书群显然有误，因为第十二次遣唐使天平胜宝六年（754）正月十六日才陆续回到日本，书籍送抵朝廷以及写经所制定抄写计划还需要更多的时间。据《续日本纪》记载，"遣使奉唐国信物于山科陵"是天平胜宝六年（754）三月十日，笔者推测《未写经律论集目录》的时间应该在此之后至天平宝字五年（761）三月二十二日之前。

按照日语的熟语习惯，"可请目录"指应该入唐求索的书目，"未写目录"指已经入掌但尚未抄写的书目，"奉写目录"指抄写既有书籍的目录。

七
奈良时代的入唐求书体制

以上通过四通正仓院文书——《可请大乘经本目录》（752）、《可请本经目录》（752）、《未写经律论集目录》（754—761）、《奉写一切经所解》（761），大致勾勒出第十二次遣唐使"书籍之路"的轨迹：

750年，任命遣唐使（《续日本纪》）。

752年正月，各宗上报所需书目（《可请大乘经本目录》）。

752年正月至三月，僧纲所汇总书目整理出阙本目录交遣唐使（《可请本经目录》）。

752年三月，遣唐使拜朝出发（《续日本纪》）。

754年正月至三月，遣唐使陆续回国，将从唐朝带回的佛经交给僧纲所（《续日本纪》）。

754年三月以后，僧纲所整理遣唐使携归书籍，除"目录外经"全部列入写经计划（《未写经律论目录》）。

761年三月，朝廷确定实施抄写遣唐使携归书目（包括"目录外经"）计划（《奉写一切经所解》）。

最后，我们还要回答两个问题：一是《可请本经目录》共列出149部书目，但遣唐使仅带回其中的13部（天平宝字五年三月二十二日《奉写一切经所解》），那么没有带回的136部怎么处理？二是遣唐使总共带回24部书籍，除了13部可以推断是根据《可请本经目录》收集的，余下的11部书籍全部是日本的"阙本"或"欠卷"，这些信息又是从何处获得的呢？解答这两个问题的关键，便是《奉写一切经所解》中所列的下面4部带有★号的书籍：

★（13）《阿育王经》九卷（欠第七）

★（16）《金七十论》二卷（欠第一）

★（18）《集古今佛道（论）衡》一卷（第一、欠三）

★（20）《摄大乘论释》九卷（欠十、十一）

上述4部书籍的一个共同点，是书籍后面均标记着一个"欠"字。《阿育王经》共10卷，带回9卷，缺第七卷；《金七十论》共3卷，带回2卷，缺第一卷；《集古今佛道（论）衡》共4卷，带回1卷，缺第一卷、第三卷，说明日本已有1卷；《摄大乘论释》共15卷，带回9卷，缺第十卷、第十一卷，说明日本已有4卷。

为何要标上"欠"字呢？说明此次遣唐使没有完成预定的求书计划，留下的任务交给下一次遣唐使去完成。笔者的推测是，《可请本经目录》中没有带回的136部，也作为"阙本"移交给下一次遣唐使；《奉写一切经所解》所列遣唐使带回的24部书籍中，不见于《可请本经目录》的11部，应该是上一次遣唐使遗留下来"阙本"。

日本国立写经机构任务繁重，第十二次遣唐使带回的书籍，5年后终于轮到开始抄写。这次出现的巨大变化是，日本朝廷最后决定，遣唐使带回的书籍全部抄写，包括专家建议剔除的目录外经。

中国的一切经门槛很高，一般目录外经、别生经、圣贤集入藏把关甚严。日本的一切经非常开放，只要是中国传来的几乎全部照单收录，甚至还收入日本人的著作，因此奈良时代的一切经总数超过《开元释教录》也就不奇怪了。

日本到中国求书是国家行为，遣唐使带回好书是可以升官发财的。日本从7世纪初的遣隋使，到9世纪中叶的遣唐使，每次使节团均肩负着到中国求书的使命，200多年没有中断。日本不仅到中国寻找本国没有的书籍，而且还寻找缺失的卷、新的译本、字体端正的好本。

综上所述，举国体制编制阙本目录、遣唐使极力搜集书籍、朝廷直接参与写经事业、佛教界精心保管珍贵的唐本，这一切使日本的佛教书籍与时俱增，为书籍之路开发出一条高效率的书籍流水线，从而催生奈良时代一切经数目巨大的奇观。

第五章
东亚佛书之环流
——以"三经义疏"为例

两汉之际，佛教从印度传入中国；公元384年，胡僧摩罗难陀自东晋入百济，枕流王延之入宫，《三国史记·百济本纪》说"佛法始于此"；尔后约经170年，百济圣明王遣使倭国，献"释迦佛金铜像一躯、幡盖若干、经论若干卷"[1]，佛教自此完成自西徂东的传播历程。

佛教在东亚区域内的兴盛，很大程度上依赖于经书的汉译及其传播。历史上虽然盛传梵僧白马驮经东来、唐僧西天求法而归之类的佳话，那毕竟只是伟人奇士演奏的"阳春白雪"；佛教乃随着佛经的汉译而普及世间，继而传播至汉字文化圈内的周边地区。汉字文化圈内书籍的环流，构成东亚文化交流史上一道独特的风景线。

有唐一代，日本遣唐使不仅从中国携归大量典籍，同时也将日本人撰的书籍传入中国。传为圣德太子所著的"三经义疏"（即《胜鬘经义疏》《维摩经义疏》《法华义疏》），在吸收中国南朝佛教研究成果的基础上，由朝鲜半岛的学僧协助完成，并循着"书籍之路"在东亚范围内流播。其中，《法华义疏》和《胜鬘经义疏》由遣唐使数度携入中国，唐僧明空读到《胜鬘经义疏》后，抄其要义，为之注疏，撰成《胜鬘经

---

1 《日本书纪》钦明天皇壬申年（552）十月条。

疏义私钞》，成为唐代中日书籍交流之佳话。

　　本章先梳理"三经义疏"成书之经纬，次稽考入唐僧携书入华之史实，最后论证东亚文明圈中书籍环流所具有的影响和意义。

一

"三经义疏"成书经纬

　　所谓"三经义疏"，是《胜鬘经》《法华经》《维摩经》三部佛经注疏之合称，传为日本圣德太子（574—622）所撰，后世取其宫号习称"上宫疏"。据《上宫圣德太子传补阙记》，三疏的撰年（完稿）依次为：《胜鬘经义疏》1卷（611）、《维摩经义疏》3卷（613）、《法华义疏》4卷（615）。这3部传存至今的佛教章疏，比日本最古的两部史书《古事记》（712）和《日本书纪》（720）还早约百年，是已知日本人撰写的首批汉文典籍，在文化史上具有重大意义。

　　关于"三经义疏"的作者，有些学者对7世纪初的日本人是否有能力撰写如此鸿篇巨制表示怀疑，提出中国僧撰、朝鲜僧撰、渡来僧撰等诸种假设，但笔者倾向于奈良时代开始流传的圣德太子撰说。主要依据如下[1]：

　　其一，释讲《胜鬘经》和《法华经》。圣德太子释讲《胜鬘经》之事，见诸《日本书纪》推古十四年（605）七月条，其后续讲《法华经》，天皇赐予播磨国水田100町。类似的记载亦见于《上宫圣德法王帝说》《法隆寺伽蓝缘起并流记资财帐》《延历僧录》（上宫皇太子菩萨

1　为避行论冗长，本文中仅列论据，不做展开。详见王勇：《聖德太子時空超越——歴史を動かした慧思慧思後身説》第四章《上宮疏の中国への流布》，大修館书店1994年版，第233—324页。

x

传）等，诸书多将讲经和制疏联系在一起。倘若讲经实有其事，那么以讲稿为基础整理成书，也就不是没有可能了。

其二，遣隋使入华求书。圣德太子在讲经翌年（607）七月，派遣小野妹子入隋。关于遣隋使的使命，日本史籍《经籍后传记》记载："是时，国家书籍未多，爰遣小野臣因高于隋国买求书籍，兼聘隋天子。"《延历僧录》（上宫皇太子菩萨传）及《宋史》（日本传）则云"取先世持诵《法华经》七卷""求《法华经》"。花山信胜博士注意到遣使在讲经翌年，推测"圣德太子为了把讲经草稿整理成《义疏》，不再通过朝鲜半岛，直接遣使入隋求取参考书及纸、笔、砚、墨等"[1]奈良时代的佛教文献，多记载小野妹子赴南岳衡山取回佛经的传说，因此遣使与制疏当有某种关联。

图5-1　圣德太子《胜鬘经讲赞图》（日本兵库县斑鸠寺）

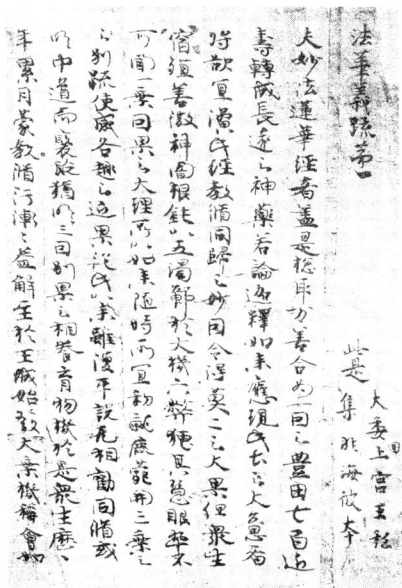

图5-2　《法华义疏》稿本（日本东京国立博物馆法隆寺馆）

1　[日]花山信胜执笔：《法华义疏》解题，《大日本佛教全书》本。

115

其三，法隆寺藏《法华义疏》稿本。这部稿本原为法隆寺旧藏，明治初年献给皇室，被指定为日本国宝。卷一首题"此是大委国上宫王私集非海彼本"14字，本文墨书颇存六朝（或隋朝）遗风，专家考定书写年代不晚于推古朝（592—628），寺传皆云出自圣德太子亲笔。文中涂抹添改之处随处可见，花山信胜博士认为，这是圣德太子直至晚年修改不辍的手稿。

其四，奈良时代的传抄、著录与引用。天平年间（729—748）的早期写经文书中，散见数例书名、卷数、用纸相同而不著撰者的《法华义疏》和《胜鬘经义疏》，有人据此否定圣德太子亲撰说。对此，大野达之助认为，按照天平写经的习惯，不著撰者正说明不言自明[1]。从天平后期开始，正仓院文书中的《经疏检定帐》（747）、《写经所解》（同上）、《本经疏奉请帐》（749）、《写疏布施勘定帐》（751）、《经疏出纳帐》（753）、《奉写章疏集传目录》（753）以及《法隆寺伽蓝缘起并流记资财帐》（747）、《法隆寺东院伽蓝缘起资财帐》（761）等均明记是"上宫撰"。奈良时代"三经义疏"不仅作为"上宫撰"被广泛传抄、著录，而且智光的《净名玄论略述》、寿灵的《华严五教章指事记》及唐僧法进的《沙弥十戒并威仪经疏》等，均在书中加以直接征引。

其五，"三经义疏"的征引书目。"三经义疏"在撰述过程中，参考了大陆和半岛的佛学成果，而尤以南朝梁的三大法师为圭臬。概而言之，《胜鬘经义疏》祖述庄严寺僧旻的学说，《维摩经义疏》依据僧肇的《注维摩诘经》10卷，《法华义疏》参酌光宅寺法云的《法华义记》8卷。从征引书目分析，"三经义疏"继承了中国南朝的佛学传统，佐证成书年代当在隋唐章疏传入日本之前。

其六，《法华义疏》所依本经。《法华经》前后共有6种译本，现存

---

1 ［日］大野达之助：《聖徳太子の研究　その仏教と政治思想》，吉川弘文馆1970年版。

西晋太康七年（286）竺法护译《正法华经》、姚秦弘始八年（406）鸠摩罗什译《妙法莲华经》、隋仁寿元年（601）达磨笈多译《添品妙法莲华经》等3种。后世流布最广的《妙法莲华经》（鸠摩罗什译）原本为七卷二十七品，隋唐时代增益《提婆达多品》和《普门品偈颂》而成八卷二十八品[1]。《法华义疏》所本《妙法莲华经》正是七卷二十七品的原译，说明成书在增益本（八卷二十八品）流行之前。

如上所述，从墨书风格、抄经目录、所依本经、征引书目等综合判断，"三经义疏"大约成书于隋唐之交；又因文中多以"私译""私意""私怀"等阐发己见，语言偶有不合汉语规范之处（即所谓"和臭"），恐非出自中土汉人之手；再联系到圣德太子弘扬佛法、讲经建寺、遣使求书等诸多事迹，奈良时代以来传承的圣德太子亲撰说，当非空穴来风；日本国宝《法华义疏》稿本出自圣德太子手笔一说，亦不宜轻易否定。

关于"三经义疏"的撰者问题，学界虽议论纷纷，但诸说分歧之焦点，似乎在于认定"撰者"的标准古今相异。川岸宏教指出："讨论古代社会的思想和信仰时，考虑到其发展的历史，欲从中析出完全独创的东西，事实上近乎不可能。因而，即使不是圣德太子个人撰写的著作，而是受其保护的学僧们共同的成果，亦无妨视作推古朝佛教治国方策的理论根据。"[2]

在古代东方社会，个人的独创精神颇受轻视，集体成果往往以主持人之名问世，故以近代史学的原则律定古籍之归属，似非完全可行。

---

1 隋唐时代的佛经目录，如《出三藏记集》《众经目录》《大唐内典录》《大周刊定众经目录》等，均明记鸠摩罗什原译为"七卷"。唐智升《开元释教录》云："新《法华经》初为七卷二十七品，后人益《天授品》成二十八品。"
2 ［日］川岸宏教：《太子の仏教興隆政策》，武光诚等编：《聖徳太子全覧》，新人物往来社1988年版，第84页。

《圣德太子传历》在讲经记事之后云：

> 二件经，太子略制义疏，未有流通。高丽惠慈法师以下，各在讲场，咨其所得，太子取舍，合其正理。自此始有究竟之志，后年制毕。

圣德太子在讲经之前拟有草稿，后又参酌外国学僧的意见进行修改，这大概比较客观地反映了"三经义疏"成书过程的实际情况。

二

《法华义疏》流播传说

圣德太子将《法华经》的二十七品一分为三，《序品第一》为"序说"，《方便品第二》至《分别功德品第十六》前半为"正说"，《分别功德品第十六》后半至《普贤劝发品第二十七》为"流通说"，并云："圣人说法，非但当时蒙益，远及末代，同获今利，故第三有流通说。"

上述"流通说"观，正如花山信胜所论，可以视作圣德太子遣使入隋求书、撰著"三经义疏"的主要动机之一。不唯如此，"三经义疏"在高句丽的流播，也与圣德太子的上述理念或直接或间接有关。

高句丽僧惠慈（一作"慧慈"）于推古三年（595）来到日本，被圣德太子延聘为"内教（佛教）"之师，与百济僧慧聪并称"三宝之栋梁"。圣德太子在讲经制疏过程中，每遇滞疑辄询于师，有时相互切磋，所以说"三经义疏"亦倾注了惠慈的心血。如《上宫圣德太子传补阙记》云："太子谓慧慈法师曰：'《法华经》中此句脱字，师之所见者如何？'法师答启：'他国之经亦无此字。'"又《上宫圣德法王帝说》载：

> 上宫王师高丽慧慈……即造《法华》等经疏七卷，号曰"上宫御制疏"。太子所问之义，师有所不通。太子夜梦金人，来教不解之义。太子寤后即解之，乃以传于师，师亦领解。

《法华义疏》告成于推古二十年（612）四月十五日，同年十一月十五日惠慈任满回国，将"上宫疏"携归高句丽。《上宫圣德法王帝说》云："慧慈法师赍上宫御制疏，还归本国流传之。"这是有关"三经义疏"流播海外的最早记录。据《上宫圣德太子传补阙记》，惠慈不仅将《法华义疏》带回高句丽，而且还在当地宣讲：

> 制诸经疏，义傥不达。太子夜梦见金人，来授不解义。太子乃解之，以问慧慈法师。法师亦领悟，发不思、叹未曾有，皆称"上宫疏"，谓弟子曰："是义非凡，持还本国，欲传圣趣。"庚辰年四月，持归本书，彼土讲演。

《上宫圣德法王帝说》与《上宫圣德太子传补阙记》只称惠慈携归的是"上宫疏"，但从前后文脉推断，当指《法华义疏》。《圣德太子传私记》引用《定海记文》，提到高句丽流行的《法华经》中有两句增文，因而推测："慧慈高丽人也。受太子开示，早还本土。今自彼国传经中，新有二句文，此慧慈归国后，以太子金言，流布彼国欤？"成书较晚的《圣德太子传记》（1318），则明记惠慈携归的是《法华义疏》：

> 慧慈法师乃高句丽硕学，太子二十四岁时来朝。其学亘二教，其智穷三藏。故为太子师范，居本朝二十一载。推古二十年，有维

桑之思而告辞，乞太子所作《法华疏》，以为记念。……其后，慧慈法师归高丽，讲谈彼《法华疏》，教化人民。

约当隋唐之交的推古时期，日本与半岛的文化交流十分频繁，从《日本书纪》等所载史料来看，韩人（主要是百济人）越海东渡者络绎于途，他们带去大量佛教、儒教及道教等书籍，同时也将部分日本人撰述的书籍携归本国。"三经义疏"是日本人撰著的首批汉文典籍，而且倾注了朝鲜半岛学僧的心血，惠慈或其他半岛僧俗将代表当时日本佛学最高水平的《法华义疏》带回高句丽弘传，不是完全没有可能。

如上所述，圣德太子传记载有惠慈将《法华义疏》携入高句丽的传说，那么这部传为圣德太子亲撰的著作有无传入中国的记载呢？

据《隋书·倭国传》，遣隋使宣称"闻海西菩萨天子重兴佛法，故遣朝拜，兼沙门数十人来学佛法"。既然以崇尚佛教的国家自居，就有可能向外宣扬圣德太子弘扬佛法、讲经制疏的事迹。事实上，小野妹子南岳取经

图5-3　小野妹子衡山取经（《圣德太子绘传》）

传说中，包含有这方面的内容。《圣德太子传历》推古十五年（607）条载（夹注略）：

夏五月，太子奏曰："臣之先身修行汉土，所持之经，今在衡山。望遣使乎，将来比校所误之本。"……秋七月，妹子等遣于

隋，太子命妹子曰："隋赤县之南，江南道中有衡州，州中有衡山，是南岳也。山中有般若台，登自南溪下，入滋松中三四许里，门临谷口，吾昔同法皆已迁化，唯有三躯，汝宜以此法衣称吾名赠之。复吾昔身住其台时所持《法华经》复为一卷，乞受将来。"

妹子到彼，问彼土人，遂届衡山。如太子命，入自南溪下，比到门侧，有一沙弥在门之内，唱云："念禅法师使人到来。"有一老僧策杖而出，又有二老僧相续而出，相顾含欢。妹子三拜，言语不通，书地通意，各赠法衣。老僧书地曰："念禅法师于彼何号？"妹子答曰："我本朝和国也，在东海中，相去三年行矣。今有圣德太子，无念禅法师，崇尊佛道，流通妙义，自说诸经，兼制义疏。承其令旨，取昔身所持复《法华经》一卷，余无异事。"老僧等大欢，命沙弥取之，须臾取经，纳一漆箧而来。

这条资料仅提到小野妹子远赴衡山求取《法华经》，没有言及是否携带"三经义疏"。然而，《圣德太子传历》推古二十三年（615）条有如下记载："夏四月十五日，《法华经》制竟。此经疏自前制了，传于汉土。"意思是说，惠慈带回高句丽的是"上宫后疏"，此前竣工的"上宫前疏"早已传入中国。再看推古十七年（609）条，小野妹子第二次遣隋（608）回国后，向圣德太子禀报再上衡山的情景：

秋九月，小野臣妹子到自隋，启太子曰："臣届衡山般若台，先逢三僧，二口迁化，一口犹存，谓臣曰：'初年沙弥误取他僧所持之经授子竟，而去年秋时，子国太子念禅法师驾青龙车，从五百人到自东方，履空而来，探旧房里，取一卷经，凌虚而去。仍留此《法华经》五卷义疏，名上宫疏。'"太子微笑而默。

这段传说大意如下：小野妹子第一次赴隋时，未能取回圣德太子前身（念禅法师）持诵的《法华经》，遂再次赴隋取书；而此前圣德太子在斑鸠殿（梦殿）入定7日，魂飞衡山取回了真本。倘若推古十六年（608）小野妹子确真把5卷本《法华义疏》带到中国，那么成书要比4卷本《法华义疏》（615）早7年，时距宫中讲经仅两年，大概属于讲经时的草稿之类。《圣德太子传私记》提到《法华义疏》有两种，4卷本"存此朝，即后疏"，5卷本"不存此朝，即先疏"：

> 太子御制章疏等日记、《法华》四卷疏（草本在舍利殿，名"后疏"）。此疏不据百济国传来之经，依梦殿入定时飞魂取回之经而草，即七卷二十七品，无《提婆品》与《观音品》中的《世尊偈》。小野妹子取回之经，与百济国传来经本相同，圣德太子据此经著五卷疏，飞魂取书时留在衡山。此疏之草本及传写本，我朝均不知所在。

5卷本《法华义疏》依据的本经，即所谓"小野妹子将来经"，原存"斑鸠文殿"（法隆寺东院），现藏东京国立博物馆，俗称"国宝《细字法华经》"，为七卷二十八品的卷子本。卷尾跋云："长寿三年六月一日抄讫，写经人雍州长安县人李元惠，于扬州敬告此经。"

唐长寿三年（694），衡山僧俗数人渡海至日本，到法隆寺

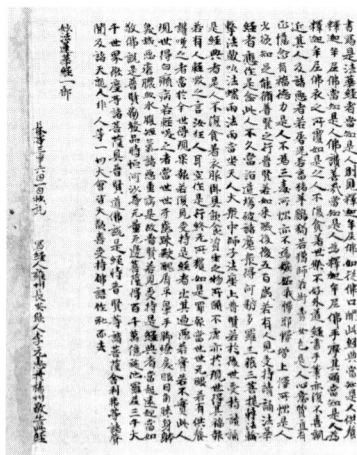

图5-4　长寿三年唐写本《细字法华经》卷尾（日本东京国立博物馆）

（鵤僧寺）寻访流布中国的5卷疏的本经，事见《圣德太子传私记》：

> 持统天皇八年甲午，唐土衡州僧俗来朝，彼国长寿三年也。彼僧诣鵤僧寺，寻云："此朝圣德太子五卷《义疏》，我国流布，其旨甚深，尤所依用也。其本经定可在当寺，望令披见。"

以上我们列举了《法华义疏》流播东亚的诸种传说，虽然这些都不能直接视为信史，但传说中往往也潜藏着史实的踪影。现存《法华义疏》稿本4卷，内题"此是大委国上宫王私集非海彼本"，字体笔法与本文判然有别，显然系后人补记。长沼贤海对此的分析是，奈良时代此书送入唐朝，当时为了简别于中土或朝鲜半岛之典籍，特意标明作者的国籍，此后这一撰号又移记于稿本[1]。

上述推测是比较合理的，因为不仅《法华义疏》稿本有此撰号，今本《胜鬘经义疏》卷首亦有同样的撰号。不过，如果要证明这一假设，必须解释下面的疑问：在《三经义疏》中，为何唯独《维摩经义疏》无此撰号？

镰仓时代的学僧凝然（1240—1321）早就注意到这个问题，他在《维摩经疏庵罗记》中解释道："彼二疏遣大隋国，此疏无之，故不简别。"意思是说，《法华义疏》与《胜鬘经义疏》因为要送往中国，所以补题撰号以示区别；《维摩经义疏》没有输出海外，自然无须分清国籍。这种分析应该说是合情合理的。

经过上面的讨论，我们可以推断《法华义疏》与《胜鬘经义疏》上的撰号，是为送唐而特意补题的。也就是说，有关"上宫疏"流布海外的种种传闻，多多少少是有事实根据的。值得庆幸的是，到了8世纪后

1　［日］长沼贤海：《聖德太子論考》，平乐书店1971年版，第170页。

期，入唐僧携"上宫疏"西渡已见诸可靠的文献载籍，使我们对这个问题的讨论可以进入实证考察的阶段。

三

《维摩诘经》残卷之谜

前面提到，传为圣德太子所撰的"三经义疏"，其中《法华义疏》与《胜鬘经义疏》均为送往唐朝，内题撰号"此是大委国上宫王私集非海彼本"；唯独《维摩经义疏》无此撰号，说明未曾送出国门，甚至有学者因此怀疑非出自圣德太子手笔。然而，近年笔者关注到《北京大学藏敦煌文献》中收录的《维摩诘经》[1]残卷似与圣德太子有关，对此悬案重新做了审视与思考。

1995年10月，北京大学图书馆与上海古籍出版社联合编辑出版的《北京大学藏敦煌文献》共收录各类文献323件，内分"敦煌文献"246件（编号D1–D246）、"日本旧藏写经"5件（编号J1–J5）、"吐鲁番回鹘文文献"3件（编号T1–T3）、"西夏文文献"5件（编号X1–X5）、"残片"64件（编号C1–C64），其中第二卷编号"J4"收录的便是《维摩诘经》卷下，其卷尾有如下一则耐人寻味的题记：

图5-5 《维摩诘经》残卷尾题

---

1 《维摩诘经》简称《维摩经》，全称《维摩诘所说经》，又称《不可思议解脱经》《净名经》等，凡3卷14品，后秦鸠摩罗什译。

始兴中慧师聪信奉震旦善本观勒深就笃信三宝

经藏法兴寺　　定居元年岁在辛未上官厩户写

上述题记包含诸多值得深入探讨的问题，可以明确断言的有两点：首先这部收入《北京大学藏敦煌文献》的《维摩诘经》残卷绝非敦煌写经，其次根据卷尾题记这部《维摩诘经》残卷与日本写经及圣德太子有某种关联。下面就相关问题逐一试做解读。

（一）"始兴中"

"始兴"作为中国历史上的私年号，隋末唐初曾被使用过两次（王操师乞616年、高开道618—624年），但在日本史料中未曾出现过。笔者推测有以下几种可能性：一是系与圣德太子关系密切的日本私年号"法兴"之误书；二是日本飞鸟时期佛教界众多私年号中较为少见的一种新私年号；三是仅仅表述佛教初入日本的某个特定时期。虽然这个问题目前尚未有定论，但可以大致框定在百济僧慧聪赴日（595年，详后）这个时间段。

（二）"慧师聪"

"慧师聪"系"慧聪（一作'惠聪'）"之敬称，历史上实有其人，出身百济，是佛教初传日本时期的重要人物。《日本书纪》推古天皇三年（595）条载："五月戊午朔丁卯，高丽僧惠慈归化，则皇太子师之。……是岁，百济僧慧聪来之。此两僧弘演佛教，并为三宝之栋梁。"《日本书纪》推古天皇四年（596）条又载："法兴寺造竟，则以大臣男善德臣拜寺司。是日，惠慈、惠聪二僧始住于法兴寺。"

六七世纪交替之际，圣德太子在推古天皇支持下担任摄政，力排众议主导从百济引入佛教，慧聪作为这一时期日本佛教界之栋梁，与圣德太子关系密切。根据《维摩诘经》卷下尾题，慧聪从百济赴日时携带有"震旦善本"，应该指中国隋朝时传入百济的佛教珍本。

（三）"观勒[1]"

此处的"观勒"亦是历史上实有其人的佛教僧侣，比慧聪稍晚从百济赴日传教，对7世纪初的日本文明进程产生多方面的重大影响。《日本书纪》推古天皇十年（602）十月条载："百济僧观勒来之，仍贡历本及天文地理书并遁甲方术之书也。是时，选书生三四人，以俾学习于观勒矣。阳胡史祖玉陈习历法，大友村主高聪学天文遁甲，山背臣日并立学术方术，皆学以成业。"观勒于佛教之外，还向日本传播天文、地理、历法及道教、方术等，而且授徒有成，影响深远。

《维摩诘经》残卷题记云："慧师聪信奉震旦善本，观勒深就，笃信三宝。"按文脉解读，慧聪传来"震旦善本"，观勒则"深就"之。孟浩然《过故人庄》中有"待到重阳日，还来就菊花"之句，其中的"就"字有依据、皈依、亲近之意，此句指"深深信奉震旦善本"，意味着传抄、研习、讲赞等行为。此外，圣德太子在推古十二年（604）新颁的《宪法十七条》中，告诫臣民"笃敬三宝"，此措辞与题记中的"笃信三宝"高度相似，两者之间或有一定关联。

（四）"经藏法兴寺"

法兴寺是日本最早兴建的佛教寺院，因建在飞鸟之地，亦称作"飞

---

1 《维摩诘经》卷下尾记中的"勒"字，刘屹《北京大学图书馆、上海古籍出版社〈北京大学藏敦煌文献〉》（季羡林等主编：《敦煌吐鲁番研究》第三卷，北京大学出版社1998年版）、韩昇《北京大学图书馆藏敦煌本圣德太子写经与东亚的"佛教外交"》（《史学集刊》2001年第3期）及《再论北京大学图书馆藏圣德太子写经》（《中国历史文物》2004年第3期）均录作"勤"，笔者判定为"勒"之误字。

鸟寺"，奈良时代移建至平城京后改名"元兴寺"。综合《日本书纪》及《元兴寺伽蓝缘起并流记资财帐》等记载，崇峻天皇元年（588）百济国应苏我马子请求，派遣法师、工匠等赴日献佛舍利，是时"坏飞鸟衣缝造祖树叶之家，始作法兴寺"。推古天皇四年（596）十一月，法兴寺主体建筑竣工，高句丽僧慧慈与百济僧慧聪住持该寺。

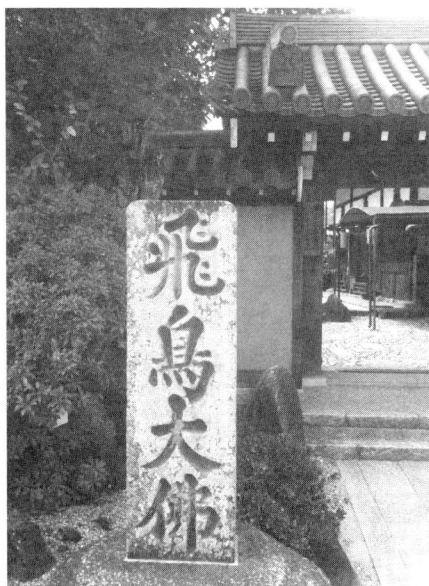

图5-6　飞鸟寺（法兴寺）旧址
（奈良县高市郡明日香村）

　　588年，百济国应请派遣的工匠中，包括寺工、画工、炉盘博士、瓦博士等，明显是为了建造法兴寺而选配的人员；百济国使团带去建造寺院至为关键的佛舍利，但未含寺院必不可缺的佛经。据《元兴寺伽蓝缘起并流记资财帐》所收《露盘铭》，崇峻天皇五年（592）十月开建法兴寺金堂、步廊，推古天皇元年（593）正月十五日安置佛舍利奠基，次日在此基础上建立佛塔。大概在此后不久经藏也告竣工，推古天皇四年（596）慧聪赴日时携带"震旦善本"并"经藏法兴寺"，当属法兴寺整体建造规划中的重要一环。

（五）"定居元年"

　　日本除了朝廷颁布的正式年号之外，佛门宗派、地方豪族等也频繁使用所谓的"私年号"，大多行用时间不长、传播区域不广。"定居"便属此类私年号之一种，其起源似乎与百济关系密切，主要在西日本一带使用。《大内谱录长门记》记载："琳圣太子……渡海来本朝，此推古天皇十九年辛未，历号定居元年。"又《大内义隆记》云："诚申由来，百济国王子琳圣太子，定居二年来迎日本周防国多多良浜住居，与国之守护所之人结缘，统领住民百姓。以武英治国，国泰民安，次第繁昌，至义隆卿为二十六代。计其年数，已九百四十年矣。"

图5-7　百济国琳圣太子供养塔
（临济宗南明山乘福寺）

　　日本战国时期，以本州岛最西端的周防国（今山口县一带）为根据地的大内氏一族，历代奉百济琳圣太子为先祖，因此使用源自琳圣太子移居日本的私年号"定居"。然而，《大内谱录长门记》《大内义隆记》皆系后世文献，900多年26代的家族传承也不尽可靠，因此琳圣太子移居日本的时间诸说不一。

（六）"辛未"

　　《维摩诘经》残卷尾题在"定居元年"之后标记出干支"辛未"，为推定具体年份提供了重要的依据。如果限定六七世纪的话，匹配"辛未"的有551年、611年、671年，"定居元年"究竟对应哪一年呢？

　　关于圣德太子"三经义疏"的撰述时间，日本史籍《上宫圣德太子传补阙记》有明确的记载，即《胜鬘经义疏》撰述于推古十七年

（609）四月八日至推古十九年（611）正月二十五日，《维摩经义疏》撰述于推古二十年（612）正月十五日至推古二十一年（613）九月十五日，《法华经义疏》撰述于推古二十二年（614）正月八日至推古二十三年（615）四月十五日。"辛未"匹配推古天皇十九年，即公元611年；根据《大内义隆记》"至义隆卿计二十六代。计其年数，已九百四十年矣"，以大内义隆（1507—1551）卒年逆推"定居元年"，也恰好是611年。

（七）"上宫厩户写"

"上宫厩户"系指圣德太子，传闻其出生于马厩，后又居于上宫，故得其名。《日本书纪》推古天皇元年（593）四月十日条载："夏四月庚午朔己卯，立厩户丰聪耳皇子为皇太子，仍录摄政，以万机悉委焉。橘丰日天皇第二子也，母皇后曰穴穗部间人皇女。皇后怀妊开胎之日，

图5-8　厩户皇子像（菊池容斋《前贤故实》）

巡行禁中，监察诸司，至于马官，乃当厩户而不劳忽产之。生而能言，有圣智。及壮，一闻十人诉，以勿失能辨，兼知未然。且习内教于高丽僧惠慈，学外典于博士觉哿，并悉达矣。父天皇爱之，令居宫南上殿，故称其名谓上宫厩户丰聪耳太子。"

题记所云"上宫厩户写"，意味着这部《维摩诘经》写经出自圣德太子之手。然而，检视传为圣德太子手笔的《法华义疏》《胜鬘经义疏》，笔迹风格迥异；比对《维摩诘经》残卷正文与题记，墨色字体也非一致。由此判断，这部被误为敦煌写经的《维摩诘经》残卷，绝非圣德太子亲笔手书。

张玉范、李明权为《北京大学藏敦煌文献》撰写的《叙录》中，提到 J.4《维摩诘经》卷下"纸背骑缝处均有'张勋伯珍藏'朱文椭圆形印"[1]。张勋伯本名张广建，他于1914年至1920年间出任甘肃都督，利用职务之便搜刮敦煌写经数百卷，其中112件藏品于1929年售卖给了日本的三井文库。这部《维摩诘经》残卷盖有"张勋伯珍藏"印章，大概是被误辨为敦煌文献的主要原因。

关于北京大学图书馆藏《维摩诘经》残卷，已有学者做过相关研究。刘屹判定为圣德太子611年写经，推测614年由遣隋使携带入中国："在圣德太子执政时，倭国第五次遣使入隋，为公元614年，即大业十年、推古二十二年。从这个时间来看，也不排除611年圣德太子写的佛经，由倭使于614年带入隋都的可能性。果真如此，这件原藏于日本法兴寺的七世纪初写本如何流入中国，如何流入敦煌，将是大有兴味的问题。"[2]

1　北京大学图书馆、上海古籍出版社编：《北京大学藏敦煌文献·叙录》，上海古籍出版社1995年版，第35页。

2　刘屹：《北京大学图书馆、上海古籍出版社〈北京大学藏敦煌文献〉》，季羡林等主编：《敦煌吐鲁番研究》第三卷，北京大学出版社1998年版，第379—380页。

韩昇一度判定为后世日本僧人或寺院写经生制作，排除中国人伪造的可能性："此件文书的制作者对圣德太子的历史事迹相当熟悉，且能正确使用寺院的私年号，最大可能为与日本古寺有深厚关系者，或为僧人，或为寺院写经生，但不会是中国人。"[1] 其后在重新调查基础上，修正了原有的观点，认为是近代中国人利用敦煌写经添加入题记与印章造伪而成："北京大学图书馆藏 J.4 号文书，应是一件唐代前期的敦煌写经，档次不高，故于张广建倒台到其收藏品卖给日本期间，先被挑了出来，作为古董售卖。为了商业利益，有人在写经最后一纸加入题记和印章，这是一件利用真文书造的伪，为我们深入认识敦煌文书的复杂性，提供了很好的例证。"[2]

上述两位学者的先行研究，可谓各有千秋、颇富知见，但笔者对他们得出的结论并不完全认同。

圣德太子担任摄政期间，大力推进从朝鲜半岛乃至中国大陆引入佛教的国策，招聘法师、建造寺院初见成效后，重点移向充实寺院经藏，继而写经、读经、讲经、注疏诸事业次第推进。日本朝廷一方面邀请慧聪等法师携带"震旦善本"来日，另一方面派遣使者赴中国求取佛经，如《经籍后传记》所云："以小治田朝（今按推古天皇）十二年岁次甲子正月正朔，始用历日。是时，国家书籍未多，爰遣小野臣因高于隋国买求书籍，兼聘隋天子。"《延历僧录》（上宫皇太子菩萨传）及《宋史》（日本传）所传小野妹子入隋求取《法华经》亦反映同样的史事。

佛经从中国或经由朝鲜半岛传入日本后，被奉为"震旦善本"而归藏佛阁或皇家，然而通过写经而开枝散叶；圣德太子在朝鲜半岛僧侣指导下研读佛经，会通之后开坛讲经，最后心得感悟汇总为"三经义

---

1 韩昇：《北京大学图书馆藏敦煌本圣德太子写经与东亚的"佛教外交"》，《史学集刊》2001 年第 3 期。

2 韩昇：《再论北京大学图书馆藏圣德太子写经》，《中国历史文物》2004 年第 3 期。

疏", 整个过程环环紧扣, 反映出佛教初传日本时期的氛围。

至于"三经义疏"中的《维摩经义疏》,《上宫圣德太子传补阙记》记载圣德太子撰著的时间流程:"三十九壬申年正月十五日始制《维摩经疏》, 四十癸酉年九月十五日了。"此处"壬申"当推古二十年(612),"癸酉"值推古二十一年(613), 即撰写《维摩经义疏》历时1年9个月。

从推古三年(595)百济僧慧聪携带"震旦善本"而至, 推古十年(602)观勒"深就"之, 推古十二年(604)圣德太子遣使赴隋购求书籍, 推古十四年(606)开坛讲赞《胜鬘经》与《法华经》, 推古十七年(609)开始撰写《胜鬘经义疏》, 推古二十年(612)撰写《维摩经义疏》, 推古二十二年(614)撰写《法华义疏》。以上可见, 求取佛经、开坛讲赞、制作注疏的环节均有充实的史料印证, 唯独写经这一环节缺乏史料支撑, 而北京大学藏《维摩诘经》残卷题记恰好弥补这个空白, 亦即圣德太子在撰著《维摩经义疏》(612)的前一年——题记所云"定居元年(611)", 抄写慧聪携带而来、观勒"深就"研习、法兴寺珍藏的"震旦善本", 应该是顺理成章的。

由于从奈良时代开始, 中日两国均流传中国高僧慧思转生为圣德太子的信仰, 遣唐使抄录"三经义疏"携带入唐, 争取入藏国清寺等祖庭经藏, 在中日书籍之路上形成一道独特的风景线。据唐僧明空《胜鬘经疏义私钞》及传为圣德太子亲笔的《法华义疏》《胜鬘经义疏》, 卷首均有"此是大委国上宫王私集非海彼本"题记, 北京大学藏《维摩诘经》残卷题记与此有异曲同工之妙, 推测是后世的日本僧人抄录圣德太子写经携带入华, 堪称中日书籍交流的一则美谈佳话。

四

从《胜鬘经》到《胜鬘经义疏》

《胜鬘经》凡15章，叙述阿踰阇国友称王之妃胜鬘[1]夫人，受其父波斯匿王、母末利夫人熏陶而皈依佛门，并得佛之授记而宣说大乘佛法，此即《胜鬘经》之由来。

此经传入中土，先后共有三译。最早的北凉昙无谶译本《胜鬘经》[2]散佚已久，唐代智升《开元释教录》即已列为阙本；最晚的唐代菩提流志译本《胜鬘夫人会》[3]编入《大宝积经》第四十八会，留存至今。

然而，介乎两者之间的刘宋朝求那跋陀罗译本《胜鬘师子吼一乘大方便方广经》[4]（略称《胜鬘经》）弘传最广。此译本甫出，因文字简要、传义精当，甚得当时好评。刘宋时竺道猷即反复披寻，撰《胜鬘经注解》5卷释之；此后自南北朝至隋唐，各种注疏层出不穷，惜乎散佚者泰半、传世者仅少。

此译本除了在中土传承，同时也流播到域外。隋末日本圣德太子的《胜鬘经义疏》，唐代新罗学僧元晓的《胜鬘经疏》，均据刘宋译本注疏，说明其影响波及整个东亚，在书籍之路上演绎出诸多佳话。

1　"胜鬘"之词义，据吉藏《胜鬘宝窟》卷上，一说为"胜鬘父母，借彼世间殊胜之鬘以美其女，故号胜鬘也"（《大正新修大藏经》37册，第2b页）。

2　此本由昙无谶在玄始年间（412—428）译成，隋代费长房《历代三宝纪》著录。

3　此本系唐代菩提流志于神龙二年（706）到先天二年（713）间译成，编入《大宝积经》第四十八会，今存。

4　此经异称甚多，一般以《胜鬘经》之名流通，又略作《师子吼经》《胜鬘师子吼经》《师子吼方广经》《胜鬘大方便方广经》等，收录于《大正新修大藏经》第十二册。

《胜鬘经》三译

［北凉］昙无谶译《胜鬘经》

［刘宋］求那跋陀罗译《胜鬘师子吼一乘大方便方广经》

└─► ［日］圣德太子《胜鬘经义疏》

└─► ［唐］明空《胜鬘经疏义私钞》

［唐］菩提流志译《胜鬘夫人会》

如上图所示，圣德太子担任摄政的六七世纪之交，已有昙无谶、求那跋陀罗两种译本的《胜鬘经》传世，但《胜鬘经》究竟何时传入日本，东亚各国的史料均无明确记载。《日本书纪》钦明天皇壬申年（552）十月条所载百济圣明王向倭国献"释迦佛金铜像一躯、幡盖若干、经论若干卷"，其中"经论若干卷"已失其名，无法考定是否包含《胜鬘经》在内，但《胜鬘经》肯定是早期从朝鲜半岛传入日本的佛经之一，其证据是日本皇室历史上最早的讲经事业，肇始于《胜鬘经》讲赞。

《日本书纪》推古十四年（606）七月条载："天皇请皇太子令讲《胜鬘经》。"同年续讲《法华经》，天皇赏赐甚渥云云。圣德太子讲经的事迹，亦见于《上宫圣德法王帝说》《法隆寺伽蓝缘起并流记资财帐》《延历僧录·上宫皇太子菩萨传》等同时代文献，细节虽各有出入，但内容足可互为印证[1]。

日本历史上首次讲经法会，在佛教东传史上具有划时代意义。以此为标志，日本的知识精英不再拘泥于佛像威仪等表象，开始触及佛教负载的知识体系及其内在的思想理路。讲经之后的制疏，则进一步深化了

---

1 《上宫圣德法王帝说》将讲赞《胜鬘经》事系于推古六年（598）四月十五日条，或有所据，值得关注。

对佛理的探究。

圣德太子讲赞的佛经，《法隆寺伽蓝缘起并流记资财帐》作"《法华》《胜鬘》等经"。此处一个"等"字，说明未必限于《胜鬘经》与《法华经》，如将讲经与制疏联动考虑，则《维摩经》也可列为候补。

后世的文献记载及图像数据显示，圣德太子讲赞《胜鬘经》时手执"麈尾"，且有遣隋使、朝鲜半岛高僧等陪坐[1]，颇有萧梁帝王玄风佛教之遗范。考虑到南朝与百济交往密迩，起自南朝、中经百济、达于日本的"海上书路"跃然而出，而从《胜鬘经》到《胜鬘经义疏》更是印证了这条书籍之路的存在。

关于包括《胜鬘经义疏》在内的"三经义疏"，学术界尚有诸多问题存在争议。比如，作者有中国僧撰、朝鲜僧撰、渡来僧撰、圣德太子撰诸说；再如小野妹子"南岳取经"之说，存疑学者不在少数。

关于第一个问题，笔者认为井上光贞的看法比较公允，即"上宫疏"未必意味圣德太子个人独著，而是圣德太子组织身边的朝鲜半岛乃至中国大陆的知识人士集体编撰而成[2]。前些年，驹泽大学的石井公成教授利用电子数据库检索比对"三经义疏"的词汇修辞特点，发现被动、使役、否定、愿望、接续、敬语等用例带有"倭习"，这些特殊用法多为三书并见，间或出现在其他日本文献及新罗文献，但基本上不见于中国文献。这项实证性研究的成果，在很大程度上可以终结有关撰者的争论，即三疏"为相同作者群或同一学派所创作的作品群，绝不会出

---

1 描绘太子讲赞《胜鬘经》情景的绘画群，统称"圣德太子《胜鬘经》讲赞图"，盛行于镰仓时代，图中圣德太子多执麈尾讲经。
2 ［日］井上光贞：《三経義疏成立の研究》，坂本太郎博士古稀记念会编：《續日本古代史論集》，吉川弘文馆1972年版。

自中国人之手"[1]。

关于第二个问题，唐人思托《延历僧录·上宫皇太子菩萨传》载："次发使往南岳，取先世持诵《法华》七卷一部。一部一卷成小书，沈香函盛。经至，即作《疏》四卷释经，又作《维摩注疏》三卷、《胜鬘经疏》一卷。"佛教文献中流传的"南岳取经说"，不排除带有后世信徒敷衍的成分，但笔者近来重视平安时代史籍《经籍后传记》的记载："以小治田朝（今按推古天皇）十二年岁次甲子正月朔，始用历日。是时，国家书籍未多，爰遣小野臣因高于隋国买求书籍，兼聘隋天子。"[2]事在推古十二年（604），一句"是时，国家书籍未多"显示出遣使求书的紧迫性，似乎与圣德太子的讲经制疏有关，恰好与佛教文献的"南岳取经说"互为印证。

"三经义疏"在撰述过程中，参考了大陆和半岛的佛学成果，而尤以南朝梁的三大法师为圭臬。概而言之，《胜鬘经义疏》祖述庄严寺僧旻的学说，《维摩经义疏》依据僧肇的《注维摩诘经》，《法华义疏》参酌光宅寺法云的《法华义记》。由此判断，《胜鬘经义疏》继承了中国南朝的佛学传统，是佛书从南朝经百济流入日本过程中结出的硕果。

---

1 ［日］石井公成：《三経義疏の語法》，《印度学仏教学研究》57卷第1号，2008年12月。论文结论如下："三经义疏的共同点在于包含不规范的汉语表述、使用极为相近的修辞……这些语言特征与《日本书纪》中被断为'倭习'的特殊语法及唯见于日本与新罗文献的修辞相合。此外，三经义疏的科文用词，皆依据法云的《法华义记》。由此推断，三经义疏为相同作者群或同一学派所创作的作品群，绝不会出自中国人之手。"

2 引文据［日］田中健夫编：《善隣国宝記·新訂続善隣国宝記》，集英社1995年版。

五

《胜鬘经义疏》之西传

前文论及《法华义疏》流播东
亚的诸种传说，虽然这些都不能直
接视为信史，但传说中往往也潜藏
着史实的踪影。现存《法华义疏》
稿本4卷，内题"此是大委国上宫
王私集非海彼本"。长沼贤海认为奈
良时代此书送入唐朝，为了简别于
中土典籍，特意标明作者国籍，此
后这一撰号又移记于稿本[1]。

上述推测是比较合理的，因为
不仅《法华义疏》稿本有此撰号，
今本《胜鬘经义疏》卷首亦有同样
的撰号。值得庆幸的是，到了8世

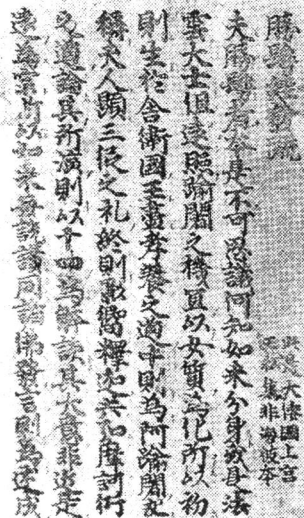

图5-9 《胜鬘经义疏》刻本

纪后期，入唐僧携"上宫疏"西渡已见诸可靠的文献载籍，使我们对这
个问题的讨论可以进入实证考察的阶段。

唐大历七年（772），入唐僧诚明（一作"戒明"）、得清（一作
"德清"）等8人渡海至扬州，以《胜鬘经义疏》1卷、《法华义疏》4卷
献呈龙兴寺大德灵佑，事见唐僧明空撰《胜鬘经疏义私钞》开题，兹录
全文如下：

> 此经前后两译，一云《胜鬘经》，亦云《胜鬘师子吼一乘大方

---

1 ［日］长沼贤海：《聖德太子論考》，平乐书店1971年版，第170页。

便经》，此是晋安帝世三藏法师昙摩译。注云《胜鬘师子吼一乘大方便方广经》，此是宋元嘉年求那跋陀罗于扬都译，并出刊定录。今上宫王疏所释，即是后译经，有二十一纸。

其《疏》，唐大历七年日本国僧使诚明、得清等八人，兼《法华疏》四卷将来扬州，与龙兴寺大律阇梨灵佑。其上宫王，是安南都护晁衡始也。相传云，是梁南岳高僧思大禅师后身。禅师先造得《金字大品法华》，宝函盛之，于般若台上石窟，无人知之。上宫王为国王，令五使来取，岳山具有取金经宝函时节，此安置金经石窟见在。

《疏》注云"非海彼本"者，或是疏主注，或是别人注，存二意好。即指此国及新罗国，日本国指此二土，俱名为"彼"也。以新罗国有晓法师《胜鬘疏》，此间上代亦有此经疏一卷十余纸，不题人名，为简异此二土疏，故云"非海彼本"也。

从唐僧明空的开题中可以得知，8世纪后期《胜鬘经》的各种注疏本流行于世，不仅有中国疏本，还有新罗疏本，再加上日本疏本，确实容易混淆，因此才有必要注明作者国籍。

自《胜鬘经》求那跋陀罗译本问世以来，在时间传承过程中，在中国各个朝代衍生多种注疏本；在空间流播过程中，派生出新罗元晓的《胜鬘经疏》、日本圣德太子的《胜鬘经义疏》等。进而，文化从单向传播到双向交流直至东亚环流，带着中国南朝佛教血脉、融入朝鲜半岛高僧智慧的《胜鬘经义疏》，经遣唐使之手从日本回传至中国，把《胜鬘经》在东亚的传播推向一个新的高潮[1]。

---

1 如《望月佛教大辞典》评述《胜鬘经疏义私钞》系"唐人对邦人（按：指日本人）书籍之注释，可谓史无前例"。

明空与《胜鬘经疏义私钞》

在《胜鬘经》传播史上，圣德太子的《胜鬘经义疏》广受关注，而明空的《胜鬘经疏义私钞》却备受冷落。20余年前，笔者开始查阅《胜鬘经疏义私钞》各类传本时，中日两国尚无一篇专题论文。究其原因，此书在中国散佚已久，知之者甚少；在日本则因"明空"其人来历不详，学者望而却步。

《胜鬘经疏义私钞》作为唐代佚存之书，有待廓清的问题甚多，下面仅就钞主"明空"略作考证。

关于明空其人，除了《胜鬘经疏义私钞》卷首自署"惟扬法云寺僧"及卷尾圆珍跋记所云"天台六祖妙乐弟子"，别无其他更多信息。金山正好为大日本佛教全书本《胜鬘经疏义私钞》写题解时，感叹除此之外"一无所知"。圆珍为《胜鬘经疏义私钞》撰写的跋文如下：

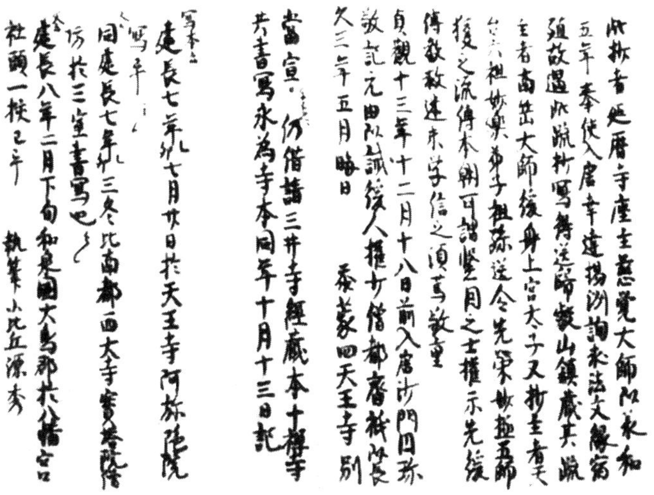

图5-10 《胜鬘经疏义私钞》跋文（日本西教寺正教藏写本）

此钞者，延历寺座主慈觉大师，以承和五年奉使大唐，幸达扬州，询求法文。缘宿殖，故遇此疏钞，写得送归叡山镇藏。其疏主者，南岳大师后身上宫太子。又钞主者，天台六祖妙乐弟子。祖孙道合，光荣妙极。吾师获之，流传本朝，可谓系固之士。权示先后，传教救迷。末学信之，须笃敬重。

贞观十三年十二月十八日

前入唐沙门圆珍敬记

圆珍所言"天台六祖妙乐弟子"之提法，学者存疑已久。如岛地大等指出："检视《胜鬘经疏义私钞》之内容，未能发现只言片语引用天台法义之痕迹，因此吾人不能辄信圆珍所言六祖门下有明空其人，事实之真伪尚待进一步细查。"[1]中里贞隆虽然也称"六祖门下之明空者，今除后记之文（按：圆珍跋文），遍览诸种僧传及相关著述均一无所获"，但据《胜鬘经疏义私钞》的架构与天台大师智𫖮的《法华文句》一致、行文之中也频用天台释义，最后得出"从钞的内容观之，当属天台系统，但无法断言是六祖直系"之结论[2]。

最近，吉田慈顺在前人基础上又有进展，他通过比对《胜鬘经疏义私钞》与天台宗章疏文本之异同，发现明空制钞时依用了《摩诃止观》《法界次第初门》《维摩经略疏》《大涅盘经疏》《止观辅行传弘决》等天台章疏，不仅证明岛地大等的论断无据，而且证实明空熟悉湛然的著作，如《维摩经略疏》是湛然对智𫖮《维摩经文疏》的删略，明空引文

1　[日]岛地大等：《天台教学史》，明治书院1929年版，第147页。

2　[日]中里贞隆：《荆溪湛然の門下と其の著書》，《新山家学报》第9号，1934年9月，第38页。

多与《维摩经略疏》合，而不从《维摩经文疏》引用[1]。吉田慈顺的成果，在某种程度上补强了明空与湛然的关系。

笔者在这方面的贡献微乎其微，勉强可以算上的是以下两点。

（一）明空与灵佑的关系

灵佑生平不详，除知大历七年（772）住扬州龙兴寺外，据《胜鬘经疏义私钞》，知为律宗高僧。入唐僧圆仁于开成四年（839）正月三日参拜扬州龙兴寺，其《入唐求法巡礼行记》记"普贤堂"云：

> 琉璃殿东有普贤回风之堂。昔有火起，尽烧彼寺。烧至法华院，有诵经师灵佑，于此普贤堂内诵《法华经》，忽然大风起自院内，吹却其火，不烧彼堂。时人因号"普贤回风之堂"。

此处的"诵经师灵佑"与《胜鬘经疏义私钞》所言"大律阇梨灵佑"，均住扬州龙兴寺，疑为同一人。

淡海三船所著《唐大和上东征传》（779），举出鉴真弟子中"超群拔萃，世之师范者"35人，"洛州福先寺僧灵佑"赫然在列。灵佑早年从洛阳大福先寺定宾学律，后住锡扬州龙兴寺入法慎门下，《宋高僧传》卷十四《唐扬州龙兴寺法慎传》，所列上首弟子13人中，灵佑名列其间。在法慎的门弟中，灵佑与灵一、昙一最为友善，而天台六祖湛然便出自昙一门下。

由此推断，灵佑得到《胜鬘经义疏》之时，也听闻了疏主乃"南岳高僧思大禅师后身"之传说，思量在奉慧思为祖师的天台宗流布此书，遂通过同门好友昙一传至湛然，由湛然交给弟子明空，当也顺理成章。

1　［日］吉田慈顺：《〈勝鬘経疏義私鈔〉の研究——思想背景の検討を中心に》，《龍谷大学仏教学研究室年報》第17号，2013年2月。

（二）明空与行满的关系

在追踪灵佑的人脉关系时，明空与湛然的接点隐约浮现，但还不能确定。前述日本学者中里贞隆推测："或许在六祖寂后七十余年入唐的大师，从明空事迹尚在流传的当地人口中，获得如此信息，以此为据记载下来。这种想象倘若合理的话，那明空也可列为湛然之门徒之一。"[1]

《宋高僧传》卷六《唐台州国清寺湛然传》说"受业身通者三十有九僧"，其中包括行满。然查同书行满传记，却是错漏百出，如题名"大宋天台山智者禅院行满传"，即将唐僧误为宋人；又如师承，说"闻重湖间禅道隆盛，石霜之门济济多士，遂往求解"，任林豪已经指出其误。据行满亲授最澄之《行满和上印信》，自述师承明晰："大历年中，得值荆溪先师，传灯训物。不揆暗拙，忝陪末席；荏苒之间，已经数载。再于妙乐，听闻涅盘。"

湛然于建中三年（782）二月五日"示疾佛陇道场"（《宋高僧传》），贞元二十年（804）行满在佛陇邂逅最澄时"洒宪坟，修持院宇，经今二十余祀"，证明行满与湛然的师徒关系非比寻常。

湛然的弟子们似乎对日本怀抱特殊感情，最澄入唐时拜谒的道邃、行满均为湛然弟子，如果明空确为湛然弟子，那么与道邃、行满属于同门同辈，他们之间应该有一定的交流，甚至留下某些证据。

1996年6月16日，笔者与日本天台宗典编纂所的野本觉成在上海会合，经宁波而往临海，开始"浙江省史迹之旅"。19日参观行满向最澄"倾以法财，舍以法宝"之地佛陇，接着到真觉寺参拜智者塔院。寺内有一座唐碑，系行满建于元和六年（811），高2.3米，宽1.1米，额篆

1 ［日］中里贞隆：《荆溪湛然の門下と其の著書》，《新山家学報》第9号，1934年9月，第39页。

"修禅道场碑铭"6字，首题
"台州隋故智者大师修禅道场碑
铭并序，右补阙翰林学士梁肃
撰，朝散大夫台州刺史上柱国
高平徐放书"。

此碑闻名遐迩，内容早为
学界熟知，附近商铺甚至有拓
本出售。然而，拓本只有碑铭
正面，背面是否还有文字？结
果不出所料，碑的背面写满助
缘者姓名，左右两侧同样如
此。当我转到左侧查看时，一
行文字跳入眼帘，整个人似受
电击般僵立不动。与我视线大
致平行之处，刻着"□扬法云
寺僧明空"8个字（首字漫漶，残笔似"维"）。

图5-11　《修禅道场碑铭》（浙江天台山）

行满发起的建碑善举，明空出现在助缘者名单中，为两人关系再增
一佐证；倘若行满与明空具有密切关系，那么明空出自湛然门下的概率
也随着变大。总之，明空与《胜鬘经义疏》邂逅，当与鉴真僧团的思
托、灵佑有关；而最澄与道邃、行满的交往，或许有明空之前的铺垫。

七
《胜鬘经疏义私钞》之传本

《胜鬘经疏义私钞》成书半个多世纪后，圆仁于开成三年（838）入唐求法，其间在扬州得书128部、五台山得书34部、长安得书423部，合计585部802卷，其中包括《胜鬘经疏义私钞》。

笔者在参与演绎《胜鬘经》东亚传播史剧中，用力最勤的是对《胜鬘经疏义私钞》的文献整理，纠正不少学术界已成定论的错误观点。比如说，安藤更生认为圆仁在扬州抄得此书，但在《入唐新求圣教目录》注明"扬州请来"的128部书籍中未见其名。

圆仁一行于开成三年（838）七月登岸，翌月初即开始在扬州抄经，一直持续到第二年（839）三月遣唐使离开扬州。此后圆仁独自滞留唐土，开成五年（840）三月获准巡礼五台山，在五台山结夏安居期间，求得"天台教迹及诸章疏传三十四部"，其中有"《胜鬘经疏义和钞》一卷《杂偈法云寺明空述释上宫疏》"。

据此不仅可以确定抄写地点在五台山而非扬州，而且能框定抄写时间在开成五年四月至七月之间，而非开成三年八月至翌年三月期间。

在此我们还发现一个问题：日本学者多认为《胜鬘经疏义私钞》为"六卷"，而《入唐新求圣教目录》著录为"一卷"，究竟孰是孰非？

据笔者调查，目前《胜鬘经疏义私钞》各类传本共有6种，内中排印本、刻本、写本各2种，下面顺次作一简介。

（一）《大日本佛教全书》本《胜鬘经疏义私钞》6卷

大正三年（1914）活字本，收入《经疏部》七–7。卷头题"胜鬘经疏义私钞卷一/惟扬法云寺僧明空撰"，第六卷后附载圆珍跋、叡尊跋，最后有"贞享三丙寅年仲春日井上治右卫门版刻"刊记。

贞享三年（1686）当丙寅年，书肆井上治右卫门传记不详，《大日本佛教全书》用作底本的贞享三年井上治右卫门刻本，现归藏于比叡山求法寺南溪藏，下面还会涉及。

（二）《大日本续藏经》（卐藏）本《胜鬘经疏义私钞》6卷

大正元年（1912）活字本，收入第一辑第三十套第四册（《新纂大日本续藏经》收入第十九卷）。卷首除了新增目次之外，先题钞名"胜鬘经疏义私钞卷之一"与撰号"惟扬法云寺僧明空述"，次题疏名"胜鬘经义疏"与撰号"此是大倭国上宫王私集非海彼本"，明空的开题之后，再题经名"胜鬘狮子吼一乘大方便方广经"与译者名"求那跋陀罗译"。卷末无刊记，底本出处不明。

本文体裁上段揭经文，降一字举疏文，再平行列钞文，凡疏文、钞文之前以"疏"或"钞"字标示，与《大日本佛教全书》本风格大异；第六卷后附的跋文，叡尊跋在前、圆珍跋在后，也与《大日本佛教全书》本次序颠倒。

（三）龙谷大学藏本《胜鬘经疏义合注》6册6卷

《国书总目录》列出的刊年不明的《胜鬘经疏义私钞》刻本，有京都大学藏本与龙谷大学藏本。经实地调查，龙谷大学图书馆藏书卡片有《胜鬘经疏义私钞》，但实无其书；书库中有《胜鬘经疏义合注》，而图书卡片未予著录。

和式大型6册本，外题"胜鬘经疏义合注"，内题"胜鬘经疏义私钞卷之一"，正式书名当作《胜鬘经疏义合

图5-12 《胜鬘经疏义合注》
（龙谷大学图书馆）

注》。钞名、钞主、疏名、疏主、开题、经名、译主的排序，经文、疏文、钞文的体裁，叡尊跋、圆珍跋之先后，均与《大日本续藏经》相合，猜测有可能是《大日本续藏经》本之底本。

此刻本《国书总目录》断为"刊年不明"，但第六卷尾叶左下端有刊刻者之名"柳田六左卫门、梅村弥右卫门"，据元禄九年（1696）刊

《增益书籍目录大全》、元禄五年（1692）刊《广益书籍目录》等，推定刊年在两者之间。

（四）比叡山求法寺南溪藏本《倭汉合注胜鬘经疏义私抄》2册6卷

《国书总目录》辑录贞享三年（1686）刊刻的吉祥院南溪藏本，1992年笔者到比叡山探查吉祥院，意外发现该处并无南溪藏。据叡山学院武觉超教授指点，南溪藏几经聚散离合，目前贞享三年明空钞庋藏在他所在的求法院云云。

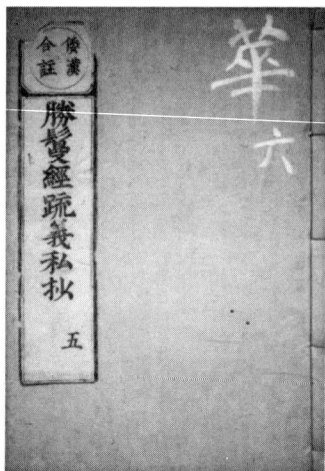

图5-13 《倭汉合注胜鬘经疏义私抄》（比叡山求法寺）

数天后再访比叡山，武觉超先生出秘籍供阅览。该书为大型和装2册本，每册收3卷。外题上栏双行4字"倭汉合注"，下栏为"胜鬘经疏义私抄"；内题"胜鬘经疏义私钞/惟扬法云寺僧明空述"，其后依次题疏名、疏主、开题、经名、译主。本文上段大字载经文，降一字载疏文，然后小字载抄文。卷末圆珍跋在前、叡尊跋在后，刊记为"贞享三丙寅年仲春日井上治右卫门版刻"。

如上所述，从题名、卷次、行款、题跋、刊记等综合判断，目前流行的两种活字本均以江户时代的刻本为底本，即《大日本佛教全书》本依据贞享三年井上治右卫门刻本（比叡山求法寺南溪藏本），但砍去书名中"倭汉合注"4字，且将著述形态从"述"擅改为"撰"；《大日本续藏经》本依据元禄年间柳田六左卫门等刻本（龙谷大学藏本），但书名取内题"胜鬘经疏义私钞"而舍外题"胜鬘经疏义合注"。

八

《胜鬘经疏义私钞》之写本

江户时代的两种刻本俱成6卷，钞本之前加入经文与疏文，故称"合注"，已非《胜鬘经疏义私钞》原貌。据《国书总目录》记载，《胜鬘经疏义私钞》尚有两种写本传世，其情形又如何呢？

（五）大谷大学藏本多佑钧写本《胜鬘经疏义私钞》1册6卷

《国书总目录》辑录"大谷、西教寺正教藏"两种写本。"大谷"系"大谷大学"之略，《佛书解说大辞典》著录"写本（谷大、余大·一七〇三）"亦指同一写本[1]。

笔者对此钞本期待甚高，但调查的结果乃系明治年间新写，不免令人失望。从行款、题跋、刊记判断，该书以元禄年间柳田六左卫门等刻本（龙谷大学藏本）为底本无疑。卷末叡尊跋、圆珍跋之后，另有本多佑护跋记：

原本

明治时期年安居九旬奉

命讲本经于法隆寺男佑钧侍座焉

使写此书矣

本多佑护

大意是明治十七年（1884）本多佑护夏安居期间，奉命在法隆寺释讲《胜鬘经疏义私钞》，其时嘱咐儿子本多佑钧抄写此书。

1　现存本封面右上端贴纸有书籍编号"记：内余大　号：1703　册：1"。

（六）西教寺正教藏舜兴写本《胜鬘经疏义私抄》1册1卷[1]

此写本《国书总目录》著录为"西教寺正教藏（明历二舜兴写一册）"，《佛书解说大辞典》则未予著录。

为查阅此书，笔者于1991年11月、1994年10月，两登比叡山，再访西教寺，终于如愿以偿。外题作"胜鬘经疏义私抄"，内题"胜鬘经疏义私抄惟扬法云寺僧明空述"，开题与本文连成一体，其间及前后无刻本所见的疏名、疏主、经名、译主等。本文系同一字体抄写，文首无"经""疏""抄"之类标识。

全书和式册装，共70叶，卷尾题"胜鬘经疏义私抄一卷"。引人注目的是，最后两叶附有9则跋记，除刻本、活字本所见的圆珍跋、叡尊跋之外，其余7则不见诸本，堪称珍贵资料。

图5-14　《胜鬘经疏义私抄》卷尾（日本西教寺正教藏写本）

综合9则跋记，圆仁于唐开成五年（840）夏季在五台山抄得此本，日本贞观十三年（871）圆珍撰写跋文时收藏在三井寺，长久三年

1　该写本"钞"皆作"抄"。

（1042）四天王寺权少僧都斋祇抄写之后流出秘阁。进入中世，从建长七年（1255）到延元五年（1340）经数度传抄与校订，至江户时代前期的明历二年（1656）观音寺舜兴参酌诸本缮写一本，即为今日西教寺正教藏本。

综上所述，圆仁在唐传写之本，据《入唐新求圣教目录》为"一卷"，《东域传灯目录》《释教诸师制作目录》《诸宗章疏录》等也均著录为"一卷"，西教寺正教藏舜兴写本为现存诸本中唯一的"一卷"本，因此最接近原貌。

江户时代随着圣德太子信仰的庶民化，被视为"日域面目"之书的《胜鬘经疏义私钞》受到重视，书贾们抓住这一时机，按照当时的阅读习惯及社会需求，在明空钞中插入圣德太子的《胜鬘经义疏》及求那跋陀罗译《胜鬘经》，将卷次从"一卷"扩充为"六卷"，创造一个"倭汉合注"的新本，在《胜鬘经》东亚传播史上再添佳话。

在古代东亚诸国，汉译佛教得以跨越时空而广泛流播，一方面得益于汉字克服语言的障碍，成为授受文化的通用媒体；另一方面依赖僧侣往来海途，促进了书籍的流通。

圣德太子撰著的"三经义疏"，可以说是"书籍之路"在日本结出的第一批硕果。《日本书纪》记圣德太子学问师承："习内教于高丽僧惠慈，学外典于博士觉哿，并悉达矣。"不仅如此，他在制疏时征引的中国南朝诸师的著作，大多通过朝鲜半岛传入日本，证明六七世纪之交，中国南部与朝鲜半岛的书籍通道，已经延伸到了日本列岛。这条间接的通道，经过圣德太子遣使入隋，直接通往中国，从而加快了书籍东传的流速。

书籍作为一种文化生命体，具有强烈的遗传和适应的再生本能。南朝诸师的章疏经朝鲜传入日本，并不仅仅是一种空间地理上的移动，经过圣德太子的咀嚼消化，衍生出"三经义疏"；《胜鬘经义疏》由入唐僧传入中国后，经唐僧明空的研读注释，又派生出《胜鬘经疏义私钞》。如果我们把《胜鬘经》注疏的相关著作画成一幅树形图，那将是一棵根深叶茂的巨树，每一部注疏既继承东亚佛学的传统，又具有鲜明的时代特点和地方色彩，而这一切通过书籍之路统合成有机的生命整体。

中日书籍之路的开通和拓展，很大程度上应当归功于两国的僧侣。在前近代以前，尤其是隋唐时代，道璇、鉴真携书赴日弘法，却无儒士敢冒鲸波之险东渡；日本的情况亦然，僧侣为入唐求法不惜生命，儒士则屡屡辞拒使臣之职。因而，携带书籍归国者主要是入唐僧，玄昉携归5000余卷经疏，大抵相当于唐代《开元藏》的全部，另有所谓"入唐八家"的携归书目存世，总数以千计，足窥僧侣对书籍传播作出的贡献。

我们所说的"书籍之路"并不是单向通道，在中国书籍流播周邻诸国的同时，朝鲜及日本的汉文书籍也有传入中国的，而在逆向输出书籍中扮演主角的也主要是僧侣。以"三经义疏"为例，协助圣德太子制疏的惠慈，回国时将《法华义疏》带到高句丽；诚明（戒明）和得清（德清）把《法华义疏》《胜鬘经义疏》传入中国，同时将《释摩诃衍论》《大毗庐遮那成道经义释》等携归日本；开成三年（838）入唐的圆载，将《法华义疏》施入天台山国清寺，事见天台僧维鹝递呈台州刺史的《维鹝牒状》。

从"三经义疏"的成书经纬及流播海外的过程，似乎可以得出这样的结论：东亚诸国的汉文书籍，大多是在相互影响的过程中诞生的，离开文化交流来探讨某部书籍的意义和价值，不免有视野偏窄之嫌；书籍之路既是文化输出之路，又是文化引进之路；因而，书籍作为文化载体的完整意义，不仅在于继承和吸收了什么，还在于输出和再生了什么。

第六章
唐历在东亚的传播

当人类从蒙昧状态迈入文明门槛，开始经营农耕、畜牧、养殖等复制大自然的新生活方式，迫切需要探求天地间的奥秘、寻求与大自然的和谐关系，天文历法便是人类上下求索数千年的智慧结晶、弥足珍贵的精神财富。

世界古代文明的中心地，如东亚黄河长江流域的古中国文明、非洲尼罗河流域的古埃及文明、西亚两河流域的古巴比伦文明、欧洲爱琴海诸岛的古希腊文明、南亚印度河流域的古印度文明，均创造出令人惊异的天文历法，是一种高度成熟文明的重要标志。

中国历法起源甚早且别具一格，在世界文明史上绽放异彩。作为中国传统文化的重要组成部分，中国历法在东亚的传播，具有多重涵义及复合影响。然而，学术界过于注重其科学技术的层面，较少论及其政治和文化涵义。事实上，在近代以前，东亚诸国基本袭用中国的历法，不仅把历法作为先进的天文知识加以摄取，而且作为"尊奉正朔"的标志以寻求文化认同。

基于上述观点，本章在追踪唐历传播日本的过程中，将百济、新罗、渤海纳入视野，以东亚文化联动为背景探讨中国历法对日本政治及文化的影响。同时，在汲取先人研究成果的基础上，重点讨论下列几个问题：

第一，中国历法最初传入日本的时间及途径。百济的历博士王保孙于公元554年赴日传授历法，百济僧观勒于公元602年将历本并历法传授给玉陈，其时百济使用南朝梁的《元嘉历》，可知南朝系统的历法在7世纪前传入日本。

第二，日本始用中国历法有公元604年、公元609年两说，前者推测使用观勒带来的《元嘉历》，后者则是《元嘉历》和《仪凤历》并行。笔者以为，公元604年使用的是传自百济的舶来历本，公元609年则是根据中国历经自造的历本。

第三，《仪凤历》之谜。日本沿用了73年的《仪凤历》，学界普遍认为是《麟德历》的别称，但在中国和朝鲜的文献中找不出证据。根据《日本国见在书目录》"《麟德历》八，《仪凤历》三"的记载，可知两者卷次不同，推测中国历史上存在过三卷本的《仪凤历》。

一

日本近代的"改历"风波

日本明治维新后，经历"欧风美雨"的洗礼，从典章制度到风俗习惯，逐渐"脱亚入欧"，人文景观发生嬗变。面对传统的东亚文化圈趋于分崩瓦解，中国的士大夫受到巨大的精神冲击。

清光绪三年（1877），黄遵宪随首任驻日公使何如璋赴日，目睹了明治维新后的日本"上至官府，下及学校，凡制度、器物、语言、文

图6-1　黄遵宪像

字，靡然以泰西为式"[1]。他在《日本国志·天文志》中附记一段与友人的争论，足证在诸般新政中，改历最遭物议。

> 余在日本与一友论历事，余意改历似可不必。
>
> 其人以为："此乃维新第一美政。太阳历岁有定日，于制国用、颁官禄、定刑律均精核画一，绝无参差。比之旧历，便益实多。"
>
> 余谓："中、东两国，沿用夏正已二千余年，未见其不便。且二国均为农国，而夏时实便于农。夺其所习而易之，无怪民间之嚣然异论也。"
>
> 彼又谓："此第一时不习耳，日久则习而相安矣。且三代之时，三正叠用，改易正朔乃有国者之常。子不议古人而断断于是，不亦拘乎？"余无以难之也。
>
> 既而其人又谓："置闰之法，本出于不得已。若不必置闰而岁岁齐尽，其法实精，中国特无人创论及此耳。苟有之，未必不变法也。"
>
> 余乃举沈存中用十二气为一年之说以告之，谓中国特不欲更改，并非无人及此。其人愕眙良久，亦无以应我也。今附录于此，以塞专尚西法者之口。[2]

黄遵宪对日本的改历进行委婉地批驳，言语之间尚留有一些余地，代表着少数开明人士的意见[3]。与黄遵宪同时抵日的副使张斯桂，说话

1　何如璋：《使东述略》，钟叔同编：《走向世界丛书Ⅲ》，岳麓书社1985年版，第107页。

2　黄遵宪：《日本国志》，上海古籍出版社2001年版，影印本，第103页。

3　所谓"开明人士"，对待日本的改历，也还是持批判态度的。如黄遵宪在《日本杂事诗》中的《旧历》指责"如何数典祖先忘"，《新历》说"改朔书焚夏小正"，把改历与"焚书坑儒"扯到一块。参见王晓秋等点校：《日本日记·甲午以前日本游记五种·扶桑日记·日本杂事诗（广注）》，岳麓书社1985年版，第602—603页。

就有些刻薄了。他的《使东诗录》中有一首《改正朔》，嘲笑改历给社会带来诸多不便（夹注从略）：

> 行夏建寅自古传，阴阳两历说多偏。
> 万千红紫乘风信，三五团圞误月圆。
> 桐叶添时非纪闰，葭灰飞后即编年。
> 岁周三百六旬六，春仲如何四七天。[1]

日本改历之初，确实给人们的日常生活带来不便，在社会上引起了某些混乱。阙名《日本杂记》载："日本历法向同中国，明治新政并历法改之，如西洋之不置闰。新历虽颁，民皆不便。"作者引"法不甚敝，不轻改"之古谚，叹息："吾不知其二千余年之历法，有何敝坏而轻改之也。"[2]

光绪十一年（1885），一位自称"四明浮槎客"的宁波商人，在《东洋神户日本竹枝词》中忿忿不平地说："移风易俗太荒唐，正朔衣冠祖制亡。"这还算克制的。有位名叫易顺鼎的儒生，写了篇《讨日本檄文》，对日本的"大逆不道"，不仅口诛笔伐，似乎还要动刀动枪：

> 效冠服于他人，驴非驴，马非马。纪年僭称明治，实愈纵其淫昏。改正妄号维新，且弥滋其污秽。[3]

1　张斯桂：《使东诗录》，钟叔河编：《走向世界丛书Ⅲ》，岳麓书社1985年版，第144页。
2　《日本杂记》，王锡祺编：《小方壶斋舆地丛钞》，杭州古籍书店1985年印行，第10帙，第350页。
3　易顺鼎：《盾墨拾余》卷三，王晓秋：《近代中日启示录》，北京出版社1987年版，第83页。

明治维新时期，日本政府提倡"文明开化"，事无巨细皆以西洋为圭臬，改历只不过是诸多新政中的一项，为何会引起中国文人如此激愤和焦虑呢？

二

"正朔本乎夏时"

《礼记·大传》："改正朔，易服色。"孔颖达疏："改正朔者，正，谓年始；朔，谓月初。言王者得政示从我始，改故用新，随寅丑子所损也。周子、殷丑、夏寅，是改正也；周半夜、殷鸡鸣、夏平旦，是易朔也。"

秦汉帝国在亚洲大陆的崛起，犹似一轮朝阳高悬中天，使东亚诸国从蒙昧的黑暗中迎来文明的曙光，一个以中国为核心的文明圈渐露端倪。

秦汉之后，经隋唐五代至宋元明清，东亚文明圈日趋成熟，共同的文化要素加强了相互之间的连带意识。北宋宣和五年（1123），徐兢奉命出访高丽，发现彼地的文明景观与故国极其相似，于是发出如下感叹：

图6-2　徐兢《宣和奉使高丽图经》书影

　　臣闻："正朔，所以统天下之治也；儒学，所以美天下之化也；乐律，所以导天下之和也；度量权衡，所以示天下之公也。……虽高句丽域居海岛，鲸波限之，不在九服之内；然禀受正朔，遵奉儒学，乐律同和，度量同制。"[1]

徐兢将正朔、儒学、乐律、度量四者视作文化认同的基准，而置"正朔"于首位。再看盛唐诗人王维，在送别阿倍仲麻吕（唐名"朝衡"，一作"晁衡"）时所吟《送秘书晁监还日本国》诗序中的一段：

　　海东国，日本为大，服圣人之训，有君子之风。正朔本乎夏时，衣裳同乎汉制。历岁方达，继旧好于行人；滔天无涯，贡方物于天子。[2]

在王维看来，奉正朔、同衣冠、贡方物三者，乃是"服圣人之训，有君子之风"的具体标志，而犹以"正朔"为三者之冠。此外，《全唐诗》卷六○六载林宽《送人归日东》诗，也使用了"正朔"一词：

　　　　沧溟西畔望，一望一心摧。
　　　　地即同正朔，天教阻往来。
　　　　波翻夜作电，鲸吼昼为雷。
　　　　门外人参径，到时花几开。

此诗中的"日东"指日本还是新罗，学术界仍存争议。但"波翻夜作电，鲸吼昼为雷"，更似描摹横渡东海的景状；唐与新罗交往密切，故"天教阻往来"用于绝域日本也较贴切。

在古代东亚文明圈中，地位如此显赫的"正朔"，究竟指的是什么

1　徐兢：《宣和奉使高丽图经》卷四十，文渊阁《四库全书》本。
2　顾可久注：《唐王右丞诗集》卷五，[日]长泽规矩也编：《和刻本漢詩集成》第一辑，汲古书院1975年版，第381页上。

呢？单从词义来看，"正"指一年之始，"朔"为一月之初；两字合用，即代指人们根据日月星辰的变化而制定岁时节气的"历"。若从文化学的角度来分析，还有更深一层涵义：中国每当改朝换代，往往要复位正朔，颁布新历，以此作为皇权的象征。

历代帝王开拓疆域与颁布历法，两者相辅相成，表现出统御时空的占有欲。周边民族倘若尊奉正朔，即被编入中国帝王支配的时间序列，政治上意味着臣服，空间上则被纳入共同的文明圈，经济上获准参与朝贡贸易。下面试举两个例子。

唐显庆五年（660），唐灭百济，继而征讨高句丽。唐麟德二年（665），高宗封禅泰山，带方州刺史刘仁轨领新罗、百济、耽罗、倭四国酋长赴会，可谓衣锦还乡，甚得高宗宠遇，擢拜为大司宪。《旧唐书·刘仁轨传》记其逸闻：

图6-3　刘仁轨像

> 初，仁轨将发带方州，谓人曰："天将富贵此翁耳！"于州司请历日一卷，并七庙讳，人怪其故。答曰："拟削平辽海，颁示国家正朔，使夷俗遵奉焉。"至是皆如其言。

刘仁轨文武双全，他认为削平百济之目的，是"颁示国家正朔"，其标志便是"历日一卷"。唐武德二年（619）始用傅仁均的《戊寅历》，麟德二年（665）改行《麟德历》，从时间上推断，刘仁轨在百济颁布的应该是《戊寅历》。

明朝的开国皇帝朱元璋登极之际（1368），按照传统的程序，定国号为"明"、改年号为"洪武"、颁历曰《大统历》。这部新颁的历法尽管是元朝《授时历》的翻版，但开国皇帝的尊严迫使他改换名称。

一切准备就绪，朱元璋遣使分赴四方招谕，以重整东亚世界秩序。洪武初年，高丽、日本、琉球、安南、占城、真腊、暹罗、爪哇、三佛齐、琐里等接踵遣使朝贡，明朝在分封各国王号的同时，各赐《大统历》以示正朔。

或许可以说，在古代东亚文明圈中，中国帝王的封号与赐历具有某种相似的意义。换言之，周边各国使用中国历法，不仅仅是对科技知识的渴求，而且是以"尊奉正朔"的形式，表现出对中华文明的归同。

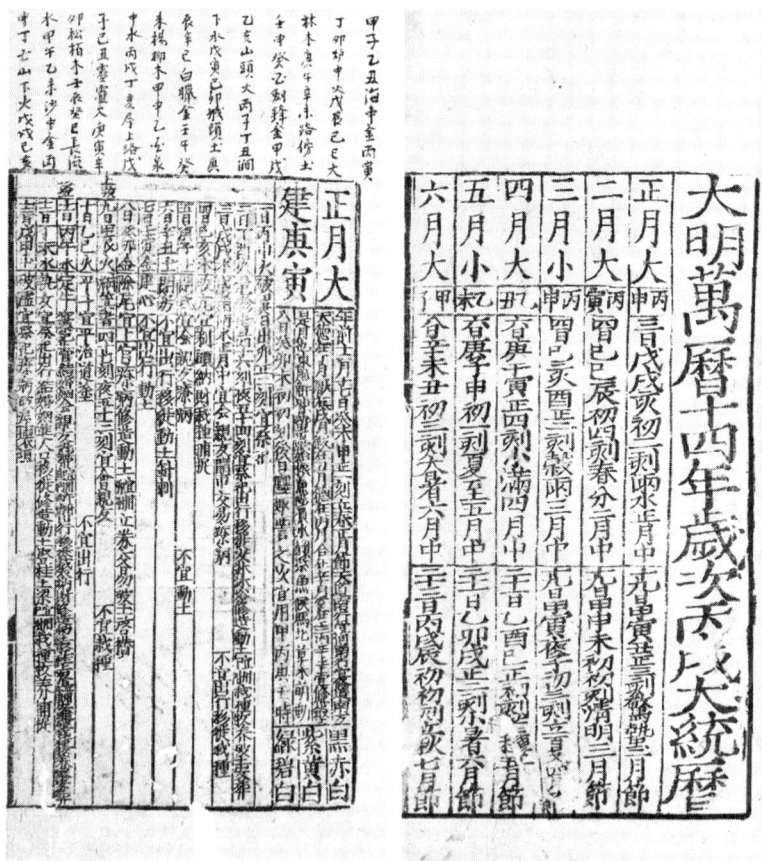

图6-4　明代的《大统历》

三

中国历法源流

中国作为世界五大文明古国之一，观察天象、分辨物候、总结节气、编制历法的历史非常久远。据《史记·历书》及《尚书·尧典》等古代文献记载，颛顼之世设有专事"观象授时"的"火正"之官；帝尧之世曾派羲氏兄弟、和氏兄弟四人分赴四方，观测日月星辰，用来编制历法、预报季节，但有关历法具体内容至今尚未发现。

据《夏小正》，夏历以建寅为岁首，俗称"农历"，实质属"阴阳历"，年始曰"正"，月初为"朔"，合称"正朔"。《史记·历书》："王者易姓受命，必慎始初，改正朔，易服色，推本天元，顺承厥意。"可见自夏朝已降普遍施行历法，自汉武帝采用夏历，遂成古代历朝定制。

图6-5　汉代画像
石刻"羲和捧日"
（河南南阳出土）

从考古资料来看，殷商遗址出土的甲骨文已有使用干支纪年的实例。武乙时期（约公元前13世纪）的遗址中发现刻有完整六十干支的牛骨，有人认为这大概算得上是世界上最古的"实用日历"。

殷商时期至明清时代，具有中国特色的阴阳合历袭用数千年，这期间历代王朝制定的历多达数百种，即使剔除有名无实之历、颁布而未施行之历、地方或民间私历等，从汉代算起，正式颁布并实际行用之历，大约也有50种之多。

中国历法在漫长的发展、成熟过程中，不断汲取周边民族的经验与知识。比如，活跃于7世纪后半的印度裔天文学家瞿昙罗，奉职太史令（负责造历的官署首领）达数十年，分别在唐高宗与武则天治世领衔编制了《经纬历》和《光宅历》，这两部历法均取范于印度历法。其子瞿昙悉达继承父业，唐玄宗开元六年（718）奉敕翻译印度历法《九执历》，并在此基础上编撰《开元占经》120卷，为中国历法的发展做出了重要贡献。除此之外，元代郭守敬主修的《授时历》、明代徐光启领衔的《崇祯历》、清代游艺所撰的《天经或问》等，无一例外在域外文明刺激下编撰而成，堪称中外文化交流之结晶。

图6-6 唐代的《开元占经》

北宋元丰元年（1078），神宗皇帝得知颁布不久的《奉天历》时有误差，敕令司天监收集辽国、高丽、日本的历本勘查异同，结果发现辽国与日本的历本符合《宣明历》，唯高丽历本最接近《奉天历》[1]。通过此案例可知，东亚诸国普遍行用中国历法，虽然存在种类及新旧的差异，但整体上形成联动格局。

最后需要说明的是，历法以文字形式展示出来的有两者基本形态，一是解释历法原理、明示造历依据的"历书"，如历源、历经、立成之类；二是根据历书计算法每年编制、可供实际使用的"历本"，如具注

---

[1] 《续资治通鉴长编》卷二九五元丰元年（1078）十二月辛丑朔条："诏提举司天监集历官，考算辽、高丽、日本国历与本朝《奉天历》同异闻奏。其后，历官赵延庆等言：辽已未年气、朔与《宣明历》合，日本戊午年气、朔与辽历相近；高丽戊午年朔与《奉天历》合，其二十四气内有七气时刻，并逐月太阳过宫日数时刻不同。"

历、民用历、七曜历等。简而言之，前者属再生资源，后者是一次性消耗品。从中国历法传播史的角度看，周边民族主要接受中国的历书，通过持之以恒地学习与消化编制实用性的历本。

四
唐历东传之轨迹

日本自古无历，《魏略》说："其俗不知正岁四节，但记春耕秋收为年纪。"江户时代编纂的《大日本史》亦云："上古民物淳朴，机智未开，是以历数占测之术，未闻其有。"

7世纪初，日本与隋通交，继而屡次遣使入唐，试图以中国为蓝本建设律令制国家。大化革新后加快模仿唐制的步伐，公元668年颁布《近江令》，689年施行《净御原令》，次年持统天皇"始行《元嘉历》与《仪凤历》"[1]，从而遵奉中国之正朔，堂堂正正地成为汉字文化圈中的一员。

《元嘉历》为南朝何承天编撰，刘宋元嘉二十二年（445）颁行启用。《仪凤历》中国文献不载，一般认为即《麟德历》之别称，系唐人李淳风所造，始行于麟德二年（665）[2]。这两种历法先后相距200余年，但在日本却并行施用，笔者以为是日本对华关系急速转型的过渡措施，即从中介百济汲取南朝文化，转向直接学习更为先进的隋唐文化。

日本颁行历法不久，先后编撰了《大宝律令》（701）和《养老律令》（718），追随东亚局势发展，加快律令制建设进程。据《养老律

---

1 ［日］坂本太郎等校注：《日本书纪》卷三十，岩波书店1978年版，第507页。
2 ［日］吉田忠：《日本历法的渊源与演进》，李廷举等编：《中日文化交流史大系·科技卷》，浙江人民出版社1996年版，第48页。

令》，在中务省下置阴阳寮，兼有唐朝太卜署和太史局的功能，掌管天文、历法、占卜诸事，其中设历博士一人、历生十人。历博士负责教授历生，并且于每年十一月一日前预造翌年的历本，由中务省奉呈御览，然后分颁诸司官厅。从这一时期开始，日本已有精通中国历法的专门人才，并据此每年编出实用历本。

阴阳寮所造历本奏进天皇御览的称"具注历"，区别于民间常用的"假名历"，也称作"真名历"。日本东大寺正仓院宝物中有具注历断简三件，按年代顺序分别为天平十八年（746）、天平胜宝元年（749）、天平胜宝八年（756）。此外，1980年在静冈县挖掘出土的木简上，书写的是天平元年（729）的历本，被认为是日本现存最古的具注历实物。这件出土木简历本，历日之下标记干支、节气、凶吉等，余白之处则记载当日杂事。古代也有人将具注历作为日记本使用，其中最著名的大概是藤原道长手书的《御堂关白记》。

日本天平六年（734），入唐留学18年的吉备真备学成归国，将唐朝正在施行的《大衍历经》带回日本，同时携归与此配套的《大衍历立成》10卷及用于天文观察的测影铁尺等（《扶桑略记》等）。《大衍历》

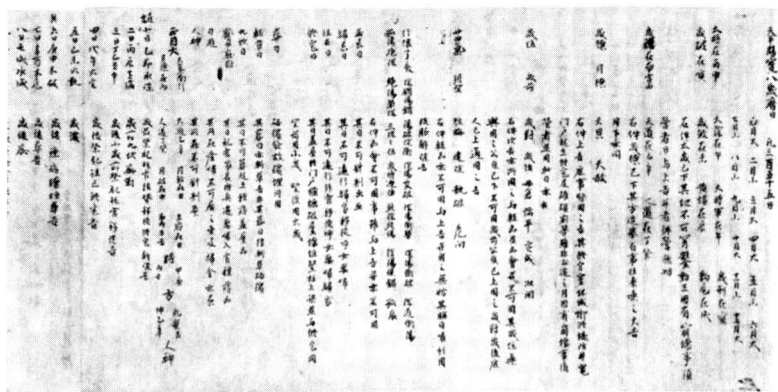

图6-7 天平胜宝八年具注历断简（正仓院文书）

162

系唐僧一行（本名张遂）所撰，成书于开元十五年（727），两年后正式颁用。

这部唐朝尚在使用中的新历传入日本后，大概很快被送往阴阳寮，由历博士等专家对其进行研读。公元757年，孝谦天皇敕令历算生必须学习下列书目：《汉书·律历志》《晋书·律历志》《大衍历议》《九章》《周髀》《定天论》。《大衍历议》10篇专门探讨历学理论，既然定为历生的必读书目，说明至少历博士已经掌握

图6-8　入唐求学的吉备真备
（《古今伟杰全身肖像》）

其中的原理。果然6年后（763年），朝廷下令停用《仪凤历》，改用《大衍历》编制新历，翌年开始施行。

从吉备真备携归《大衍历》到阴阳寮据此造历，其间整整花费了30年时间。然而，正当《仪凤历》与《大衍历》在日本实行新旧交替的前一年（762），唐朝已经启用郭献之编撰的《五纪历》，中日之间的历法时差又大大拉开了。

宝龟八年（777），日本派出第十六批遣唐使，担任准判官的羽栗翼是一位中日混血儿，他于43年前（734）随父东归，当时年仅16岁。回到阔别已久的故乡，羽栗翼尽其所能更新知识。翌年（778）随遣唐使团归国后不久，奉命试制"朴硝"（中药名），旋即升任内药正兼侍医。

羽栗翼入唐的另一项收获，是将《五纪历》携归献呈朝廷，并奏

云："大唐今停《大衍历》，唯用此经。"[1]天皇遂于公元781年敕令阴阳寮依照《五纪历》造历。可是因当时"无人习学，不得传业"，只能继续沿用过时的《大衍历》。

一晃又是半个多世纪，齐衡三年（856）及翌年（857）正月，历博士大春日真野麻吕以唐开成四年（839）及大中三年（849）的历本检勘依《大衍历》所造的日本历本，发现"注月大小，颇有相谬"，于是再次奏请改用《五纪历》。朝廷的答复是："国家据《大衍经》造历日尚矣，去圣已远，义贵两存，宜暂相兼，不得偏用。"[2]算是勉强允许《五纪历》与《大衍历》并用。

从《五纪历》传入日本之年（778）算起，这部唐历因无人识读而被封存了约80年，这一方面缘于平安时代贵族闭锁心态，另一方面也说明文物的流通与知识的习得存在巨大的时差。

经过长时间的封存，等到大春日真野麻吕获准用《五纪历》造历本时（858），发现唐朝已于70余年前弃用此历。第二年（859），渤海国大使乌孝慎一行奉使日本，献上得自唐朝的《宣明历》。时任阴阳头兼历博士的大春日真野麻吕，抓住这个机会，向朝廷建议停用《大衍历》和《五纪历》，颁行唐朝正在使用的《宣明历》，公元861年此议

图6-9　日本江户时代刊刻的《宣明历》

1　［日］藤原时平等：《日本三代實錄》卷五，《國史大系》第四卷，东京经济杂志社1906年版，第89页。

2　［日］藤原时平等：《日本三代實錄》卷五，《國史大系》第四卷，东京经济杂志社1906年版，第90页。

获准施行。

　　徐昂编撰的《宣明历》，唐朝从822年开始启用。有赖于日本历博士们的进取精神，随着《宣明历》的采用，中日历法的时差又缩小了。可是其后日本再也没有派出遣唐使，这部《宣明历》竟在日本行用了800余年，直到1684年日本启用自造的《贞享历》，袭用中国历法的历史才告结束[1]。

五
从百济到日本

　　传播到日本的中国历法，除了前述《元嘉历》《仪凤历》《大衍历》《五纪历》《宣明历》之外，还有唐代曹士蒍编撰的《符天历》、元代郭守敬所造的《授时历》、明代元统修订的《大统历》等。这些历法的传播经纬，大抵有文献资料可作稽考，唯独《元嘉历》与《仪凤历》似乎"来路不明"。

　　前面已经提到，持统天皇四年（690）"始行《元嘉历》与《仪凤历》"。这段文字并不意味两种历法同时传入日本，也不能据此断定是从中国直接传入日本的。事实上，百济与日本的历法交流，可以追溯到6世纪中叶。

　　据《日本书纪》钦明天皇十四年（553）六月条载，与新罗争城夺地的百济向日本求助援兵，钦明天皇从其请，但作为回报，要求百济输送技术人才：

1　关于唐历东传日本，亦可参见王勇：《日本における中国历法》，蔡毅编：《日本における中国传统文化》，勉诚出版2002年版，第202—218页。

遣内臣（阙名）使于百济……别敕：医博士、《易》博士、历博士等，宜依番上下。今上件色人，正当相代年月，宜付还使相代。又卜书、历本、种种药物，可付送。[1]

从行文分析，是年正值诸博士交班轮换，则百济向日本输送博士，必定肇始于此前。第二年二月，百济依约选派19位学有专长的博士和身怀特技的工匠赴日，其中包括"历博士王保孙"，很可能携带日本朝廷点名要求的"历本"[2]。

带有"博士"头衔的高级人才，当时在百济也非常紧缺，常常遣使中国南朝请求下赐。比如，《梁书·百济传》记载中大通六年（534）、大同七年（541），百济使节二次朝贡梁朝，主要目的就是为了招聘博士：

中大通六年、大同七年累遣使献方物，并请《涅盘》等经义、《毛诗》博士并工匠、画师等，敕并给之。[3]

一些学者注意到当时东亚的历史背景，推断百济所贡的博士及工匠多为南朝人。虽然没有足够的证据，但从"王保孙"等汉式姓名判断，他们即使不是南朝人，至少也是寓居百济的汉人。因为，《日本书纪》在标记外国人名时自有分寸：凡汉族直接使用原来的汉字，韩族则多采用标音汉字（如"己麻次""进陀"等）。

1　[日]坂本太郎等校注：《日本書紀》卷十九，岩波书店1978年版，第105页。
2　《日本书纪》钦明天皇十五年（554）二月条载："别奉敕贡《易》博士施德王道良，历博士固德王保孙，医博士奈率王有梭陀，采药师施德潘量丰、固德丁有陀，乐人施德三斤、季德己麻次、季德进奴、对德进陀，皆依请代之。"
3　姚思廉：《梁书》卷五十九，文渊阁《四库全书》本。

6世纪中叶，百济境内居住着许多来自中国的汉族移民，他们拥有较高的文化，医学、《易》学、历学等高深的学问，正是汉族移民施展才华的领域，土著韩人一时无法涉足。

王保孙赴日后的行迹不见史载，既然拥有"历博士"的头衔，必定精通天文学和数学，但是他所掌握的这门玄奥学问，恐怕仅能作为皇室的点缀，当时的日本尚无条件加以传习。正如黄遵宪在《日本国志·天文志》中所云：

> 当时历博士征之百济，依番上下，第袭用汉历而已，未尝习学其术也。[1]

大意是，历博士王保孙虽然身怀深奥的天文历法技能，但非一朝一夕能够传授于彼地，所以日本仅能使用百济所造的现存历本，尚无法依照历法原理自造历本。然而事隔半个世纪，博学多才的百济僧人观勒自西渡海东来，在日本历法发展史上掀开崭新的一页。《日本书纪》推古十年（602）十月条载：

> 百济僧人观勒来之，仍贡历本及天文地理书并遁甲方术之书也。是时，选书生三四人，以俾学习于观勒矣。阳胡史祖玉陈习历法，大友村主高聪学天文遁甲，山背臣日立学方术，皆学以成业。[2]

观勒身为出家之人，不仅深谙天文、地理之术，而且精通道教和玄学，所以受到日本朝廷重用。师从观勒学习历法的是一位名叫"玉

1 　黄遵宪：《日本国志》，上海古籍出版社2001年版，影印本，第100页。
2 　［日］坂本太郎等校注：《日本書紀》卷二十二，岩波书店1978年版，第178页。

第六章　唐历在东亚的传播

陈"的移民后裔，据说他"学以成业"，那么意味着日本总算有了通解历法的传人。

日本推古元年（593）四月，皇太子圣德太子任摄政，推古女帝以万机悉委之。圣德太子以大隋帝国为蓝本，推行一系列内政外交的改革。他大概意识到历法作为文明标志的重要性，观勒乍到即聘为历学之师，二年后（604）的正月仓促"始用历日"[1]。

图6-10　百济僧观勒（藤浪刚一编《医家先哲肖像集》）

我们注意到，关于日本最早使用历日，《日本书纪》说是持统四年（690），《政事要略》《经籍后传记》则作推古十二年（604），两者相距86年。一般而论，日本学术界比较重视前者，对后者多持怀疑态度[2]。

然而，圣德太子"始用历日"也未必无据，一是这条记事与观勒传来历本、玉陈习学历法前后贯通，形成一个完整的时间系列，包涵合理的来龙去脉；二是颁历之举与前后事件有机关联，如施行《冠位十二阶》（603）、颁布《宪法十七条》（604）、派出遣隋使（607）等，将颁历置于圣德太子施政的大背景中加以观照，那无疑是不可或缺的重要一环。

现在，我们再回头来探讨王保孙、观勒从百济携带而来的"历本"

1　[日] 惟宗允亮：《政事要略》，《改訂史籍集覽》第二十九册，史籍集览研究会1969年版，第107页。这条记事出自平安时代史籍《经籍后传记》："以小治田朝（今按推古天皇）十二年岁次甲子正月朔，始用历日。是时，国家书籍未多，爰遣小野臣因高于隋国买求书籍，兼聘隋天子。"[日] 田中健夫编：《善隣国宝記・新訂統善隣国宝記》，集英社1995年版，第34页。

2　[日] 吉田忠：《日本历法的渊源与演进》，李廷举等编：《中日文化交流史大系・科技卷》，浙江人民出版社1996年版，第47页。

究竟为何？6世纪前后，百济实际使用中国南朝的《元嘉历》，这在《周书·百济传》中有明确的记载：

> 俗重骑射，兼爱坟史。其秀异者，颇解属文，又解阴阳五行。用宋《元嘉历》，以建寅月为岁首。亦解医药、卜筮、占相之术。[1]

百济从南朝梁招聘博士、工匠，散见于《梁书》《陈书》等，而《元嘉历》早在刘宋时（420—479）就已传入百济，并且被一直袭用到百济亡国（661），说明百济与南朝在文化上具有很深的渊源关系。

王保孙和观勒均来自百济，他们所传授的应该是百济正在使用的历法，黄遵宪《日本国志·天文志》断言"观勒所献乃宋何承天之《元嘉历》"，应该是可信的。既然王保孙和观勒携带而来的是《元嘉历》，那么玉陈师从观勒传习的必是《元嘉历》，圣德太子于推古十二年（604）施行的自然也是《元嘉历》。

日本历史上出现两次"始用"历法，这究竟该如何解释呢？笔者以为，第一次圣德太子"始用"的《元嘉历》，应该是实用的"历本"（《政事要略》《经籍后传记》作"历日"），时距观勒抵日仅仅两年，日本还不具备自己造历的能力；第二次持统天皇"始行《元嘉历》与《仪凤历》"，大概已经依据"历经"编制出本国的"历本"，因而使用了"始行"的措辞[2]。

---

1 令狐德棻等：《周书》卷四十一，文渊阁《四库全书》本。
2 7世纪末，日本有无造历能力，目前尚无确凿的证据。不过在690年之前，日本已经有了阴阳寮和占星台，《日本书纪》卷二十九天武天皇四年（675）正月条出现"阴阳寮"和"始兴占星台"的记载，说明日本具备了造历的技术条件。

第六章　唐历在东亚的传播

六
《仪凤历》之谜

持统四年（690），日本经过"大化改新"（645），律令体制渐趋完备，天皇下诏启用《元嘉历》和《仪凤历》，用意显然在于融入东亚共享的时空世界。这一举措与推古朝"始用历日"具有本质上的区别：颁历不再是一种时尚追求或猎奇行为，而成为一种政治策略及文化取向。自此，中国历法成为日本典章制度及社会生活中不可或缺的有机部分，日本的文明进程也因此而被精确地镌刻在东亚史册之中。

长期以来，人们对新旧两历并用感到疑惑不解，提出过种种猜测。江户时代后期，藤田一正在《元嘉历草》序文中指出：

> 以元嘉历法测算推古十二年至持统五年干支，皆一一吻合。然至持统六年，则十一月辛卯朔与《元嘉历》差一天，若用《仪凤历》即合。

按照藤田一正的说法，《元嘉历》从推古十二年（604）用到持统五年（691），至持统六年（692）十一月为《仪凤历》所取代。翻检《日本三代实录》，有"始用《元嘉历》，次用《仪凤历》"的记载，或可视为旁证。

推古十二年（604）至持统五年（691）期间，《元嘉历》是否一直在使用，很值得怀疑；《元嘉历》与《仪凤历》并用之说，也需斟酌一番。《元嘉历》采用平朔，《仪凤历》依据定朔，计算时间的方法既不同，也就难以和平相处。

近年，一种折衷意见比较受人关注，内田正男在《日本历日原典》（雄山阁，1975）中最早提出：持统六年（692）至文武元年（697）依然以《元嘉历》为主，所谓"两历并用"，是指月朔按《元嘉历》计算，日食则依《仪凤历》预报[1]。

虽然这个问题还无法获得终极解决，但可以肯定的是，《元嘉历》和《仪凤历》有过一个并用及过渡的过程。日本在采纳新历时，为了顾及传统，往往允许旧历继续沿用某个时期，《元嘉历》和《仪凤历》并非孤例，《大衍历》与《五纪历》的情况亦如此。

《元嘉历》和《仪凤历》的新旧交替，折射出这一时期日本文化面临转型的世相。亦即，日本在完善律令制度的过程中，从中介百济转向与中国直接通交，从汲取南朝文化转向以隋唐为楷模。因而停用南朝旧历，采纳唐朝新历，无疑是历史发展的必然结果。

然而，出乎人们预料的是，在日本正式颁行、且施用70余年之久的《仪凤历》，却在中国找不到同名的历本。归纳诸家之说，大致有以下几种解释：其一，《仪凤历》即《麟德历》的别称，因仪凤年间传入日本，故名；其二，《麟德历》在仪凤年间传至新罗，彼地俗称《仪凤历》，日本从新罗得之，遂袭其名；其三，《大日本史·用历次第》提出一种见解，认为《麟德历》在仪凤年间曾一度改称过《仪凤历》。目前，第二种观点的支持者最多，如李廷举教授断言：

> 日本人之所以称《麟德历》为《仪凤历》，有其历史上的原因。如前所述，较早传入日本的《元嘉历》是来自百济；这是因为，飞鸟时代日本与百济的关系比较亲密。而到持统帝时代，新罗已经统一三国（高句丽、百济、新罗三国于668年统一）。此时，唐朝已实行新历即《麟德历》。这个《麟德历》是在唐仪凤年间传

---

1 ［日］吉田忠：《日本历法的渊源与演进》，李廷举等编：《中日文化交流史大系·科技卷》，浙江人民出版社1996年版，第48页。

入新罗，故名之为《仪凤历》。后来它又经由新罗传入日本，日本就仍沿用新罗的名称，谓之《仪凤历》。[1]

这种代表中日学术界主流的观点，其实陷入一个巨大的误区：《仪凤历》并非仪凤年间传入新罗。据朝鲜史籍《三国史记·新罗本纪》文武王十四年（674）正月条载，入唐宿卫的德福传习历术而归，是年新罗改行新历。这部"新历"无疑就是《麟德历》（中国使用的时期是665—728年），事在仪凤年之前，"新罗命名说"不能成立。

至于第一种意见即"日本命名说"，纵观日本采纳中国历法的历史，都尽可能保持原汁原味，绝无擅自改名的类例。而且，日本于持统四年（690）采用《仪凤历》时，已是仪凤年间之后，为何特意用"仪凤"之旧年号改称《麟德历》呢？目前还无法对此做出合理解释。

《大日本史》之说看似牵强，却未必无据。《日本国见在书目录》（9世纪末）载有"《麟德历》八，《仪凤历》三"，可知日本确实有过《仪凤历》，且卷次与《麟德历》不同，似乎不像是新罗或日本的俗称。

唐代颁历甚频，《新唐书》举出8部。其中《光宅历》与《景龙历》属于换汤不换药，如《旧唐书·历志》云："天后时，瞿昙罗造《光宅历》；中宗时，南宫说造《景龙历》：皆旧法之所弃者，复取用之。徒云革易，宁造深微，寻亦不行。"

可见以年号命名的上述两历均未正式行世，《仪凤历》的情况是否类似呢？即仪凤年间曾将《麟德历》改头换面而称之《仪凤历》，或许在某种范围内短期流通过，因为内容无甚创新复又启用《麟德历》[2]。

---

1 李廷举：《中国天文历法的东传》，李廷举等编：《中日文化交流史大系·科技卷》，浙江人民出版社1996年版，第27页。

2 还有一种值得参考的意见，即认为《仪凤历》就是《麟德历》的节略本，史书在计算唐代历书时未单独列出，而日本则取其节本行用。

这种可能还是存在的，如韩颖所造《至德历》就有过这样的经历[1]。

关于《仪凤历》传入日本的途径，中外学者多认为是来自新罗，根据是仪凤年间中日无聘交，而新罗与日本频繁通使。不过，迄今为止还未在朝鲜文献中发现《仪凤历》之名，则新罗传入说不能视为定论。

然而，日本佛教史籍《三国佛法传通缘起》有关入唐僧道光的记载，或许能为我们揭开《仪凤历》之谜提供一些新的线索。据载，653年随遣唐使吉士长丹入唐的道光，留学25年后于仪凤二年（677）九月十九日离唐归国。道光专攻律宗，曾携归大量佛教书籍，并撰有《四分律抄撰录文》一书[2]。在道光归国的行囊中，是否夹带着一部《仪凤历》呢？

我们期待着新史料的发现，目前只能作出上述推测而已。

通过上述考论可以发现，从7世纪初至17世纪末的千余年间，日本先后袭用《元嘉历》《仪凤历》《大衍历》《五纪历》《宣明历》等，一部日本文明发展史处处留下中国历法的痕迹，而尤以唐历的影响最为深远，体现了日本汲取中国文化的鲜明特征。

不过，我们也必须看到事情的另一面，亦即日本的历术水准严重滞后，掌握一部新历往往需要花费几十年时间，跟不上唐历发展的步伐。唐代的《宣明历》在日本一直袭用到清代（长达800余年），意味着五代、宋、元、明的历法成果未被日本充分吸纳，这从两国文化交流的整体上看也是很不正常的。原因肯定是多方面的，最主要的大概有

---

1 《新唐书·历志》云："至肃宗时，山人韩颖上言《大衍历》或误。帝疑之，以颖为太子宫门郎，直司天台。又损益其术，每节增二日，更名《至德历》，起乾元元年用之，讫上元三年。"

2 〔日〕凝然：《三國佛法傳通緣起》卷下，〔日〕茂在寅男等著：《遣唐使研究と史料》，东海大学出版社1989年版，第185—186页。

以下两条：

其一，遣唐使制度废止（894）以后，两国的交往由政府转为民间，像"历经"这类由国家直接控制的书籍，很难通过民间途经流出海外。当然，这不包括实用历本，如历博士大春日真野麻吕，曾以唐开成四年（839）、大中三年（849）之历本检勘《大衍历》，发现月之大小有误；又如后晋天福二年（937），朝廷命大宰府抄送当年与明年的唐朝历本，事虽未成，但说明往来海途的商人或僧侣可以将历本带到日本。

其二，历博士基本被贺茂等几个家族世袭垄断，由于是家传的学问，所以少有竞争者，长此以往便不思进取，趋于封闭和保守。《续日本后纪》记载了一则颇为典型的例子：承和五年（838）最后一次遣唐使出发，入选使团的历请益生刀岐雄贞、历留学生佐伯安道、天文留学生志斐永世等，因为畏惧海途危险，居然在起航前偷偷逃跑，结果被判斩刑，罪减一等配流佐渡岛。随此次使团入唐的有圆仁、圆载、圆行等。与佛教僧侣冒死求法的精神相比，两者真可谓天壤之别。

尽管现在东亚诸国普遍使用西方传入的太阳历，但在曾经深受唐历影响的地区，如朝鲜半岛和日本，阴历（农历）的痕迹不仅永久镌刻在历史中，而且还活生生地渗透在日常生活里。

【附录】中国历法东传略年表

公历	中国年号	日本年号	关联事项
553	承圣二	钦明十四	日本请求百济输送历博士并历本
554	承圣三	钦明十五	百济派遣历博士王保孙携带历本（《元嘉历》）赴日
602	仁寿二	推古十	百济僧观勒携历本（《元嘉历》）赴日，并向玉陈传授历法
604	仁寿四	推古十二	圣德太子始用历日（《元嘉历》）
674	咸亨五	天武三	德福自唐携归《麟德历》，新罗据此颁布新历
675	上元二	天武四	日本始兴占星台，此前已设阴阳寮
678	仪凤三	天武七	留学僧道光自唐而归,可能带回《仪凤历》

690	天授元	持统四	持统天皇始行《元嘉历》和《仪凤历》
692	长寿元	持统六	日本停用《元嘉历》,施行《仪凤历》
718	开元六	养老二	日本在阴阳寮置历博士和历生
734	开元二二	天平六	吉备真备自唐携归《大衍历》及测影铁尺等
757	至德二	天平宝字元	日本将《大衍历议》定为历生必读之书
763	广德元	天平宝字七	日本停用《仪凤历》,施行《大衍历》
778	大历十三	宝龟九	遣唐使羽栗翼自唐带回《五纪历》
780	建中元	宝龟十一	羽栗翼建议朝廷改用《五纪历》
781	建中二	天应元	光仁天皇敕命依《五纪历》造历,然事未果
822	长庆二	弘仁十三	渤海国始行《宣明历》
856	大中十	齐衡三	历博士大春日真野麻吕奏请采用《五纪历》
857	大中十一	天安元	日本并用《大衍历》和《五纪历》
859	大中十三	贞观元	渤海大使乌孝慎抵达日本,进献《宣明历》
861	咸通二	贞观三	日本据大春日真野麻吕奏请,采用《宣明历》
937	天福二	承平七	朝廷命大宰府抄送当年与明年的唐朝历本
957	显德四	天德元	天台僧日延自吴越国携归《符天历》
1078	元丰元	承历二	宋司天监调查辽、高丽、日本的历本
1303	大德七	嘉元元	高丽使用《授时历》
1369	洪武二	正平二十四	明太祖赐高丽《大统历》
1371	洪武四	建德二	明太祖赐日本使祖来《大统历》
1625	天启五	宽永二	日本试用《授时历》
1684	康熙二十三	贞享元	日本施行自创的《贞享历》

第七章
淡海三船与中日诗文交流

　　日本奈良时代，朝野深受唐风熏染，吟诗属文遂成时尚，贵族文士竞趋汉学，其中淡海三船与石上宅嗣并称"文人之首"，独步文坛，名扬海外。淡海三船因著有鉴真传记《唐大和上东征传》而闻名遐迩，然而有关他与唐朝及新罗僧俗的诗文书籍交谊，却未必广为人知。

　　现存淡海三船的传记资料，主要有以下两种：《延历僧录》卷五的《淡海居士传》；《续日本纪》卷第三十八的《卒传》。前者是渡日唐人思托撰著，成书于延历七年（788）；后者系日本正史"六国史"之一，竣于延历十六年（797）。

一

《续日本纪》的《卒传》

　　淡海三船（722—785），姓淡海，名三船（或作"御船"），俗称三船王（或"御船王"），多自署淡三船；出家后改名元开，后奉敕还俗，赐姓真人，故称真人元开。其父池边王，系大友皇子孙、葛野王子，具有天智天皇一族的血统。延历四年（785）七月十七日，在"刑部卿从四位下兼因幡守"任上去世，享年64岁。《续日本纪》卷第三十八载《卒传》云：

刑部卿从四位下兼因幡守淡海真人三船卒。三船，大友亲王之曾孙也。祖葛野王正四位上式部卿，父池边王从五位上内匠头。三船性聪敏，涉览群书，尤好笔札。宝字元年，赐姓淡海真人，起家拜式部少丞。累迁，宝字中，授从五位下，历式部少辅，参河、美作守。八年，被充造池使，往近江国修造陂池。时惠美仲麻吕道自宇治，走据近江，

图7-1　淡海三船像
（菊池容斋《前贤故实》）

先遣使者，调发兵马。三船在势多，与使判官佐伯宿祢三野共捉缚贼使及同恶之徒。寻将军日下部宿祢子麻吕、佐伯宿祢伊达等，率数百骑而至，烧断势多桥。以故贼不得渡江，奔高岛郡。以功授正五位上勋三等，除近江介。迁中务大辅兼侍从，寻补东山道巡察使，出而采访，事毕复奏，升降不惬，颇乖朝旨。有敕谴责之，出为大宰少贰，迁刑部大辅，历大判事、大学头兼文章博士。宝龟末，授从四位下，拜刑部卿兼因幡守。卒时年六十四。

　　这篇传记概述其一生，但有些地方欠详甚至有误。兹从《续日本纪》中撷拾相关史料，并参照其他相关史书，将淡海三船的主要赐姓、任官等记事，按照年代排序如下（依据其他文献者，在文末注明出处）：

天平胜宝三年（751），奉敕还俗，赐姓真人，起拜式部少丞。

天平胜宝八年（756）五月，遭卫士府禁锢，时任内竖（内舍人）。

天平宝字二年（758）八月，任尾张介。（《大日本古文书》十五）

天平宝字四年（760）正月，任山阴道巡察使，时正六位上。

天平宝字五年（761）正月，迁参河守，时从五位下。

天平宝字六年（762）正月，补文部（式部）少辅。

天平宝字八年（764）八月，任美作守，旋充造池使赴近江。九月，授正五位上勋三等，除近江介，迁中务大辅兼侍从。

天平神护二年（766）九月，出为东山道巡察使。

神护景云元年（767）三月，任兵部大辅。八月，贬大宰大贰。

宝龟二年（771）七月，迁刑部大辅。

宝龟三年（772）四月，任大学头兼文章博士。

宝龟八年（777）正月，转大判事。

宝龟九年（778）二月，复任大学头。

宝龟十一年（780）二月，叙从四位下。

天应元年（781）十月，再任大学头。十二月，光仁天皇驾崩，任御装束司。

延历元年（782）八月，兼因幡守。

延历三年（784）四月，升刑部卿。

通观淡海三船的一生的仕途，既不乏机遇，又时遭挫折。可谓几番沉浮，命运多舛。以学者而论，大学头、文章博士已臻巅峰；就仕途来说，从四位下、因幡守非属一流。

我们先看挫折。第一次是天平胜宝八年（756）遭卫士府禁锢，《续日本纪》把原因归咎于"诽谤朝廷，无人臣之礼"，可见淡海三船不是阿谀奉承之辈，当是性情刚直之士。第二次是神护景云元年（767）贬为大宰大贰，《续日本纪》说他因"独断"而被革去巡察使之职，或许说明他毕竟还是书生，不善处理官场复杂的人际关系。

接着再看机遇。首先是天平胜宝三年（751）的赐姓，《续日本纪》

天平胜宝三年正月二十七日条云："赐无位御船王姓淡海真人。"淡海三船为何从"无位"而获赐姓封官？正史没有明言，其实时逢佳机，这个问题放在下节探讨。其次是天平宝字八年（764）授正五位上勋三等，这是因为同年（764）惠美押胜发动兵变，淡海三船平叛有功，遂得授勋晋位，并迁中务大辅兼侍从，成为天皇身边的亲信。

淡海三船能在跌倒后东山再起，与他杰出的文才有关。《续日本纪》天应元年（781）六月二十四日条云："自宝字后，宅嗣及淡海真人三船为文人之首。"从天平宝字二年（758）到天平宝字九年（765），淡海三船的官位累年迁升，正与"文人之首"之名声日盛相符，加上平定惠美押胜兵变立下军功，因此贬为大宰大贰不过数年，一跃升为大学头兼文章博士，成为奈良学坛的最高权威。

正史的淡海三船传记，偏重其仕途沉浮，而与官场无涉的事迹，大多略而不述。因此，仅凭《续日本纪》的相关记录，无法窥视淡海三船之全貌。值得庆幸的是，随鉴真东渡的唐僧思托所撰的《延历僧录》中存有《淡海居士传》1篇，包含许多正史未载的珍贵史料，如师从唐僧道璇、鉴真学习佛教，与唐人祐觉、丘丹隔海唱和，等等，使我们将淡海三船作为古代东亚的一位杰出文化人士进行探讨成为可能。

二

《日本高僧传要文抄》引录《淡海居士传》

天台僧思托是鉴真的弟子，天平胜宝五年（753）随师渡日，延历七年（788）著《延历僧录》，是为日本僧传之嚆矢。此书早已失传，逸文散见诸书，据近年日本学者后藤昭雄教授发现的《龙论钞》所引逸文，可知原书为5卷，共载142人传记，其中32人的传记有逸文可考。[1]如下：

第一卷：鉴真、道璇、思托、荣睿、普照、隆尊（共7人，今存6人传记）；

第二卷：圣德太子、天智天皇、圣武天皇、光明皇后、桓武天皇、乙牟漏皇后、文屋净三（共10人，今存7人传记）；

第三卷：（共23人，包括仁干、智光、光仁等，传记无存）；

第四卷：（共58人，包括贤璟、平备、行表等，传记无存）；

第五卷：（沙门）庆俊、戒明、明一、神睿、慈训、弘耀、惠忠；（居士）藤原良继、藤原不比等、藤原继绳、藤原鱼名、藤原种继、石上宅嗣、佐伯今毛人、石川恒守、淡海三船、中臣镰子、大中臣诸鱼、穗积加古（共沙门14人、居士30人，今存沙门7人、居士12人传记）。

《延历僧录》虽名"僧传"，其实立传不限于僧侣，涉及帝王、皇后、官吏、居士等，可以看作是一部奈良时代文化人士的传记总集。此书还因为保留许多珍贵的史料，包括渡日唐人的传记，可补中日史书之不备。

建长元年（1249），东大寺尊胜院主宗性，广泛搜罗历代僧传加以抄录，3年而成《日本高僧传要文抄》3卷，卷三抄录的《延历僧录》中，包括《淡海居士传》的遗文，兹录如次：

淡海居士传刑部卿

又云：淡海居士淡海真人三船，之曰元开，近江天皇之后。锡得天枝流海源，别赐真人姓。童年厌俗，忻尚玄明。于天平年，伏膺唐道璇大德，为息恶。探阅三藏，披检九经。真俗兼该，名言两泯。胜宝年，有敕令还俗，赐姓真人。赴唐学生，因疾制亭。虽处

1　详见［日］后藤昭雄：《平安朝汉文文献の研究》，吉川弘文馆1993年版，第2—18页。

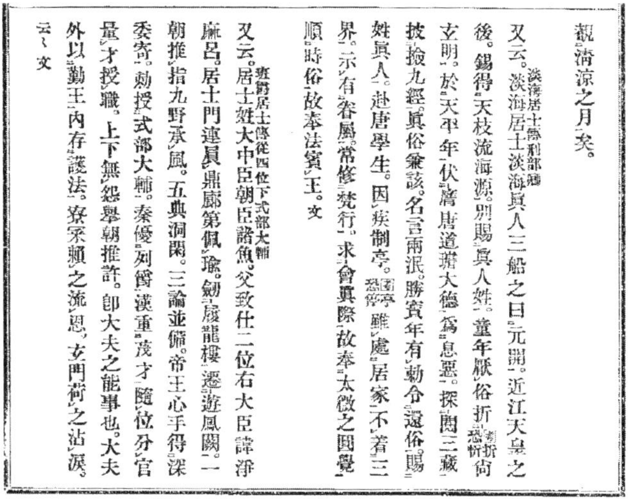

観清涼之月矣。

又云。淡海居士諱淡海真人三船之日。元開□近江天皇之
後。錫得天枝流海源。別賜真人姓。童年厭俗折□□□
玄明。於天平年伏膺唐道璿大德□爲息慮。探閱三藏
技掞九經真俗兼該。名冠兩泯□勝資年有勅令還俗賜
姓真人。赴唐學生。因疾制卷。□□雕處居家不著三
界。示有眷屬。常修梵行。求會真際。故奉太微之圓覺
順時俗。故奉法賓王。文

又云。居士姓下式部大輔
□□□□□□大中臣朝臣諸魚。父致仕二位右大臣諱淨
廉呂。居士門連真鼎廊第佩瑜。劍戟龍樓。遷遊鳳閣一
朝推指九野承風。五典洞閣。三論並備。帝王心手得深
委寄。勅授式部大輔。秦優列胄漢重茂才。隨位分官
量。才授職。上下無怨譽朝推許。郎大夫之能事也。大夫
外以勤王。內存護法。寄家顗之流。恩。玄門阿之沾溉。
云々文

图7-2　《淡海居士传》（《延历僧录》逸文）

居家，不着三界。示有眷属，常修梵行。求会真际，故奉太微之圆
觉。顺时俗，故奉法宾王。

　　此言"近江天皇之后"，与《续日本纪》"大友亲王之曾孙"呼应。
大友亲王之父即天智天皇，亦称"淡海帝"或"近江天皇"[1]；"锡得天
枝流海源"是说淡海三船出自天皇枝裔，似与近江天皇之谥号"天命开
别"有关；"真人"之姓列《八色之姓》冠首，始定于天武十三年
（684）十月，仅授予皇室氏族。

　　自"童年厌俗"以下，有两则重要史实：一是"伏膺唐道璿大
德"，二是"赴唐学生"。前者是说淡海三船曾随唐僧出家，后者是说淡

1　《日本书纪》持统六年（692）闰五月十五日条载："诏筑紫大宰率河内王等曰：'告
　天皇丧于郭务悰。'宜遣沙门于大隅与阿多，可传佛教。复上送大唐大使郭务悰
　为御近江大津宫天皇所造阿弥陀像。"此处"御近江大津宫天皇"即指天智天皇，
　亦略作"近江天皇"；又"近江"与"淡海"同音，也称"淡海帝"。

海三船一度入选遣唐使成员，两则史事《续日本纪》皆漏载。

关于淡海三船出家的时期，《延历僧录》仅言"天平年（729—748）"。然据吉备真备撰《道璇和上传纂》[1]"大唐道璇和上，天平八岁至自大唐"，则"伏膺唐道璇大德"必在天平八年（736）之后。淡海三船出家之后"为息恶"，所谓"息恶"即"沙弥"的别称。按照奈良时代的僧尼令，20岁之前出家而未受具足戒，从师僧杂役修行者称"沙弥"。参酌"童年厌俗，忻尚玄明"一句，淡海三船出家当在15—20岁之间。其后"探阅三藏，披检九经。真俗兼该，名言两泯"，在唐僧道璇的亲炙之下，研读佛典儒经，成为兼通内外的博学之士。

关于"赐姓真人"的时期，《续日本纪》有"天平胜宝三年（751）"与"天平宝字元年（757）"两说，然参酌《延历僧录》"胜宝年，有敕令，还俗赐姓真人"的记载，当以"天平胜宝三年"为是。年届30岁而尚无位的淡海三船，为何在天平胜宝三年突然被"敕令还俗"呢？《续日本纪》没有涉及个中原因，从《延历僧录》始知是因为入选了"唐学生"——即入唐留学生。

查《续日本纪》，天平胜宝二年（750）九月二十四日，任命藤原清河为遣唐大使、大伴古麻吕为副使并判官、主典（录事）各4人；天平胜宝三年（751）二月十七日，"遣唐使杂色人一百一十三人"叙位有差；同年四月四日，朝廷"为令遣唐使等平安"派专使参拜伊势神宫等；同年十一月七日，追加任命吉备真备为副使；天平胜宝四年（752）三月三日，遣唐使一行拜朝，九日，接受节刀，尔后扬帆出发。

朝廷在任命遣唐使的四等官员（大使、副使、判官、录事）之后，开始选拔各类专门人才，天平胜宝三年（751）正月二十七日敕令淡海

1　[日]竹内理三编：《宁樂遗文》下卷，东京堂出版1965年版，第889页。

三船还俗并赐姓，显然是这项工作中的一环。二月十七日随从人员113人"叙位有差"，说明选拔工作基本完成。

淡海三船为这次出使唐朝，进行了非常充分的准备，原拟将日本历代的汉诗及自己的诗文著作带往中国请益，惜乎"因疾制亭"未能成行。此后，淡海三船虽然还俗，但依然心仪佛教，同时"奉法宾王"步入仕途。

长期以来，人们以为《日本高僧传要文抄》辑录的《淡海居士传》已是完篇，叹息淡海三船如果入唐的话，必会在中日文化交流史上留下佳话。其实，淡海三船虽然终生未得入唐，但确实与唐朝僧俗结下很深的诗文交谊。我们之所以能够这样说，是因为后藤昭雄教授发现了失传已久的《淡海居士传》的完篇。

三

《龙论钞》引录《淡海居士传》

大阪府河内长野市有一座真言宗的古刹金刚寺，大阪大学后藤昭雄教授在调查该寺藏书时，发现寺僧禅惠于正和四年（1315）抄写的《龙论钞》1册，书中引录的《淡海居士传》，比已知的《淡海居士传》多出三分之二以上的内容。亦即，《日本高僧传要文抄》仅辑录了传记的开首部分，有关淡海三船与唐人鉴真、祐觉、丘丹进行诗文交谊的重要内容，仅见于《龙论钞》所引的《淡海居士传》中。

《龙论钞》引录的《淡海居士传》，内题"淡海居士传刑部卿"，开首部分基本与《日本高僧传要文抄》相同，但也有个别字辞不同，如"忻尚玄明"作"忻尚玄门"，"赴唐学生"作"起唐学生"，"因疾制亭"作"因患制亭"等。《日本高僧传要文抄》的传记终于"顺时俗，

图7-3 天野山金刚寺（大阪府河内长野市）

故奉法宾王"，《龙论钞》的传记则有如下续文：

> 后真和上来，上诗云五言：
>
> 摩腾游汉国，僧会入吴宫。
>
> 岂若真和上，含章渡海东。
>
> 禅林戒网密，慧苑觉花丰。
>
> 欲识玄津路，缁门得妙工。
>
> 便伏膺为斋戒弟子，既蒙赐。或云，自庆诗一首五言：
>
> 我是无明客，长患有漏津。
>
> 今朝蒙善诱，怀抱绝埃尘。
>
> 道种将萌夏，空花更落春。
>
> 自归三宝德，谁畏六魔嗔。

于政事暇，礼佛读经。每于节会，花香奉佛。兼述真和上《东征传》一卷，俞扬威用，先后又注《起信论》，□藻钩玄门。东大寺唐学僧圆觉，将《注论》至唐。唐灵越龙兴寺僧祐觉，见《论》

手不择卷。因回使，有赞诗曰五言：

> 真人传起论，俗士著词林。
>
> 片言复析玉，一句重千金。
>
> 翰墨舒霞卷，文花得意深。
>
> 幸因星使便，聊申眷仰心。

居士又作《北山赋》，至长安。大理评事丘丹见赋，再三叹仰："曹子建之久事风云，失色不奇。日本亦有曹植耶？"自还使，便书兼诗曰五言：

> 儒林称祭酒，文籍号先生。
>
> 不谓辽东土，还成俗下名。
>
> 十年当甘物，四海本同声。
>
> 绝域不相识，因答达此情。

无量寿国者，风生珠，禁聪苦空，水激全流，波挨常示。居士摄心念诵，愿生安乐云云。

出《延历注录》第五卷。

这部分的传记，主要包含4项内容：与鉴真的关系，与祐觉的关系，与丘丹的关系，临终描述。

先看与鉴真的关系。淡海三船所撰的《唐大和上东征传》卷末，录有《初谒大和尚二首并序》，似乎二首诗均是初谒鉴真时进献的作品。《淡海居士传》未录诗序，所载诗歌亦与《唐大和上东征传》文字略有出入。尤为重要的是，《淡海居士传》廓清了二诗

图7-4　唐僧鉴真像（藤浪刚一编《医家先哲肖像集》）

创作的背景。亦即，"摩腾游汉国"云云是初谒鉴真时的进呈之作，"我是无明客"云云是服膺鉴真后的自庆诗。从这篇传记可知，淡海三船先师从道璇，继服膺鉴真，与赴日唐僧关系密迩。

次看与祐觉的关系。《唐大和上东征传》成书于宝龟十年（779）二月，淡海三船注《大乘起信论》当在此后。此书由东大寺僧圆觉送往唐朝，且唐人赋诗回赠作者，表明事在淡海三船生前。从宝龟十年（779）至淡海三船去世的延历四年（785），日本仅派出过1次遣唐使，即宝龟十年（779）五月二十七日出发的送唐客使布势清直一行，圆觉似乎作为"唐学僧"随此次使团入唐。遣唐使走的是南路，先在明州一带登陆，圆觉将《大乘起信论注》赠给越州龙兴寺僧祐觉，祐觉"见《论》手不择卷"，因作赞诗回赠作者。这首堪称中日文化交流见证的五言律诗，不唯《全唐诗》未载，近年出版的一些专门辑录中日唱和诗的著作亦都漏收[1]，是一首名副其实的唐代佚诗。

再看与丘丹的关系。淡海三船托圆觉将佛学著作《大乘起信论注》带往中国的同时，又作《北山赋》托人送至长安，大理评事丘丹读后赞叹："曹子建之久事风云，失色不奇。日本亦有曹植耶？"遂将书信及赞诗托遣唐使带给作者。丘丹的书信今不存，赞诗则因《淡海居士传》而保存下来。这首五言律诗亦不为《全唐诗》等辑录，与祐觉的赞诗具有同等的价值。

尤其值得注意的是，越州龙兴寺僧祐觉生平不详，而"大理评事丘丹"则是名声不算太小的唐代诗人。《全唐诗》卷三〇七载有小传：

---

1 如张步云著《唐代中日往来诗辑注》（陕西人民出版社1984年版）、杨知秋著《历代中日友谊诗选》（书目文献出版社1986年版）、孙东临等著《中日交往汉诗选注》（春风文艺出版社1988年版）等，均未收录这首唐诗。

丘丹，苏州嘉兴人，诸暨令，历尚书郎，隐临平山。与韦应物、鲍防、吕谓诸牧守往还。存诗十一首。

《全唐诗》卷八八三也录其诗两首，这样存诗共13首；此外，卷七八九另有两首诗辑其联句。丘丹新旧《唐书》无传，生卒年不详。从《全唐诗》所收作品来看，与韦应物、崔峋等名流过往甚密[1]；据《经湛长史草堂》诗序的署款，知贞元六年（790）的头衔是"检校尚书部员外郎兼侍御史"；其他事迹则多不考。今据《淡海居士传》，可以确认布势清直一行入唐期间（779—781），丘丹担任大理评事（从八品下），在长安与遣唐使有过交往，并与淡海三船隔海唱和，谱写了中日文化交流史上的一段佳话。

最后是临终描述。思托的《延历僧录》成书于延历七年（788），距淡海三船去世（785）不过3年。"居士摄心念诵，愿生安乐云云"，说明淡海三船直至晚年信佛不怠，并与思托等唐僧保持往来。

四
《释摩诃衍论》伪书风波

后藤昭雄教授新发现的《淡海居士传》，不仅使淡海三船作为"文人之首"的形象跃然纸面，而且为唐代的中日文化交流提供了珍贵的实证史料。然而，《龙论钞》引录《淡海居士传》，多少有些偶然因素在内。

1　如宋计有功《唐诗纪事》卷二十六"韦应物"条载："应物性高洁，所在焚香，扫地而坐。惟刘长卿、丘丹、秦系、皎然之俦，得厕宾列，与之酬唱。"

所谓"龙论"，是龙树撰、筏提摩多译《释摩诃衍论》的略称，《释摩诃衍论》则是马鸣著、真谛译《大乘起信论》的注释书。这部《释摩诃衍论》，最早由入唐僧戒明带回日本。淡海三船读后发现诸多疑点，当即判为伪书，致书戒明说

图7-5 《释摩诃衍论》书影

"愿早藏匿，不可流转，取笑于万代"，在日本引发一场真伪之争的风波。

《龙论钞》便是在这场风波中诞生的一部著作，书中引载《释摩诃衍论》的本文，又从各书中抄录真伪两说的"证文"，其中包括淡海三船的《送戒和尚状》；因为淡海三船所著的《大乘起信论注》也与此有关，所以从《延历僧录》中引录了《淡海居士传》全义。

淡海三船的《送戒和尚状》，今存于《宝册钞》八、《唯识论同学钞》二之四、《龙论钞》中，除了个别文字有些出入外，三书所传内容基本相同。兹据《宝册钞》八引录全文（个别文字作了校订，原文双行夹注改为括号标注）：

三船真人送戒明和尚状云

《释摩诃衍论》十卷《马鸣菩萨本论龙树菩萨释论》

一昨使至，垂示从唐新来《释摩诃衍论》。闻名之初，喜见龙树之妙译；开卷之后，恨秽马鸣之真宗。今检此论，实非龙树之旨，是愚人假菩萨高名而所作耳。但其本论者，实马鸣菩萨之《起信论》也。梁承圣三年甲戌，真谛三藏之所译也。

今其伪释序云："回天凤威姚兴皇帝制，弘始三年岁次星纪庚子于大庄严寺，筏提摩多三藏译也。"《晋书》云："后秦姚兴，生称大秦皇帝，死称天桓皇帝"始终无"廻天凤威"之号。又姚者姓也，兴者名也，取皇帝姓名即为名，未之有也。又自弘始三年至承圣三年，相去一百五十五年。取后译之本论，合前译之释论，同为一人译，是大虚妄也。又检本论，文雅义圆；今此伪释，文鄙义昏。同卷异笔，必非同译，理则明矣。

今大德当代智者，何劳远路，持此伪文来？昔膳大丘，从唐持来金刚藏菩萨注《金刚般若经》，亦同此论，并伪妄作也。愿早藏匿，不可流转，取笑于万代。真人三船白。

宝龟十年闰五月二十四日状

戒明阁梨座下

已上

在这封书状中，淡海三船提出4个疑点，据此把《释摩诃衍论》断为伪书。

首先是"回天凤威"之号，淡海三船征引《晋书》，指出姚兴皇帝无此名号。流布本（《大正新修大藏经》）《释摩诃衍论》有《天册凤威姚兴皇帝制》序，《宝册钞》八云："廻天凤威者，自元非皇帝讳，是叹帝德之言也。"颇得要领。事实上，80卷本《华严经》有《天册金轮圣神皇帝制》序，《武周录》亦有"我大周天册金轮圣神皇帝陛下"序，皆属同类，不足为奇。

其次是直呼"姚兴"，淡海三船认为"取皇帝姓名即为名，未之有也"。记名之方法，因人、因时、因地而异，虽不失为判断古籍真伪时应加以考虑的因素之一，却不能视为绝对的标准。如《大唐国衡州衡山道场释思禅师七代记》所引的碑文，尾署"李三郎帝即位开元六年岁次

189

戊午二月十五日",甚至连玄宗的乳名有时也会公开登场[1]。

再则是本论与注疏汉译的时间次序。《大乘起信论》成于承圣三年（554），而《释摩诃衍论》成于弘始三年（401），所以淡海三船会说注疏反比本论早155年（实为153年），"是大虚妄也"。《宝册钞》八驳斥道："于释论者弘始三年虽译之，《起信》梵本重请来之日依为同本，真谛三藏承圣三年写先译《摩诃衍论》中本论文言奉上，有何过乎？"意思是说，真谛翻译《大乘起信论》时，参考了153年前筏提摩多翻译的《释摩诃衍论》，将书中引用的本论（《大乘起信论》）采入译著。这种情况不能说完全没有，如玄奘翻译的经疏，当本经此后传入中国时，译者有时直接抄录玄奘译经中的引文[2]。

最后是本论与释论文风不同，淡海三船评述本论"文雅义圆"而释论"文鄙义昏"，断言"同卷异笔，必非同译"。这个问题提得非常尖锐，倘若按照前面的推测，真谛翻译《大乘起信论》时抄录了《释摩诃衍论》的本论译文，那么《释摩诃衍论》必出自筏提摩多一人手笔，书中不应该出现"文雅义圆"与"文鄙义昏"的现象。对此，《宝册钞》八举真谛所译《玄文论》，文风与《大乘起信论》迥异，指出："本论马鸣所造，末论龙树所造也。梵本文章各别，故汉本随不同也。"译文如要保持原著风格，在翻译不同著作时变换文风，也在情理之中。

以上列举并分析了淡海三船提出的疑点，这些疑点虽然不能全部作为"伪书"的证据，但至少说明淡海三船具有广博的知识和敏锐的洞察

1　王勇：《聖德太子時空超越——歷史を動かした慧思転生説》，大修館書店1994年版，第150—153页。

2　《宝册钞》八引《清凉演义抄》云："大唐翻译三藏若有失译圣教，后同经同论梵本重汉土请来之时，先后本同之，写先译奉上之。"

力[1]。《送戒和尚状》最后建议戒明"愿早藏匿，不可流转，取笑于万代"，署"宝龟十年（779）闰五月二十四日"，淡海三船时任大学头兼文章博士，是众望所归的学术界领袖。至于敢几天之内速断《释摩诃衍论》为伪书，则与他刚刚撰完《大乘起信论注》有关，这个问题我们在下面还会涉及。

淡海三船具有深厚的佛学功底，从《淡海记》逸文得到充分印证。801—806年，安澄"集众师之异说"而著的《中观疏记》（《大正新修大藏经》本），援引《淡海记》达53处，足见淡海三船的学问对后世佛教界影响巨大[2]。

五.

《怀风藻》成书经纬

日本现存最早的汉诗集《怀风藻》，究竟由谁编撰而成？至今仍然是个不解之谜。这部诗集现存作者64人，作品计116首，另有诗人传记9篇。卷首冠有长序，兹引录如下：

> 逖听前修，退观载籍：袭山降跸之世，橿原建邦之时，天造草创，人文未作。至于神后征坎、品帝乘乾，百济入朝，启龙编于马厩；高丽上表，图乌册于鸟文。王仁始导蒙于轻岛，辰尔终敷教于译田，遂使俗渐洙泗之风，人趋齐鲁之学。逮乎圣德太子，设爵分

1　关于本节内容，请参考［日］藏中进著《唐大和上東征伝の研究》，樱枫社1976年版，第136—150页。

2　［日］松本通道：《安澄〈中観疏記〉所引〈淡海記〉逸文》，《国书逸文研究》第十九号，1985年10月。

官，肇制礼义。然而专崇释教，未遑篇章。

及至淡海先帝之受命也，恢开帝业，弘阐皇猷；道格乾坤，功光宇宙。既而以为：调风化俗，莫尚于文：润德光身，孰先于学。爰则建庠序，征茂才，定五礼，兴百度。宪章法则，规模弘远；夐古以来，未之有也。于是三阶平焕，四海殷昌；旒纩无为，岩廊多暇。旋招文学之士，时开置醴之游。当此之际，宸翰垂文，贤臣献颂；雕章丽笔，非唯百篇。但时经乱离，悉从煨烬；言念湮灭，轸悼伤怀。

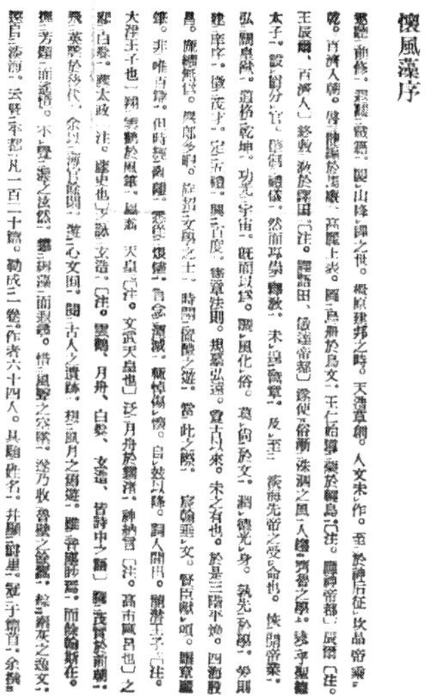
懷風藻序

逖聽前修，遐觀載籍，襲山降蹕之世，橿原建邦之時，天造草創，人文未作。至於神后征坎品帝乘乾，百濟入朝，啓龍編於馬廄；高麗上表，圖烏冊於鳥文。王仁始導蒙於輕島[注。應神帝都]，辰爾[注。王辰爾，百濟人]終敷教於譯田[注。譯語田，敏達帝都]。遂使俗漸洙泗之風，人趨齊魯之學。逮乎聖德太子，設爵分官，肇制禮儀。然而專崇釋教，未遑篇章。及至淡海先帝之受命也，恢開帝業，弘闡皇猷，道格乾坤，功光宇宙。既而以爲，調風化俗，莫尚於文；潤德光身，孰先於學。爰則建庠序，徵茂才，定五禮，興百度。憲章法則，規模弘遠。夐古以來，未之有也。於是三階平煥，四海殷昌。旒纊無爲，巖廊多暇。旋招文學之士，時開置醴之遊。當此之際，宸翰垂文，賢臣獻頌。雕章麗筆，非唯百篇。但時經亂離，悉從煨燼。言念湮滅，軫悼傷懷。自茲以降，詞人間出。龍潛王子[注。大津王子也]，翔雲鶴於風筆；鳳翥天皇[注。文武天皇也]，泛月舟於霧渚。神納言[注。高市麻呂也]之悲白鬢，藤太政[注。藤史也]之詠玄造[注。雲鶴、月舟、白鬢、玄造，皆詩中之語]，騰茂實於前朝，飛英聲於後代。余以薄官餘閑，遊心文囿。閱古人之遺跡，想風月之舊遊。雖音塵眇焉，而餘翰斯在。撫芳題而遙憶，不覺淚之泫然；攀縟藻而遐尋，惜風聲之空墜。遂乃收魯壁之餘蠹，綜秦灰之逸文。遠自淡海，云暨平都，凡一百二十篇，勒成一卷。作者六十四人，具題姓名，并顯爵里，冠于篇首。余撰

懷風藻　序　三

图7–6 《怀风藻序》(与谢野宽《日本古典全集》)

自兹以降，词人间出。龙潜王子，翔云鹤于风笔；凤翥天皇，泛月舟于雾渚。神纳言之悲白鬓，藤太政之咏玄造，腾茂实于前朝，飞英声于后代。

余以薄官余间，游心文囿。阅古人之遗迹，想风月之旧游，虽音尘眇焉，而余翰斯在。抚芳题而遥忆，不觉泪之泫然；攀缛藻而遐寻，惜风声之空坠。遂乃收鲁壁之余蠹，综秦灰之逸文。远自淡海，云暨平都，凡一百二十篇，勒成一卷。作者六十四人，具题姓名，并显爵里，冠于篇首。

余撰此文意者，为将不忘先哲遗风，故以怀风名之云尔。于时天平胜宝三年岁在辛卯冬十一月也。

江户时代硕儒林春斋，将编者比定为淡海三船；此后尾崎雅嘉、伴

蒿蹊、伴信友、上田秋成、藤井贞干、柿村重松、福井康顺、横田健一等著名学者，均起而响应，陆续提出一些有力的证据。

如从修辞特点分析，正史及《万叶集》多用"近江"，而《怀风藻》及淡海三船的其他作品均用"淡海"；《怀风藻序》中有"腾茂实于前朝，飞英声于后代"之句，与《扈从圣德宫寺》五言诗中的"茂实流千载，英声畅九垠"如出一辙；《怀风藻》及《大安寺碑文》均用"龙潜"之语，而《古事记》等仅用"潜龙"；《怀风藻·道慈传》云"妙通三藏之玄宗，广谈五明之微旨"，《大安寺碑文》评道慈"学完五明，智洞三藏"，而《续日本纪·道慈卒传》没有类似的词句。柿村重松据此推测，《怀风藻》必与《大安寺碑文》《扈从圣德宫寺》同出一人之手，断定作者是淡海三船。[1]

近年，藏中进教授通过分析前述序言，认为《怀风藻》之编纂，是因为淡海三船入选"唐学生"后，有意将历代汉诗结集携带入唐，所以才急"收鲁壁之余蠹，综秦灰之逸文"；此后"因疾制亭"，在遣唐使出发后的忧闷岁月中，"略以时代相次，不以尊卑等级"（《怀风藻》目录）排序作品，补上诗人传记9篇，另撰序文1篇，成为现在的体裁。[2]

编书集册以求证中华名士，实是奈良时代以来日本高僧、硕儒之心态，试举数例如下：与淡海三船并称"文人之首"的石上宅嗣，著《三藏赞颂》托人送至唐内道场；最澄搜集《屈十大德疏》《本国大德诤论》，入唐后施入天台山；五代时宽建入华，上奏请赐菅原道真等名家诗集；源信为送宋而修改《往生要集》，"欲令知异域之有此心"[3]，皆可作为佐证。

1　[日]柿村重松：《上代日本漢文學史》，日本书院1947年版。

2　[日]藏中进：《唐大和上東征伝の研究》，樱枫社1976年版，第69页。

3　王勇：《中日关系史考》第八章《唐宋时代日本汉籍西渐史考》，中央编译出版社1995年版，第104—118页。

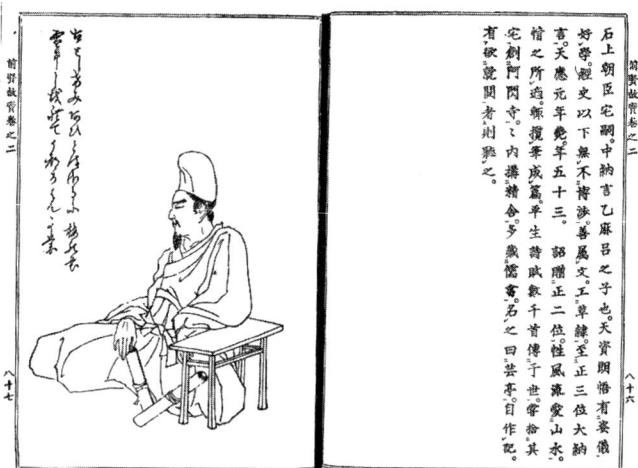

図7-7　石上宅嗣像（《前賢故実》）

　　编撰《怀风藻》这样的诗集，既需要具备出众的才华又必须有合理的动机，8世纪中叶二者兼具之文人，大概屈指可数。藏中进教授从结集送唐的角度，推定编者是淡海三船，确实有独到之处。不过，认为《怀风藻》在遣唐使出发后的"忧闷岁月"中编撰而成，应该说是一个重大的疏忽。《怀风藻》的序文写于天平胜宝三年（751）十一月，遣唐使则是天平胜宝四年（752）三四月间才出发的，倘若淡海三船为了携带入唐而编撰诗集，心情必然处于亢奋状态，决不会在"忧闷岁月"中苦熬。

　　既然《怀风藻》在遣唐使出发之前已经编撰完毕，那么"因疾制亭"的淡海三船是否托人带入中国呢？《淡海居士传》提到圆觉将其《大乘起信论注》转呈唐僧祐觉，如果《怀风藻》确系淡海三船所编，便有可能同时传入中国。我们再来看看祐觉的赠诗：

真人传起论，俗士著词林。

片言复析玉，一句重千金。

翰墨舒霞卷，文花得意深。

幸因星使便，聊申眷仰心。

　　首句"真人传起论"，无疑指淡海三船所撰的《大乘起信论注》；问题是次句"俗士著词林"，究竟在说什么呢？从对仗考虑的话，"著"与"传"对应，当指"写作"；"词林"与"起论"对应，意味某部作品。"起论"既是"大乘起信论注"之略称，那么"词林"也当是某部诗集的简称。这部诗集是否就是《怀风藻》，笔者还不敢贸然断言，但或许可以为推定淡海三船是《怀风藻》的编者，提供一些旁证。

　　事实上，淡海三船确实把日本的汉诗传入了中国，唐代诗人丘丹读到他的《北山赋》，在回赠的五言律诗中称赞他"儒林称祭酒，文籍号先生"，如果结合祐觉的赠诗，恐怕传入中国的诗赋不会仅此一首。

六
《大乘起信论注》与《唐大和上东征传》

　　淡海三船的《大乘起信论注》及《北山赋》，是托付那次遣唐使送往唐朝的呢？这个问题也不好回答。笔者以前作过考索，推测是淡海三船"因疾制亭"的那次遣唐使（752年出发）[1]。现据新发现的《淡海居士传》，当时的结论未免有些操之过急，必须进行较大幅度的更正。

　　从《淡海居士传》的叙述次序来看，参照其他诸书，相关事项可按时间顺序排列如下：

1　王勇等主编：《中日文化交流史大系·典籍卷》，浙江人民出版社1996年版，第196—200页。

（1）从唐僧道璿出家为沙弥。

（2）还俗赐姓，入选唐学生，因病不行。

（3）作《五言初谒大和上二首并序》，服膺鉴真为斋戒弟子。

（4）述《唐大和上东征传》。

（5）撰《大乘起信论注》。

（6）圆觉携《大乘起信论注》入唐。

（7）祐觉回赠赞诗。

（8）丘丹读《北山赋》，赋诗回赠。

《唐大和上东征传》成书于宝龟十年（779）二月八日，《大乘起信论注》的撰著当在此后；祐觉和丘丹托遣唐使带回赠诗，事在淡海三船去世（785）之前。由此判断，《大乘起信论注》和《北山赋》传入中国，必在这6年之间。

查遣唐使年表，此期间入唐的仅送唐客使布势清直一行，宝龟十年（779）五月二十七日出发，天应元年（781）六月二十四日返回。东大寺僧圆觉倘若随此次遣唐使渡海，那么《大乘起信论注》便是在此年二月八日至五月二十七日之间撰写的。

再回头看《送戒明和尚状》，尾署"宝龟十年闰五月二十四日"。从"一昨使至，垂示从唐新来《释摩诃衍论》"来看，淡海三船仅用两天左右时间阅毕全卷，充满自信地断之为伪书。这说明在此之前，淡海三船已经精读《大乘起信论》，并完成了《大乘起信论注》，否则单靠两天时间要吃透《释摩诃衍论》10卷的内容，是不可想象的。

宝龟十年（779），淡海三船任大学头兼文章博士，在儒林享有"文人之首"之盛誉，在佛界受请为撰写鉴真传记之笔主，不愧为"真俗兼该"（《淡海居士传》）之通才。是年四月三十日唐使孙兴进等至奈良，五月二十七日偕送使布势清直一行回国，其间有朝见、宴客、辞见等诸多活动，博学多才的淡海三船必为飨客之核心人物，因而也有机会在唐使归国之际，将诗文托付给唐使或送使的有关人员。

综上所述，圆觉作为送唐客使的一员，携带《大乘起信论注》入唐，赠给越州龙兴寺的祐觉；尔后，唐使或送使的其他成员将《北山赋》带到长安，博得著名诗人丘丹的好评。这期间《怀风藻》有否传入唐朝暂置不论，淡海三船的另一部著作《唐大和上东征传》，似乎被携至中土。

据藏中进教授考证，唐开成三年（838）十一月二十九日，入唐僧圆仁在扬州龙兴寺所见《过海和尚碑铭》，出自中唐著名才子梁肃之手。唐建中四年（783）值鉴真21年忌，扬州龙兴寺僧委请梁肃撰碑纪念先德，梁肃遂据《唐大和上东征传》撰写碑文。如果上述考证无误，那么鉴真传记带入中国者，唯有布势清直一行。从《大乘起信论注》传入越州龙兴寺、《唐大和上东征传》传入扬州龙兴寺判断，此次遣唐使先达明州一带，然后沿运河北上至长安。

圆仁在《入唐求法巡礼行记》中仅摘录《过海和尚碑铭》28字："和尚过海遇恶风，初到蛇海，长一丈，行一日即尽。次至黑海，海色如墨。"这段文字大概参照了《唐大和上东征传》中的"去岸渐远，风急波峻，水黑如墨……三日过蛇海，其蛇长者一丈余，小者五尺余云云"。数十年后，李肇著《唐国史补》，参考《过海和尚碑铭》撰写的鉴真传记，其文如下：

图7-8　入唐僧圆仁像（栃木县壬生寺）

佛法自西土，故海东未之有也。天宝末，扬州僧鉴真始往倭国，大演释教。经黑海蛇山，其徒号"过海和尚"。

众所周知，《唐大和上东征传》是在唐僧思托撰著的《鉴真广传》之基础上节略润色而成的，这部传记由遣唐使携入唐土后，成为梁肃撰写《过海和尚碑铭》的重要资料，李肇在《唐国史补》中为鉴真立传时又参考了《过海和尚碑铭》，说明书籍的传播不单是空间上的移动，更重要的是在流播过程中具有再生功能。

七

淡海三船与新罗使者的诗文交谊

奈良时代日本与新罗遣使频繁，新罗人撰著的佛教章疏传入日本，产生过巨大影响。曾经留学新罗的审祥（一作"审详"），带回大量佛教经疏，堀池春峰根据《正仓院文书》等整理的《大安寺审详师经录》，共达170部645卷，其中多为新罗诸师的著作，如元晓32部78卷，义寂8部15卷，玄一2部3卷，义湘、大行、心憬各1部1卷。

从《正仓院文书》等记录来看，审祥的藏书被频繁借览抄写，尤其是元晓的著作深受日本华严宗的尊崇。元晓被尊为新罗华严宗开祖，他的著作不仅在日本流传，在中国亦受重视。如其所著的《大乘起信论疏》，在中日之间均产生过不小的影响。

《大乘起信论》有所谓"三疏"，即指慧远的《大乘起信论疏》，元晓的《大乘起信论疏》，法藏的《大乘起信论义记》。慧远的《大乘起信论疏》有伪撰之说，这里暂且不论；元晓的《大乘起信论疏》虽然参酌了现存最古的昙延疏（仅存上卷），但多独到的阐发，成书不久即传入中国，人称"海东疏"加以赞赏，法藏的《大乘起信论义记》便以祖述此书为主旨。

查《大安寺审详师经录》，有元晓的《大乘起信论疏》和《大乘起信论别记》，表明至迟在8世纪中叶之前已经传到日本。淡海三船在撰著《大乘起信论注》时，尽其所能博览群书，尤其注重汲取先学的研究精华，推测元晓的《大乘起信论疏》是重要的参考书籍之一。

淡海三船与元晓的书籍因缘，不止《大乘起信论疏》1部。据朝鲜史书《三国史记》，元晓后来还俗，娶新罗公主为妻，生一子名"薛聪"，薛聪之子名"薛仲业"，是为元晓之孙。某年，薛仲业作为新罗国使赴日，遇一酷爱其祖元晓所著《金刚三昧论》的"日本国真人"，以诗并序相赠云云。惜诗今已不存，然序（似非全文）则载于《三国史记》卷四十六《薛聪传》：

世传日本国真人赠新罗使薛判官诗序云："尝览元晓居士所著《金刚三昧论》，深恨不见其人。闻新罗国使薛，即是居士抱孙。虽不见其祖，而喜遇其孙。乃作诗赠之。"其诗至今存焉，但不知其子名字耳。

图7-9　庆州高仙寺的三重石塔
（韩国国宝第36号）

金富轼完成《三国史记》的高丽仁宗二十三年（1145），"日本国真人"的赠诗尚存人世，而元晓孙子之名号已经失考。1914年，韩国出土《高仙寺誓幢和上塔碑铭》（残碑），元晓号"誓幢"，世传高仙寺乃其创建。碑铭其中提到元晓之孙"仲业"奉使赴日之事：

大历之春，大师之孙翰林字仲业，□使沧溟，□□日本，彼国
上宰因□语。[1]

　　这段文字具有很高的史料价值，如元晓之孙字"仲业"，出使日本
在"大历之春"，当时位居"翰林"之职等，皆可补《三国史记》之
阙。"大历"是唐代宗时年号，从766年延续到779年；又云"大历之
春"，则遣使当在大历某年的正月与三月之间。按照这条线索查阅日本
史料，《续日本纪》宝龟十年（799）七月十日有多条相关记事，兹按顺
序引载如下：

　　宝龟十年（779）七月十日，"大宰府言：'遣新罗使下道朝臣长人
等，率遣唐判官海上真人三狩等来归。'"

　　同十月十七日，"敕大宰府，唐客高鹤林等五人与新罗贡朝使共令
入京"。

　　宝龟十一年（780）正月三日，"天皇御大极殿受朝，唐使判官高鹤
林、新罗使萨飡金兰荪等，各依仪拜贺"。

　　同正月五日，"宴唐及新罗使于朝堂，赐禄有差"。

　　同正月六日，"授新罗使萨飡金兰荪正五品，副使级飡金岩正五品
下，大判官韩奈麻萨仲业、小判官奈麻金贞乐、大通事韩奈麻金苏忠三
人各从五品下"。

　　同正月七日，"宴五品已上及唐、新罗使于朝堂，赐禄有差"。

　　同正月十六日，"赐唐及新罗使射及踏歌"。

　　同二月十五日，"新罗使还蕃，赐玺书曰云云"。

　　宝龟十一年（780）正月六日，日本朝廷授予"从五品下"官职的

1　碑铭见［韩］赵明基编：《元晓大师全集》，宝莲阁1981年版。此段文字脱字如按意
　　补上，可释读为："大历之春，大师之孙翰林字仲业，奉使沧溟，东渡日本，彼国
　　上宰因相语。"

"萨仲业"，当与《三国史记》中的"薛判官"、《高仙寺誓幢和上塔碑铭》中的"仲业"属于同一人物，《续日本纪》之"萨"恐当"薛"之误。

综合上述3种资料，可以确定元晓之孙姓薛字仲业，官至翰林，奉使日本时任大判官。至于奉使的具体时间，抵达大宰府是宝龟十年（779）七月，出发当更在此前。《高仙寺誓幢和上塔碑铭》说"大历之春"，宝龟十年相当于大历十四年，则使节团的任命或出发不晚于是年三月。自宝龟十一年（780）正月三日抵京之后，使节团连日受到优遇，薛仲业与"日本国真人"的邂逅，大概就在这一时期。

这位"日本国真人"，究竟是谁呢？宝龟十一年（780），具有与外国使臣交往的身份、精通佛学而又博览群书、且有自信和才华与外国文人诗文相赠、世人又习惯以"真人"称之者，除了淡海三船大概举不出更合适的候选。此时淡海三船任大学头兼文章博士，完成《唐大和上东征传》《大乘起信论注》等著作不过1年，两部著作及《北山赋》等汉诗已托使送往唐土，虽然祐觉与丘丹的赞诗尚未送达日本，但唐人的评价淡海三船大致心里有数，这一切对一名东亚文人来说，大概已臻理想的佳境，与元晓之孙薛仲业邂逅并赠诗序，为这位东亚文化圈哺育出的东瀛才子，又增添了一抹亮丽的国际色彩。

【附录】淡海三船略年谱

养老六年（722）出生于皇族之家，姓"淡海"，名"三船（御船）"，亦称"淡三船""御船王""三船王"。（《续日本纪》等）

天平八年（736）从唐僧道璇出家为沙弥，法号"元开"。（《延历僧录》）

天平胜宝三年（751）　正月，由无位赐姓真人；二月，选为入唐留学生，后因病不行，拜式部少丞；（《续日本纪》《延历僧录》）十一月，撰《怀风藻》。（同书序）

天平胜宝六年（754）　二月，作《五言初谒大和上二首并序》，服膺鉴真为斋戒弟子，始称"真人元开"；（《延历僧录》《唐大和上东征传》）作《五言和藤六郎出家之作一首》；（《经国集》）是年判定入唐留学生携归的金刚菩萨注《金刚般若经》为"伪妄作"。（《送戒明和尚状》《东域传灯目录》）

天平胜宝八年（756）　五月，遭卫士府禁锢，时任内竖（内舍人）。（《续日本纪》）

天平宝字二年（758）　八月，尾张介。（《大日本古文书》十五）

天平宝字四年（760）　正月，山阴道巡察使，时正六位上。（《续日本纪》）

天平宝字五年（761）　正月，授从五位下，任参河守。（《续日本纪》）

天平宝字六年（762）　正月，补文部（式部）少辅；在此前后，被誉为"文人之首"。（《续日本纪》）

天平宝字七年（763）　奉敕撰进历代天皇的汉风谥号。（《释日本纪》）

天平宝字八年（764）　八月，美作守，旋充造池使赴近江；九月，因平叛惠美押胜兵乱有功，授正五位上勋三等；旋除近江介，再迁中务大辅兼侍从。（《续日本纪》）

天平神护二年（766）　二月，天皇赐功田20町；九月，出任东山道巡察使，事后天皇责其"颇乖朝旨"。（《续日本纪》）

天平神护三年（767）　二月，作《五言于内道场观虚空藏菩萨会一首》；三月，任兵部大辅，作《五言扈从圣德宫寺一首》。（《续日本纪》《经国集》《传述一心戒文》）

神护景云元年（767）八月，贬大宰大弐。（《续日本纪》）（八月十六
　　　　日改元）

宝龟二年（771）七月，迁刑部大辅。（《续日本纪》）

宝龟三年（772）四月，此前任大学头，敕命再兼文章博士。（《续日本
　　　　纪》）

宝龟四年（773）三月，朝廷赐田3町。（《续日本纪》）

宝龟六年（775）四月，撰《大安寺碑文》。（《宁乐遗文》《大日本佛教
　　　　全书》《续续群书类从》等）

宝龟八年（777）正月，任大判事。（《续日本纪》）

宝龟九年（778）二月，再大学头。（《续日本纪》）

宝龟十年（779）二月，撰《唐大和上东征传》。（同书跋记、《招提千岁
　　　　传记》）；五月，以所著《大乘起信论注》及《北山
　　　　赋》托遣唐使带往唐土；（《延历僧录》）闰五月，
　　　　作《送戒明和尚状》，判定入唐僧戒明携归的《释摩
　　　　诃衍论》为伪书。（《宝册钞》《唯识论同学钞》《龙
　　　　论钞》）

宝龟十一年（780）正月，新罗使判官薛仲业来日，淡海三船将为其祖
　　　　元晓著《金刚三昧论》所作诗并序相赠；（《三国史
　　　　记》卷四十六、《高仙寺誓幢和上塔碑铭》《续日本
　　　　纪》）二月，叙从四位下。（《续日本纪》）

天应元年（781）十月，三任大学头；十二月，光仁太上天皇驾崩，任
　　　　御装束司。（《续日本纪》）

延历元年（782）八月，兼因幡守。（《续日本纪》）

延历三年（784）四月，拜刑部卿。（《续日本纪》）

延历四年（785）七月，以从四位下、刑部卿兼因幡守去世。（《续日本
　　　　纪》）

第八章
佚存日本的唐人诗集《杂抄》考释

王国维说："凡一代有一代之文学：楚之骚，汉之赋，六代之骈语，唐之诗，宋之词，元之曲，皆所谓一代之文学，而后世莫能继焉者也。"[1]任何一种文体的发展均循着各自的生命轨迹——由发轫到兴盛再至衰落，催发某种文体臻至巅峰的时代，必酝酿出独特的气韵与精神风貌，成为继往开来的标杆。

唐代以"诗"著称，故"唐诗"挟裹着大唐兼容并蓄、吞吐山河的恢宏气象，它不仅在中国文学史上树立一座丰碑，同时也是东亚各国文明发展的活水源头。

何谓"唐诗"？清人编《全唐诗》，初衷乃为汇集唐人作品总计约50000首（句），诗人约2000余名。然而随着日本河世宁（市河宽斋）《全唐诗逸》问世，各类补遗纷至沓来，如王重民《补全唐诗》《敦煌唐人诗集残卷》、孙望《全唐诗补逸》、童养年《全唐诗续补遗》、中华书局《全唐诗外编》、陈尚君《全唐诗补编》，然而多为信手拈来，未成系统与规范。

就其外延，如不拘泥于地域，则唐人赴域外者的作品当收集之；如不局限于民族，则域外人士的诗作当网罗之。如此算来，"唐诗"何止区区千卷？仅日本一地，约可增数千首之多，诗人增加数百；此外，渤

1　王国维：《宋元戏曲史·序》，华东师范大学出版社1995年版，第1页。

海诗人作品多存日韩。

就其内涵，唐诗的体裁当大大扩容，除了前面提到的几种，日本平安时代盛行咏句而非全诗，这种两句一对的诗歌形式，比较适合汉文水平有限的域外人士鉴赏、创作，可谓别开生面的诗体。

倘若从"唐诗"扩大到"汉诗"，那域外汉诗更呈千姿百态，我们的研究思路也必得随之伸展，才能俯瞰中国诗歌文化之全景。

一

日本皇室珍藏

唐代的文献典籍，距今千年有余，世人偶得一纸半页，必视若拱璧镒金。然而，由于自然造化和历史因缘，20世纪终于出现两大奇迹：一是敦煌藏经洞的意外发现，二是日本公私珍藏次第公开。

日本公私珍藏的唐代典籍或唐人钞本，以遣唐使携归者居多，不仅数量宏富，质量尤可称道。以唐人诗卷（偶含唐以前的作品）为例，日本保存的《翰林学士集》《新撰类林抄》《赵志集》《唐诗卷》《唐人送别诗》《杂抄》等，新旧《唐书》及宋代诸家书目均无著录，其中包含大量《全唐诗》未收之佚诗，称之"海外遗珍"不为过。

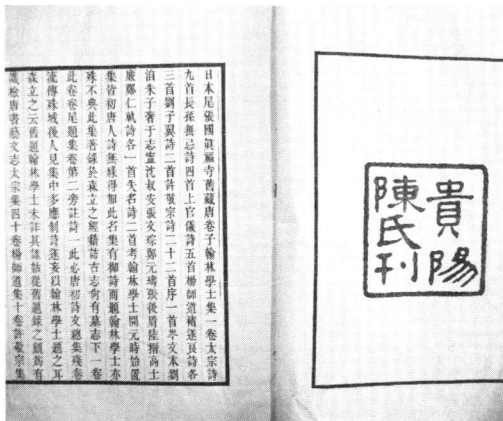

图8-1　清人陈矩影刻《翰林学士集》（真福寺本）

《杂抄》系新近发现的唐人（疑有唐以前的作品）乐府诗残集，现为日本宫内厅书陵部（皇家图书馆）收藏。2000年3月，日本学者住吉朋彦撰文作了介绍[1]，其时笔者在日本文部科学省所属国文学研究资料馆任客座教授，得知这一信息后即邀著名文献学家松野阳一馆长同去查阅，然因时间和条件所限，当时未能抄录全文。此后，经与书陵部交涉，获准制成首份缩微胶卷，遂得仔细判读。兹据管见著录如次：

　　书名：《杂抄》

　　编者：佚名

　　形状：粘叶装册子

　　类别：抄本

　　卷数：存一卷（卷第十四）

　　尺寸：高28.5厘米，宽12.7厘米

　　页数：正文48面，新补封页2面

　　编号：书陵部70165/1（伏2036）

　　此书发现时呈散脱状，所幸现存的12纸，不仅每纸折口处尚存粘贴痕，书脑上方还标有序号，这为恢复原貌带来极大的便利。该书保存良好，个别虫蛀处已经修补，大致无碍判读。

　　《杂抄》残卷存诗34首[2]，另附散文1篇。经检索《全唐诗》，34首作品中仅见16首，且诗题、作者、字句间有异同；其余的18首属于佚诗，包括令狐公、李端、李南、屈晏、朱千乘、崔国辅、法振、崔曙、张谓、郑遂、刘琼11人的作品。

　　本章先依原书次序列出《杂抄》所收作品的篇名和作者，并加按语

1　［日］住吉朋彦：《伏見宮旧蔵〈雜抄〉卷十四》，《書陵部紀要》第51号，2000年3月。

2　［日］住吉朋彦《伏見宮旧蔵〈雜抄〉卷十四》（《書陵部紀要》第51号，2000年3月）判定为35首，原因是李白《宫中行乐》（《全唐诗》题《宫中行乐词》）共64句，《杂抄》取其中2联（各2句），住吉朋彦误判为2首，故总数作"35首"。

作简单解说；然后，对《杂抄》的由来、成书年代及编者进行考证。关于《杂抄》作品的辑佚、校勘等，拟另行撰文考述。

二
篇名与作者

经书陵部修复的《杂抄》为册子本，新补茶色锦缎包背装封面；卷首内题"《杂抄》卷第十四/曲下"，共抄录唐人（其中4人无法确定时代，详后）乐府类诗34首（另散文1篇），其中6篇仅摘录2句或4句。正文低1格标记诗题，同行下方注作者名（后续作品系同一作者，不另注名）；改行书作品本文。

纸面隐隐有押界，高22.7厘米，宽约1.6厘米。折口外侧每面书7行，内侧每面书6行；每行约17—19字不等。字体以楷书为主，但多连笔书写，因而又近草体，有些字不易辨认。行间字旁偶注别字，墨色及书风与本文类同，推测出自抄手本人。

兹据原本顺序，列出篇名和作者。原本省略的作者名，均一一补出。判别作品佚存时，以《全唐诗》和《乐府诗集》为依据，兼参考了别集、类书、辑佚类书籍。

（1）《乐府词》令狐公（佚）

按：七言古诗（4句），《全唐诗》《乐府诗集》等未见。"令狐公"，住吉朋彦疑即"令狐楚"，当是。

（2）《妾薄命》李端（存）

按：杂言古诗（摘4句），存《全唐诗》卷二十四、《乐府诗集》卷六十二，原诗16句。

（3）《古别离》李端（存）

按：五言古诗（摘2句），存《全唐诗》卷二十六、《乐府诗集》卷七十一，原诗38句。

（4）《长安路》钱起（存）

按：五言律诗（摘2句），《全唐诗》卷二四九署"皇甫冉"，注"一作韩翃诗"；《杂抄》作"钱起"，关于此诗作者再添一说。

（5）《画角歌送柳将军赴安西》李端（佚）

按：七言古诗（24句），《全唐诗》《乐府诗集》等未见。

（6）《白帝祠歌送客》李端（佚）

按：杂言古诗（30句），《全唐诗》《乐府诗集》等未见。

（7）《送春曲》李端（佚）

按：杂言古诗（11句），《全唐诗》《乐府诗集》等未见。

（8）《梦仙歌》李端（佚）

按：七言古诗（22句），《全唐诗》《乐府诗集》等未见。

（9）《荆门雨歌送从兄赴夔州》李端（存）

按：七言古诗（30句），《全唐诗》卷二八四题"荆门（一本此下有雨字）歌送兄赴夔州"，仅存24句，《杂抄》可补《全唐诗》之阙。

（10）《玉女台歌送客》李端（佚）

按：杂言古诗（28句），《全唐诗》《乐府诗集》等未见。

（11）《周开射虎歌》李端（佚）

按：七言古诗（24句），《全唐诗》《乐府诗集》等未见。

（12）《折杨柳送别》李端（存）

按：五言古诗（20句），《全唐诗》卷十八、《乐府诗集》卷二十二均题"折杨柳"。

（13）《楚王曲》李端（佚）

按：七言古诗（30句），《全唐诗》《乐府诗集》等未见。

（14）《胡腾歌》李端（存）

按：七言古诗（18句），《全唐诗》卷二八四题"胡腾儿（一作歌）"，存19句。

（15）《离歌辞呈司空曙》李端（存）

按：七言古诗（28句），《全唐诗》卷二八四题"杂歌"，当以《杂抄》信息为全。

（16）《莫攀枝》李益（存）

按：五言绝句，《全唐诗》卷二八三题"金吾子"，诗题与《杂抄》不一。

（17）《落花词》李南（佚）

按：五言绝句，《全唐诗》《乐府诗集》等未见。

（18）《秋猿吟》屈晏（佚）

按：七言古诗（16句），《全唐诗》《乐府诗集》等未见。

（19）《长门诗》朱千乘（佚）

按：七言绝句，《全唐诗》《乐府诗集》等未见。

（20）《霍将军妓》崔国辅（佚）

按：杂言古诗（25句），《全唐诗》《乐府诗集》等未见。

（21）《李尚书美人歌》沙门法振（佚）

按：杂言古诗（24句），《全唐诗》《乐府诗集》等未见。

（22）《少室山韦錬师升仙歌》皇甫冉（存）

按：七言绝句，存《全唐诗》卷二四九。

（23）《蓟门北行》李义仲（存）

按：五言古诗（摘2句），《全唐诗》卷一五八题"蓟北行"，署"李希仲"，原诗16句。

（24）《题遐上人院画古松歌》朱湾（存）

按：杂言古诗（16句），《全唐诗》卷三〇六《题段上人院壁画古松》。

（25）《湖上对酒行》张谓（存）

按：七言古诗（12句），存《全唐诗》卷一九七。

（26）《宛丘李明府厅黄崔吟》崔曙（佚）

按：七言律诗，《全唐诗》《乐府诗集》等未见。"崔"疑"雀"之误。

（27）《采莲女》李白（存）

按：七言律诗（摘2句），存《全唐诗》卷二十一、卷一六三，题《采莲曲》。此诗在《全唐诗》中重出，住吉朋彦记作2首。

（28）《宫中行乐》李白（存）

按：五言排律（摘4句），《全唐诗》卷二十八题"宫中行乐词"，原诗64句。

（29）《放歌行》张谓（佚）

按：杂言古诗（26句），《全唐诗》《乐府诗集》等未见。

（30）《梅花行》郑遂（佚）

按：五言绝句，《全唐诗》《乐府诗集》等未见。

（31）《苦热行》刘琼（佚）

按：七言古诗（12句），《全唐诗》《乐府诗集》等未见。

（32）《扶风行》刘琼（佚）

按：七言古诗（16句），《全唐诗》《乐府诗集》等未见。

（33）《弹棋歌送崔参军还常山》李倾（存）

按：杂言古诗（摘12句），存《全唐诗》卷一三三、《文苑英华》卷三四八。原诗14句，题"弹棋歌"，署"李颀"。《杂抄》之"倾"，当是形讹字。

（34）《韩大夫骠骝马歌》张九龄（存）

按：七言古诗（摘26句），存《全唐诗》卷一九九。原诗28句，题《卫节度赤骠马歌》，署"岑参"。

（35）《蜀道招北客吟》岑参（存）

按：存《文苑英华》卷三五八、《唐文粹》卷三十三，题《招北客文》。

三

伏见宫旧藏与世尊寺流

日本发现的唐代佚书，如《翰林学士集》《新撰类林抄》《唐诗卷》《赵志集》《唐人送别诗》，以及《王勃集》《文馆词林》《游仙窟》《翰苑》等，大多收藏保存在寺院或神社，传承的经纬比较清晰。然而，《杂抄》却出自皇族伏见宫家。1958年，由宫内厅书陵部接管伏见宫旧藏之前（确切地说，是在2000年3月住吉朋彦撰文介绍之前），无人知道天壤间有这部秘籍。

伏见宫旧藏以平安—江户时代的乐舞书籍为主题，包括大量的乐谱、要诀、章程、实录、证书等，零星的文书及归属不明的断简、纸片则别为一箧。书陵部在完成乐书的编目后，着手整理箧中的杂乱文书，结果判明大部分断简、纸片归属于某部乐书（如封面、包纸、标签、脱页等），经修

图8-2　2007年9月30日，笔者应邀出席国立九州博物馆开馆庆典，获准查看镇馆之宝《唐诗残篇》

补后分别与本体合璧；唯独题为"《杂抄》卷第十四"的唐诗抄本12纸，几经查核未得僚简，且内容与其他的日本乐书不同，故单独加以修复。

《杂抄》虽然与其他的乐书有所区别，但此卷收录的34首作品（另散文1篇）均与乐曲关系密迩的乐府类诗（卷尾的散文《蜀道招北客吟》亦可供吟咏），在《杂抄》中归入"曲下"部类，与其他的日本乐书至少具有间接关联。因此，这部诗卷出现在伏见宫家以乐书为主题的藏书群中，有一定的必然性，大概不会是偶然混入的。

伏见宫家贵为日本皇族，为何拥有令人惊叹的乐书珍藏？这至少要追溯到14世纪中叶。

日本建武三年（1336），武士头领足利尊氏不满朝政，起兵攻克皇城京都，囚禁后醍醐天皇，另立光明天皇即位。不久后，醍醐天皇趁乱逃脱，在吉野山重新组阁（南朝），形成与京都政权（北朝）对峙的南北割据局面，史称"南北朝"。

北朝首代光严天皇的长子益仁（后改名"兴仁"）于1338年被立为太子，1348年受禅即位，是为第三代崇光天皇。1351年，足立尊氏因内纷投向南朝，北朝一时被废。崇光天皇出走吉野，旋入河内天野山金刚寺，1357年始得还京，在伏见（地名）筑宫定居。其间，从父（时称"光严上皇"）学习琵琶，以排遣胸中郁闷，也许因为心无旁骛，数年之后尽得真传。1392年，落发为僧，法号"胜圆心"，更淡视名利，遂潜心乐理。

值得一提的是，自后深草天皇（1243—1304）以来，持明院系的历代天皇，视琵琶的传习为帝王显学。这一传统由光严天皇传至崇光天皇，崇光天皇于1398年去世后，荣仁亲王（1351—1416）遂为伏见宫家首代掌门，子孙代代继承祖业而犹重乐道。这支皇族与实权在握的足利幕府龃龉，天皇之位旁落他家，除彦仁亲王过继他家当上后花园天皇

（1428—1462年在位）外，一直作为皇族旁系，在政治上无甚作为。

明治维新（1868）后，从伏见宫分出梨本、山阶、久迩、小松、华顶、北白川、东伏见、贺阳、朝香、东久迩、竹田11支，本家则延续到1947年第24代博明王脱离皇籍为止。

伏见宫家从崇光天皇开始传习琵琶，同时着手搜集相关乐书，经后代的不懈努力，家藏乐书日渐富赡，终于形成日本历史上别具一格的专题收藏。伏见宫旧藏捐献给宫内厅书陵部之后，曾引起社会的广泛注目，诸如《琵琶谱》等珍籍陆续影印出版，裨益学界已久。[1]

关于《杂抄》入藏伏见宫家的经纬及时期，由于没有任何文字记载和实物佐证，目前还无法作出相应的判定。

佚存日本的唐人诗卷，属于唐原抄本还是日本抄本，要作出准确的判定并非易事。尤其是奈良时代，日本抄本多用唐纸，书法追随唐风，避讳等一依其旧，一旦缺损卷末的抄手跋记，难以确定抄本的归属。[2]

《杂抄》的情况如何呢？书陵部在修补残卷时，发现卷尾（第47面）左肩有长条形贴纸痕迹，后从杂纸中找出剥脱的纸札，上书"世尊寺殿定实卿《杂抄》卷第十四"，字体与本文不同；下端钤有阳文印章一颗，经比照《和汉书画古笔鉴定家印谱》[3]，判识是朝仓茂入的专用鉴定印，据此可以认定《杂抄》残卷系日本抄本。

日本平安初期（9世纪前期），嵯峨天皇、空海、橘逸势鼎立书坛，一味追随晋唐书风，号为"三笔"。宽平六年（894）废止遣唐使后，书

1　《伏見宮旧蔵楽書集成》（共3卷），由日本宫内厅书陵部收入"图书寮丛刊"，分别于1988年、1995年、1998年出版。

2　如一直被认为是唐抄本的《翰林学士集》，最近藏中进教授从纸背文书等分析，指出了日本抄本的可能性。参见［日］藏中进：《真福寺本〈翰林学士集〉の伝承》，《アジア遊学》第27期，勉诚出版2001年版。

3　参见［日］伊井春树等编：《古筆切提要——複製手鑑索引》，淡交社1984年版，第432页。

第八章　佚存日本的唐人诗集《杂抄》考释

法界出现向民族精神回归的趋势，小野道风、藤原佐理、藤原行成相继崛起，标志和风书法的勃兴，人称"三迹"。

藤原行成开创的一派称"世尊寺流"，传至第17代藤原行季（1476—1532），作为宫廷的御用书家，称雄书坛达半个多世纪。"世尊寺殿定实卿"即藤原定实，系世尊寺流的第4代，据《公卿补任》和《中右记》等记载，治历四年（1068）叙爵，元永二年（1119）致仕出家，存世作品以元永三年（1120）抄写的《古今和歌集》20卷（日本国宝）最著名[1]。

图8-3 "世尊寺流"开创人藤原行成
（栗原信充《肖像集》）

《杂抄》残卷如果出自藤原定实手笔，不仅在书法史上意义重大，而且可以确定抄写年代在11世纪末或12世纪初。然而，这张贴纸既非原抄本跋记，亦不似抄手自谓之词，所以不能凭此孤证草率定论。

那么，这张贴纸出自何人之手呢？此人便是在贴纸下端捺印的朝仓茂入。日本江户时代（1603—1867）初期，出现一位鉴定书法作品的大家古笔了佐（1572—1662），门下俊足辈出，朝仓茂入（号"道顺"）亦为其一。古笔家将历代经眼的稀世珍品制成样本，供鉴定时参考，此即传世的《藻盐草》和《翰墨城》，俱被指定为日本国宝。

综上所述，大约在17世纪中叶，伏见宫家曾委托朝仓茂入鉴定

1　日本最具权威的《国史大辞典》，将藤原定实的卒年定为"1119年"，显系疏误。

《杂抄》残卷，朝仓茂入断为藤原定实手笔。朝仓茂入依据什么下此定论，目前不得而知。不过，《藻盐草》收有《新撰类林抄》等多种唐人诗歌断简，佐证古笔家对鉴定唐人诗卷颇有经验，朝仓茂入的鉴定当有所据。

图8-4　《藻盐草》

四
成书年代与编者国籍

伏见宫旧藏《杂抄》虽是残卷，但迄今未发现其他传本，故堪称天下唯一孤本，具有很高的文献价值和史料价值。然而，由于旁证资料非常匮乏，许多谜团一时还不易揭开。下面拟对《杂抄》的成书年代及编者作些考证和推测。

（一）《杂抄》的成书年代

《杂抄》残卷共收20名作者的35篇作品，这些诗人大多活跃于盛唐至中唐。兹将新旧《唐书》及《全唐诗》等列传的14人（李颀、李希仲从《全唐诗》），按出生年代的顺序排列如次[1]：

张九龄：仪凤三年（678）—开元二十八年（740）
李颀：天授元年（690）—约天宝十年（751）

1　参照〔日〕小川环树：《唐詩概說》附录《唐代詩人年表》，岩波书店1997年版。

李白：长安元年（701）—宝应元年（762）

崔曙：约长安四年（704）—开元二十七年（739）

崔国辅：？—天宝十四年（755）

岑参：开元三年（715）—大历五年（770）

钱起：开元十年（722）—约建中元年（780）

皇甫冉：开元十一年（723）—大历二年（767）

李希仲：？—天宝年间（742—756）—？

张谓：？—建中元年（780）—？

李端：天宝二年（743）—约建中三年（782）

李益：天宝七年（748）—太和元年（827）

法振：？—大历贞元间（766—805）—？

朱湾：？—贞元元和间（785—820）—？

余下的6人，"令狐公"如据住吉朋彦推断即"令狐楚"，则生于大历元年（766），卒于开成二年（837），与朱湾约为同时期人；"朱千乘"中国文献无传，但据日本文献《高野大师御广传》，元和元年（806）赠诗空海，并有《朱千乘诗》一卷传入日本。至于李南、屈晏、刘琼、郑遂4人，住吉朋彦认为行宜无考，然《旧唐书》卷二十六《礼仪志》载有"太学博士直弘文馆郑遂等七人"的奏议，时在太和六年（832）[1]；又《艺文类聚》引谢承《后汉书》和《抱朴子》，两次提到"李南"，则李南或许是唐代以前之人。

综上所述，《杂抄》中出现的作者，以朱湾、令狐楚、朱千乘等中唐诗人为最晚，而未杂入晚唐诗人的作品，推测成书约在9世纪前期。

---

1 《旧唐书》未提到郑遂作诗事迹，故与《杂抄》中的郑遂是否同一人物，暂时存疑。

（二）编者的国籍

《杂抄》之名未曾见诸历代文献辑录，残卷本身亦无相关记载，所以要考定编者是何人，在目前的状况下近乎不可能。下面我们退而求其次，对编者的国籍作一番推论。

《杂抄》残卷中出现的20名诗人中，朱千乘、郑遂、李南、屈晏、刘琼5人，作品均未收入《全唐诗》，其中可以确定是唐人者，仅朱千乘一人而已。关于朱千乘其人，虽然在唐代文献中未曾留下任何痕迹，但在日本史籍中却多次亮相，兹将相关资料简介如下[1]：

（1）入唐僧空海于元和元年（806）学成归国，抵越州时朱千乘等5人赋诗相送，朱千乘诗题《送日本国三藏空海上人朝宗我唐兼贡方物而□□□□归海东诗》，并附长篇叙文，自署"前试卫尉寺丞"。上述唐人送别诗5首并叙文1篇，俱见空海传记《高野大师御广传》。

（2）佚存日本的唐人诗集《新撰类林抄》，收朱千乘诗二首，即《山庄早春连雨即事》（七言律诗）和《早春霁后山庄即事》（五言古诗）。

（3）大江维时（888—963）编撰的《千载佳句》（四时部、春兴类）录朱千乘诗两句："锦缆扁舟花岸静，玉壶春酒管弦清。"市河宽斋（河世宁）辑入《全唐诗逸》。

以上诗4首（其一存两句。加上《杂抄》所收1首，共计5首）及叙1篇，中国均不传[2]，可知朱千乘在唐代属于默默无闻之辈。然而，其诗文在日本流播甚广，尤其被脍炙人口的《千载佳句》引载，必有特殊

---

1 关于朱千乘的佚诗及事迹，请参见拙文《唐人赠空海送别诗》（载《文献》第4期，2009年10月）、《唐詩に詠まれた空海像》（载《国文学解釈と鑑賞》第66卷5号，至文堂2001年版）。

2 陆心源：《唐文续拾》卷五所录《送日本国三藏空海上人朝宗我唐兼贡方物而归海东诗序》，辑自《空海传记》。

的因缘在内。

翻检空海的《性灵集》卷
四，有日本弘仁三年（812）空
海向嵯峨天皇进献书籍的《献杂
文表》，兹抄目录如下：

《急就章》1卷

《王昌龄集》1卷

《杂诗集》1卷

《朱昼诗》1卷

《朱千乘诗》1卷

《杂文》1卷

《王智章诗》1卷

《赞》1卷

《诏敕》1卷

《译经图记》1卷

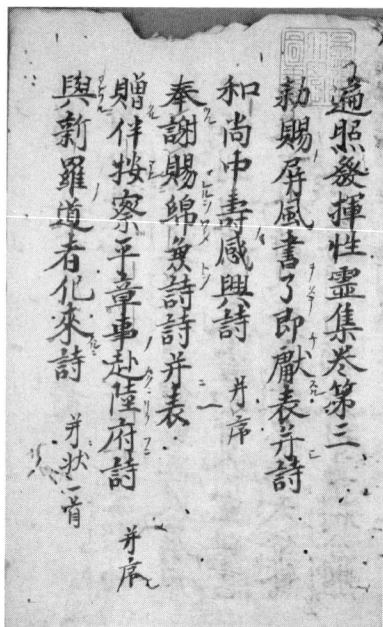

图 8-5　空海《性灵集》残卷（早稻田
大学藏写本）

这些书籍皆系空海赴唐留学期间所获，空海虽以求学密教（回国后
创立真言宗）为本务，但对书法和诗文亦精研不懈，朱千乘在送别诗中
称他"文字冠儒宗"，当非虚言。正因为如此，空海将大量唐人诗集带
回日本。[1]

值得注意的是，空海的进献目录中包括《朱千乘诗》1卷。据此，
我们或许可以提出一种假设：朱千乘的诗作在中国不传，却在现存日本
的诗集中与李白、王维等名流为伍，那么这些诗歌或许采自空海携归的
《朱千乘诗》；进而言之，《杂抄》及《新撰类林抄》很可能与《千载佳

1　据《性灵集》卷四，空海还向嵯峨天皇献纳过《刘希夷集》4卷、《徐侍郎宝林寺
诗》1卷等。

句》一样，是日本人根据从唐携归的诗集选编而成的。

此外，还须一提的是，《杂抄》中有6首诗仅摘2—4句，约占总数的1/6强。李端、钱起、李希仲、李白的作品均见于其他诗集，不录全诗而仅摘佳句，乃日本平安时代文人把玩唐诗之惯技，前面提到的《千载佳句》就通篇如此，这显然不是中国人鉴赏唐诗的做法。

五

《杂抄》与《新撰类林抄》

佚存日本的唐人诗集中，《新撰类林抄》录诗40首，其中16首《全唐诗》及辑佚类未收，因而受到广泛关注。《杂抄》与《新撰类林抄》均以收录唐诗为主，包含大量唐代佚诗，其性质类乎"唐人选唐诗"。

然而，上述两书虽属唐人诗集，却未必是唐人所编。两者具有的一些共同特征，与唐人编选的唐诗集有所不同，笔者据此怀疑是日本人所编，称之为"日人选唐诗"或许更恰当。

首先，两书均与空海关系密切。如前所述，朱千乘的诗通过空海传入日本，《新撰类林抄》录两首，《杂抄》收1首，推测与空海携归的《朱千乘诗》1卷有关。尤其值得注意的是，京都国立博物馆藏《新撰类林抄》（日本国宝）残卷抄本，世传出自空海手笔，散存各

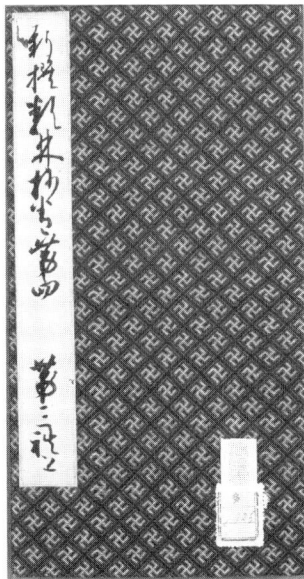

图8-6　《新撰类林抄》卷第四残卷（京都国立博物馆）

处的断简习称"南院切"，亦与空海有关[1]。此外，《千载佳句》摘录朱千乘诗两句，小川环树博士认为有可能采自《新撰类林抄》[2]，现在看来直接取自《朱千乘诗》的可能性更大。

其次，两书中收录作品的诗人，均活跃于盛唐至中唐。《新撰类林抄》中的作者除朱千乘之外，年代可考者均在空海归国（806）前去世；《杂抄》的情况大抵类同，李益、法振、朱湾、令狐楚（令狐公）虽年代稍晚，但在空海归国前皆有诗名。由此看来，上述诗人的作品由空海携带回国，然后在日本编撰成集，也不是毫无可能的了。

再次，两书均含唐代无闻之士的作品。《新撰类林抄》（包括断简）中的何逊、惠敏、王绶、韦硕（韦顾？）、解叔禄、朱頔不见于唐宋文献，其中何逊《梁书》等有传，新旧《唐书》载《何逊集》8卷，《宋史》作"诗集五卷"，则上述6人中或含唐以前人。《杂抄》中亦有行宜不详者4人，如"李南"者恐怕是唐以前人。唐诗集中杂入前朝人作品，有违"唐人选唐诗"规范，不似出自唐人之手。

最后，两书中有多名诗人重合。《杂抄》的诗人20名中，与《新撰类林抄》的作者重合的有以下7人：李顾、李白、岑参、钱起、皇甫冉、李端、朱千乘。其中，李顾、李端、朱千乘的作品多属佚诗，或许3人均有诗集别本传入日本。

如上所述，《杂抄》与《新撰类林抄》虽然书名不同，但有如此多的相似之处，使人怀疑两者是否属于同书异卷。我们来比较一下两书的题记方式：

《杂抄》：《杂抄》卷第十四

曲下

1　此处的"南院"，系空海在东大寺所建，相关文书的断简世称"南院切"。

2　［日］小川環樹：《〈新撰類林抄〉校読記》，《小川環樹著作集》第二卷，筑摩书房1997年版。

《新撰类林抄》：《新撰类林抄》卷第四第三帙上

春闲散上

如果两书互为僚卷，那么原来的书名应该是《新撰类林抄》，《杂抄》只是略称而已。也许有人会提出疑问：《杂抄》以诗别类，《新撰类林抄》以主题分卷，两者体裁相左，怎能归属同一部诗集？

不过，这种情况还是存在的。如唐诗总集《文苑英华》，近体诗按主题分类，乐府诗和歌行类则另立部类。这种风气也影响到日本，弘仁八年（817）编撰的《文华秀丽集》，143 首作品按如下 11 个门类编次：游览（14 首）、宴集（4 首）、饯别（10 首）、赠答（13 首）、咏史（4首）、述怀（5 首）、艳情（11 首）、乐府（9 首）、梵门（10 首）、哀伤（15 首）、杂咏（48 首）。

《杂抄》原本的部类究竟如何，从《文苑英华》及《文华秀丽集》类推，并参照《新撰类林抄》，前面部分很可能按主题分门别类，"卷第十四/曲下"即使不是末卷，大概也已接近全集的尾声。

《杂抄》与《新撰类林抄》尽管有诸多类似之处，但两者的关系究竟如何，现在只能作些臆测而已，我们期待着《杂抄》或《新撰类林抄》僚卷的发现。

检索《隋书·经籍志》《旧唐书·经籍志》《新唐书·艺文志》等，未见《杂抄》书名；宋代的诸家目录，如晁公武《郡斋读书志》、陈振孙《书录解题》、尤袤《遂书堂书目》等，亦不录同名诗集。

9 世纪末编撰的《日本国见在书目录》，总数达 1586 部（17160卷），乃当时日本收藏汉籍之总目录。其中虽多唐人诗集，也没有辑录《杂抄》。

然而，总集类中多有含"杂""钞"的书名，如《隋书·经籍志》载《杂都赋》《杂诗》《诗钞》《杂诗钞》《诗集钞》，《旧唐书·经籍志》

载《霸朝杂集》《集钞》等。

空海从唐携归的诗集中，有《杂诗集》1卷，事见弘仁三年（812）的《献杂文表》（《性灵集》卷四）。江户时代，惠范编撰的《诸师制作目录》，在"空海"条下辑有"《杂抄》一卷"，虽书名相同，但是卷帙不符。

本章后半对《杂抄》的成书年代及编者作了种种猜测和推论，最终还是无法导出令人信服的结论。不过可以断定的是，《杂抄》的成书和流传，与空海携归的资料有关，如果此书系日本人所编，编者即使不是空海，恐怕也是其门徒之辈。

第九章
最后一次遣唐使的特殊使命

日本延历二十三年（804），以藤原葛麻吕为大使的第十八次遣唐使船乘风破浪，横渡东海抵达唐朝。延历年间的遣唐使，因随行的最澄与空海学成归国后，先后创立日本天台宗与日本真言宗，在日本佛教史上书写了辉煌的一页，同时也给桓武天皇治世添加了一笔浓重的国际化色彩。

9世纪初的第十八次遣唐使取得的成果，从多种层面讲均非常巨大，因此咀嚼消化这些成果需要大量时间。大概因为这个原因，桓武之后的嵯峨、淳和二代天皇均未有遣使入唐的动议。时隔约30年，日本天长十年（833）二月，仁明天皇继承淳和天皇登基，翌年（834）正月改年号为承和元年。

仁明天皇胸怀励精图治之志，即位之初似乎就有重启遣唐使之意。据《续日本后纪》，改元之后的正月十九日，立即发布遣唐使的人事任命诏令，包括大

图9-1 派出第十八次遣唐使的仁明天皇（藤井懒斋《本朝孝子传》）

使、副使、判官、录事等四等官[1]。紧接着二月二日，任命造舶使与装束司；继而三月十六日，肥后守粟田朝臣饱麻田吕奉敕命，偕同居住大宰府的唐人张继明入平安京（今京都）觐见。这一系列的动向表明，朝廷在任命遣唐使后，紧锣密鼓地筹备建造海船、制作礼服、收集唐朝的相关信息。

对当时的日本来说，遣唐使之行不啻轰动朝野的举国大事，整个筹办过程冗长且耗费国库。承和二年（835）三月十二日，朝廷命令远在九州的大宰府为"遣唐舶不虞之备"事先准备"绵甲一百领、胄一百口、袴四百腰"，遣唐使船起航进入最后冲刺阶段。

承和三年（836）二月，按照惯例举行一系列祭祀活动，祈祷遣唐使航海安全。首先是二月一日，仁明天皇亲赴皇城之北野，为遣唐使出行祭祀天神地祇；继而同月七日，遣唐大使藤原常嗣一行奉币帛于贺茂大神社；两天后的九日，仁明天皇在紫宸殿召见大使与副使，颁令赐禄遣唐使全体成员：

> 大使彩帛百匹、贲布廿端，副使彩帛八十匹、贲布十端，判官并准判官各彩帛十五匹、贲布六端，录事彩帛十匹、贲布四端，知乘船事、译语各彩帛五匹、贲布二端，还学僧各彩帛十匹。

同年四月二十四日，仁明天皇再次于紫宸殿召见正副大使，为他们举办送别宴会；四月二十九日，赐予大使藤原常嗣代表身份及象征权力的节刀。此后，遣唐使一行分乘4船，在难波（今大阪）港口等待启航。等到五月十二日，"鸳鸯飞来，双集弁官东厅南端"，朝廷判定为吉

---

1 《续日本后纪》卷三承和元年（834）正月十九日条："是日，任遣唐使。以参议从四位上右大弁兼行相摸守藤原朝臣常嗣为持节大使，从五位下弹正少弼兼行美作介小野朝臣篁为副使，判官四人，录事三人。"

兆，遣藤原助衔至难波海口，传达敕语催促遣唐使启航。五月十四日，遣唐使四船起锚驶向大宰府所在的博多。

遣唐使一行在博多稍作休整，七月二日驶入万里波涛的东海。然而不幸的是，船队遭遇逆风被吹回，各船均出现严重损伤，需要大范围修理，大使与副使不得已回到京都，奉还节刀待命。等待整整一年，承和四年（837）七月，经过修复的船团再次从博多出发，竟又遭风暴而退回港口。次年（838）六月，遣唐使船第三次出航，终于顺利进入通往大唐的航道。从承和元年（834）颁布遣唐使人事任命算起，已经耗费了4年时光，其艰辛可以想见。

承和五年（838）成行的遣唐使，作为唐代中日使节往来的收尾之作，具有多元的意义和深远的影响。随同使团入唐的天台僧圆仁，因撰著《入唐求法巡礼行记》而名垂青史；然而他还肩负着一项特殊使命，即携带日本天台宗的疑问请求唐人解答，在天台宗开创者智𫖮灵前供奉日本皇室的祭品，抄写日本所缺的佛教书籍等。

本章以中国浙江省的天台山国清寺为舞台，聚焦于颇富传奇色彩的日本入唐僧圆载，通过追踪他的写经、求书等活动，揭示唐代中日文化交流的一个侧面。

一

从最澄到圆澄

承和年间的遣唐使被赋予浓郁的天台宗色彩，这首先是天台僧圆仁及其旅行日记《入唐求法巡礼行记》，诱发世人诸多联想；其次，随着佐伯有清所著的《悲运的遣唐僧》一书问世，命运多舛的天台僧圆载的曲折经历，也成为此次遣唐使的关注热点。

不仅如此，圆仁作为请益僧、圆载作为留学僧，两人同时入选遣唐使团，追溯其缘由，还与日本天台宗第二代座主圆澄有着密切关联。兹参照《元亨释书》《续日本后纪》以及《类聚国史》等，概述圆澄的出身与经历如下：

宝龟二年（771）出生，俗姓壬生氏，武藏国埼玉郡人。18岁时，师事唐僧鉴真的弟子道忠，受菩萨戒后称法镜行者。延历十七年（798）登比叡山，入最澄门下剃度，改名为圆澄。延历二十三年（804），最澄入唐求法之际，圆澄从唐僧泰信受具足戒，刻苦修行。大同元年（806），最澄自唐归国后，圆澄最先受密教灌顶，也最先受圆顿菩萨大戒。大同二年（807）的法华长讲中，在最澄之后讲说《法华经》第二卷。天长十年（833），继义真之后就任第二代天台座主，在比叡山建西塔院和寂光院。关于圆澄寂年的记载，虽然《续日本后纪》记为天长十年十月二十日，但如后文所述，当以《元亨释书》所载承和四年（837）十月二十六日为妥。

如上所述，圆澄虽无亲自入唐之体验，但诸多证据表明，与承和年间的遣唐使一行，关系可谓至深。兹从《元亨释书》卷二（《圆澄传》之后半部分）中摘录相关记录。（ABC的号码，系引用者标注）

（A）澄劝淳和太后制衲伽梨，施国清寺众。盖厚本也。

（B）天长十年，为天台座主。承和四年十月二十六日，告弟子慧亮曰："先师往年语曰：'我归朝之时，白国清寺座主大众曰：归本国后，常遣请益、留学二僧，请决圆教深旨。我灭后，汝宜选人跨海。'我承遗命，顾门属，未得其人。唯楞严院禅师，可充此任。故我劝此人，入唐请益。我命在今夜，不待此人，为深恨耳。"

（C）今以请益大德所置三十余条疑问并传法记、草杂书等托汝。须彼禅师归朝，必受咨决，是我恳志也。便于寂光道场，其夜三更奄然卒。寿六十六，腊三十四。楞严院禅师者，慈觉也。

（A）记录圆澄劝说淳和太后，向天台山国清寺喜舍衲伽梨（僧衣）。"厚本"指尊重本源、不忘祖庭。至于"淳和太后"究竟为何人，何人于何时喜舍衲伽梨等问题将在后文详述。

（B）主要内容为圆澄遗言，其中又包含最澄的"遗命"——即最澄回国前向国清寺座主许诺："常遣请益、留学二僧，请决圆教深旨。"圆澄在等待近30年后，终于盼来实现先师遗命的机会，可惜环顾四周，门下却无合适人选，唯"楞严院禅

图9-2　日本天台宗开山最澄（比睿山延历寺）

师"堪当此任。至于这位"楞严院禅师"，《圆澄传》最后点明"楞严院禅师者，慈觉也"。圆仁与圆澄同辈，因久住楞严院而人称"楞严院禅师"，圆寂后获赐"慈觉大师"谥号。

《圆澄传》中虽无记录圆仁的入唐身份，但在《入唐求法巡礼行记》中，圆仁自称"请益"，称圆载为"留学"。由此推知，天长十年（833）第二代天台座主圆澄，忠实地履行最澄的遗命，向承和年间的遣唐使推举"请益、留学二僧"，派往国清寺"请决圆教深旨"。

此处需附带说明的是，遣唐使四等官的任命，如前文所述，事在承和元年（834）正月。按常理推断，请益僧与留学僧的选拔，应当在此之后。如果依据《续日本后纪》圆澄卒传的记录，圆澄于天长十年（833）十月去世，那么圆澄所言"我劝此人，入唐请益"，时间上便出现矛盾。倘若按《元亨释书》的说法，圆澄于承和四年（837）十月圆寂，那么遣唐使船在前一年五月已经驶往博多，至此虽然先后二次出航

均遭挫折，但第三次渡海仍在准备之中，这样便更符合传记中所言"不待此人，为深恨耳"的实情。

（C）是与最澄遗命"请决圆教深旨"相关的内容。圆澄提到"请益大德所置三十余条疑问"，此处"请益大德"毋庸置疑指的是圆仁。大约30年前，最澄入唐求法传回天台宗时，已经预料到以书籍为师进行研究和传道，必会产生许多无法自力解决的疑问，只能期待下次遣使入唐"请决"。入唐求法之人，不仅需要大勇气，更需要大智慧，然因"顾门属，未得其人"，圆澄摒弃门户之见，毅然将"三十余条疑问"托付给同辈的圆仁。

圆澄作为日本天台宗第二代掌门，急切想知道"请决"的结果，无奈自感不久于人世，遂托付嫡传弟子慧亮，等圆仁回国"必受咨决"，即获得唐朝高僧的答复，才"是我恳志也"。日本佛教各宗带往唐朝的教义疑问，经唐朝高僧解答通称为"唐决"，均采用一问一答的形式。关于这点，后文再作考察。

如上所述，天台宗僧人圆仁与圆载搭乘最后一批遣唐使船，携带座主圆澄所托付的天台宗疑问，以天台山国清寺为目标渡海出发。最澄一心祈愿宗门隆盛，但欲知其遗命是否能实现，还是先来关注背负此遗命的主人公——圆仁入唐的坎坷经历。

二

从圆仁到圆载

圆仁的入唐之行，若确由天台座主圆澄推举，那么究竟是在何时呢？如前所述，遣唐使四等官的人事任命，始见于《续日本后纪》"承和元年（834）正月十九日"条，请益僧与留学僧的选拔理当在此之后。

据《元亨释书》卷二《圆仁传》，承和二年（835），最澄在圆仁的梦中示现，催促圆仁"入唐求法"；接着第二天早上，朝廷果然赐下"入唐请益诏"。也就是说，圆仁被正式任命为请益僧，最晚也在承和二年某个时点。在《圆仁传》中，最澄通过"梦"向圆仁传递意向，带有明显的传说色彩；结合《圆澄传》来解读，可厘清其中的脉络。即圆澄是承上启下的关键人物，他从最澄接受"遗命"，为此作了长期而精心的准备，最后托付给圆仁去具体实施。

如上所述，入唐请益僧圆仁，从圆澄接手最澄"请决圆教深旨"的遗命，踏上求法巡礼之旅。遣唐使渡海的情况，圆仁在《入唐求法巡礼行记》中有详细记录。即承和五年（838）六月二十三日，遣唐使船从五岛列岛之一的有救岛（宇久岛）启航驶向大海，同月二十八日漂流至扬州沿岸，受到当地唐人救助，七月二日抵达扬州府。

图9-3 中国复原的遣唐使船（宁波舟山）

圆仁携带座主圆澄托付的淳和太后的"衲伽梨"和"三十余条疑问"及一些书籍，急切盼望往台州国清寺求法巡礼。从下节所举《维蠲书状》称"僧圆载奉本国命，送太后衲袈裟，供养大师影"推知，圆仁受命在天台大师（智顗）忌日（十一月二十四日）供奉"衲伽梨"等物[1]。所以从扬州登岸后，请益僧圆仁即与同门的留学僧圆载一起，向官署申请去往国清寺的"过所"（旅行证书）。此间，与官府之间有数通公牒往来。

以大使藤原常嗣为首的第一船乘员在海陵县上岸后不久，便由水路去往扬州，八月一日早晨，大使拜访州衙，造访都督李相公，开始遣唐使的公务。当天，圆仁与圆载分别向扬州官署提交去台州国清寺的申请书。《入唐求法巡礼行记》"承和五年（838）八月四日"条中记，官署询问台州求法之后是否赴上都（长安）。牒文的确认事项如下：

　　还学僧圆仁，沙弥惟正、惟晓，水手丁雄满。右请往台州国清寺寻师，便往台州。为复从台州却来，赴上都去。
　　留学僧圆载，沙弥仁好、伴始满。右请往台州国清寺寻师，便往台州。为复从台州却来，赴上都去者。

对于官署的询问，圆仁与圆载迅速给予回复，说若在台州无可景仰为师之高僧，再上京求法，亦请求沿路诸州的旅行许可。吟味回信之大意，请益僧（亦作"还学僧"，意思是同船往返，不做长期滞留）圆仁为"请往台州国清寺寻师决疑"，留学僧圆载则为"请往台州国清寺随师学问"。"寻师决疑"的语气措辞，显然与最澄的"请决"遗命和圆澄

1　除《维蠲书状》之外，《类聚国史》卷一七九《圆澄卒传》说得更加明白："法师上闻，淳和太皇太后造得衲袈裟，回寄国清寺，以充天台大师忌斋之备。"

的"三十余条疑问"密切相关；而圆载的任务是只是"随师学问"，此时与"寻师决疑"之使命全无干系。

圆仁作为请益僧，在唐滞留有一定期限（一般第二年随原船回国），因而数日后，遣唐大使向扬州李都督请愿"留学僧暂住扬府，请益僧不待敕符，且令向台州"。然而这不符合唐朝的规定，结果自然未被采纳。八月十日，勾当（接待）日本国使的王友真传话：

图9-4　入唐僧圆仁求法纪念碑（扬州）

"相公奏上既了，须待敕来，可发赴台州去。"即李都督已经上奏，必须等待皇帝敕许，圆仁才可向台州出发。

进入九月，朝廷下达敕令，催促遣唐使上京，对圆仁等7人"台州国清寺寻师"一事，则回复"须待本国表章到，令发赴者"。也就是说，唐朝要在收到日本国书（表章）后，才可发出敕许。[1]这样的结果，对圆仁无疑是一个重大打击。如前所述，十一月二十四日为天台大师（智颤）忌日，淳和太后的衲袈裟就是为忌日斋会而准备的。于是，圆仁打算"不待敕符"前往台州。如果等待遣唐使的上奏结果，则会错过忌日供养的时机。

---

[1] 圆仁：《入唐求法巡礼行记》承和五年（838）九月二十日条。对于遣唐使入唐携带"表章"（即臣下向皇帝上奏的表文，外国使节则上呈国书），日本仍有一些学者顽固地予以否认。然这条出自日本人之手的史料，雄辩地证明如没有"表章"，遣唐使的所有活动将无法开展。

十月五日，包括遣唐大使在内的35人，分乘5艘官船从扬州出发。之前一天，圆仁与圆载各自作好请愿书托付判官，请他入长安之后再次向唐朝上奏。从至今为止的事态发展来判断，请益僧圆仁的台州决疑之事，是作为遣唐使的重要使命之一被优先处理的。因而判官与大使直接参与此事，甚至扬州府的李都督也为此向朝廷上奏。虽然失去忌日供养的机会十分可惜，但是相关人员都认为遣唐大使一旦向皇帝奏明实情，圆仁、圆载马上能如愿获得敕许。

十二月三日，遣唐使一行沿运河北上，大约费时两个月，终于进入长安。光阴荏苒，物换星移，转眼到了开成四年（839），因长安那边迟迟没有消息，圆仁日益焦急，几次向李都督身边的沈弁相询"殊蒙相公牒，得往台州否"。但是，外国使人去往李都督管辖以外的州府，敕许是不可缺少的。

开成四年二月八日，盼望已久的书信终于从长安传来。这是由判官长岑高名在闰正月十三日所写，其中有"使对见天子之日，殊重面陈，亦不蒙许"（《入唐求法巡礼行记》），这消息对圆仁而言简直是晴天霹雳，最后一线希望也消失了。

藤原常嗣大使等上京人员完成朝贡的使命后南下，二月十二日到达楚州，开始进行回国的准备。圆仁等在扬州待命的人员也向楚州移动，同月二十四日到达楚州城，从大使处了解到事情的全部经过。

　　到京之日，即奏"请益僧往台州"之事、"雇九个船且令修"之事。礼宾使云："未对见之前，诸事不得奏闻。"再三催劝上奏，但许雇船修理，不许遣台州。蒙敕报称："使者等归国之日近，自扬州至台州路程遥远。僧到彼，求归期，计不得逢使等解缆之日，何以可得还归本国？仍不许向台州。但其留学僧一人许向台州，五年之内，宜终给食粮者。"对见之日复奏，敕全不许。后复重奏，

图9-5　遣唐大使藤原常嗣（菊池容斋《前贤故实》）

遂不被许。此愧怅者。[1]

如同上文，大使抵京之日（十二月三日），上奏"请益僧往台州"与"雇九个船且令修"二事，后者被允许，前者未被允许。按照"敕报"所举理由，圆仁如去往台州，无法赶上回国的归帆。大使仍不死心，在谒见之时与辞见之时再次上奏，都未被准允。但是，留学僧圆载的请愿却被准允了。

二月二十六日，从扬州来的一通牒文寄到遣唐大使手上，其中有"留学圆载、沙弥仁好、傔从始满。朝贡使奏请往台州学问，奉敕宜依所请。件圆载等牒请往楚州，别朝贡使，却回到扬州，便台州。"[2]督促圆载主从3人，在楚州与遣唐大使辞别后，立即返回扬州，再往台州

1　圆仁：《入唐求法巡礼行记》承和六年（839）二月二十四日条。

2　圆仁：《入唐求法巡礼行记》承和六年（839）二月二十六日条。

留学。

至此，请益僧圆仁与留学僧圆载开始走向不同的命运。圆澄嘱托的祖师最澄的"遗命"，圆仁已经无法亲自去完成了。二月二十七日，他无奈地将"大座主寄上天台山书一函并衲袈裟及寺家未决、修禅院未决等"交付给圆载，期待圆载完成日本天台宗宗门的使命。翌二十八日，圆载主从3人在勾当王友真的陪伴下前往扬州，为他们送行的圆仁百感交集，在日记中写下"惜别、惆怅"。

三
关于《维蠲书状》

开成四年（839）二月二十七日，圆澄所托付的最澄"遗命"，由圆仁移交给到圆载，并未按预期进行。原来的主角圆仁突然谢幕退出，从正面舞台消失踪影，然而谁也料想不到的是，他摇身一变成为"非法滞留者"，挂锡于山东文登县赤山法华院，随后巡礼五台山，旋入长安，广结名僧大德，从青龙寺法全等受密法，从宗颖习天台止观，从宝月学悉昙（梵语），前后历时10年，活跃于另一个舞台。另一方面，原来作为配角的圆载，因临时受命而粉墨登场，从圆仁手里接过最澄"请决圆教深旨"的使命，他的动向骤然引起关注。

自古以来，远涉海外而埋骨异乡者，大抵逃不脱被故国遗忘的宿命。

图9-6 《维蠲书状》（东京大学图书馆藏《唐决集》）

圆载亦不能幸免，日本方面几乎没有留存可信的传记资料，反而在中国文献里尚有几种珍贵资料可寻。其中，最重要的资料之一，即俗称"维蠲书状"，兹将主要部分录出。（ABCD编号，系引用者标注）

（A）六月一日，天台山僧维蠲，谨献书于郎中使君阁下。……昔南岳高僧思大师，生日本为王，天台教法，大行彼国。是以内外经籍，一法于唐。约二十年，一来朝贡。

（B）贞元中，僧最澄来。会僧道邃为讲义，陆使君给判印。归国大阐玄风。

（C）去年，僧圆载奉本国命，送太后衲袈裟供养大师影，圣德太子《法华经疏》镇天台藏。赍众疑义五十科来问，抄写所缺经论。

（D）禅林寺僧广修答一本，已蒙前使李端公判印竟。维蠲答一本，并付经论疏义三十本。伏乞郎中赐以判印。……僧维蠲谨言。[1]

此书状以"六月一日，天台山僧维蠲，谨献书于郎中使君阁下"起笔，而以"僧维蠲谨言"结尾。从文体上判断，未采用公文书的体裁，大抵属于私信性质。《天台霞标》（初编卷之三）收录此书状时，不仅冠

---

1 《卐新纂续藏经》（No.942）所收全文如下："六月一日，天台山僧维蠲，谨献书于郎中使君阁下。维蠲言：去岁不稔，人无聊生。皇帝忧勤，择贤救疾。朝端选于众，得郎中以恤之。伏惟郎中天仁神智，泽润台野。新张千里之崤，再活百灵之命。风雨应祈，稼穑鲜茂。凡在品物，罔不悦服。昔南岳高僧思大师，生日本为王，天台教法，大行彼国。是以内外经籍，一法于唐。约二十年，一来朝贡。贞元中，僧最澄来。会僧道邃为讲义，陆使君给判印，归国大阐玄风。去年，僧圆载奉本国命，送太后衲袈裟供养大师影，圣德太子《法华经疏》镇天台藏。赍众疑义五十科来问，抄写所缺经论。禅林寺僧广修答一本，已蒙前使李端公判印竟。维蠲答一本，并付经论疏义三十本，伏乞郎中赐以判印。光浮日宫，丕冒遐裔。恩流永劫，道德日新。烦黩听览，不任悚惧。僧维蠲谨言。"

以"乞判印牒"之题，又附有"开成五年八月十三日，天台僧维蠲谨献郎中使君阁下"落款，俨然公文书一般。我们马上能够发现，同一书状在两份文献中日期并不一样，那么究竟是"六月一日"（《卍新纂续藏经》）正确，还是以"八月十三日"（《天台霞标》）为准呢？

这个问题不难解决，查看《卍新纂续藏经》及《天台霞标》，在《维蠲书状》之后附有"郎中使君"回复，此回信以"开士圆载"开头，"开成五年八月十三日，朝议郎使持节台州刺史上柱国赐绯鱼袋滕迈白"结尾。由此判断，《天台霞标》编者将回信日期误入维蠲书状中。也就是说，维蠲六月一日写的书状，台州刺史滕迈（当为"滕迈"，详后述）于八月十三日给予回复。

开成五年是唐的年号，当日本承和七年（840）。前面已经提到，此前一年的二月二十八日，圆载在楚州告别大使与圆仁等，偕弟子与随从向扬州出发，目的地是台州国清寺。留存至今的写本《法华经五百问论（上）》，有圆载的跋语"开成四年六月，于大唐台州国清寺日本新堂，书写此书"。因此，虽然圆载一行到达天台山国清寺的确切时间不得而知，但可断定必在此之前。

鉴于《维蠲书状》是散逸海外的唐人佚文，且包含丰富的中外文化交流内容，具有很高的文献史料价值，故就与本文主旨相关部分，对此书状稍作探讨。

首先是（A），东野治之别具慧眼，把"约二十年，一来朝贡"的"约"字，解释为动词的"约定"（一般理解为副词的"大约"），在此基础上提出遣唐使20年朝贡1次的"年期制"假设，曾经在学术界引起很大反响。笔者从书籍交流的角度来解读，中国高僧慧思托生为日本国王的信仰，促进了天台宗向日本流传，尤其是书籍的传播，带来"内外经籍，一法于唐"之盛况，也成为饶有趣味之说。

其次是（B），地方长官（刺史）对入唐僧所求的唐决与书籍给予

"判印"，可以追溯到最澄的先例，而值得庆幸的是，题为"最澄在唐日问，邃座主决义"的道邃为最澄答疑的《唐决》，历千有余年而传存至今（《卍新纂续藏经》）。

再则是（C），此处记载圆载接受圆仁托付使命，具体实行、落实的情况是此书状中史料价值最高的部分。关于天台大师灵前供养的衲袈裟的托付人，书状中只写"太后"，而《元亨释书》明记为"淳和大后制衲伽梨"，《类聚国史》也记载"淳和太皇太后造得衲袈裟"。据此可以考定，托付人当为淳和太上天皇之"后"，即正子内亲王无疑¹。圣德太子《法华经疏》入天台藏一事，未见其他文献记载，笔者认为这也是圆仁托付的使命之一。至于"众之疑义五十科"与"所缺经论"，拟在后文论述。

最后是（D），针对"众之疑义五十科"，禅林寺广修的回答已经得到前刺史"李端公"的判印，国清寺维蠲的回答以及"经论疏义三十本"则向新任刺史"郎中使君"请求判印。"李端公"之"端公"，并不是字也不是号，而是唐朝侍御史的别称（尊称）²。《全唐诗》中收录诗一卷的李敬方，推定即为此人。除此之外，新任刺史"郎中使君"的姓名，《卍新纂续藏经》与《天台霞标》作"漆迈"或"膝迈"，恐皆为形讹，当以"膝迈"为是。他在《全唐诗》中也留有作品，为名垂青史的文化人。

1 据《续日本后纪》，淳和天皇于天长十年（833）二月二十八日让皇位于皇太子（仁明天皇）。同年三月二日，仁明天皇奉淳和天皇尊号为"太上天皇"，淳和皇后为"太皇太后"。因而《类聚国史》中的"淳和太皇太后"的记载最为正确。

2 李肇《唐国史补》卷下载："宰相相呼为'元老'，或曰'堂老'。两省相呼为'阁老'。尚书丞、郎、郎中相呼为'曹长'。外郎、御史、遗、补相呼为'院长'。上可兼下，下不可兼上，惟侍御史相呼为'端公'。"

第九章　最后一次遣唐使的特殊使命

四

疑问与唐决

日本列岛四面环海，由于特殊的地理环境，即使在遣唐使时代，和唐朝的人物往来也受到诸多限制，因而通过书籍摄取文化的模式渐趋成熟。特别是日本的天台宗，是在解读最澄入唐携归的书籍中发展起来的。然而，与师徒直接传授不同，书籍只能说是"沉默之师"，不能当场解疑释惑。于是，将平素累积的教义上悬而未决的问题，托付于下次出发的入唐僧，请中国大德高僧解答，成为包括天台宗在内的日本佛教界的独特现象。

在日本汇集而成的问题集，被称为"未决"或"疑问"等；唐僧对这些问题的回答，则被称作"唐决"。日本僧人事后把疑问（未决）与回答（唐决）以及相关书信文牒结集成册，便是"唐决集"了。

《卍新纂续藏经》（NO.942）中，像这样的"唐决集"共收录了6卷。与本文直接相关的是，（1）《圆澄问广修答》和（2）《圆澄问维蠲答》以及（3）《义真问维蠲答》共3卷。以下分别探讨之。

（1）《圆澄问广修答》。卷头开首为"圆澄疑问"，然后罗列30问题目，其后记"日本国三十问，谨案科直答如后。天台沙门广修撰"。据此可知，后续的30条答文（每条先出问目全文，后为解答），必是广修针对圆澄的疑问所作的。圆澄汇总的30个疑问，正是经圆仁托付给圆载的"寺家未决"。《入

图9-7　天台十祖广修

唐求法巡礼行记》承和七年（840）五月十八日条，明确记载其为"延历寺未决三十条"，并记录"国清寺修座主已通决之，便请台州印信，刺史押印已了"的重要信息[1]。将广修记作"国清寺修座主"乃明显的错误，根据《维蠲书状》广修应该是"禅林寺僧"。另外在《宋高僧传（卷三十）》所收《天台山禅林寺广修传》中，可以看到"开成三年，日本国僧圆载，来躬请法"，佐证圆载与广修有过直接的交流。

（2）《圆澄问维蠲答》。此"唐决集"由多份文献组成，格式与众不同。即卷首冠《维蠲书状》，续揭台州刺史滕迈印信两通（一对维蠲唐决，一对经论目录），接着在"付日本国经论目"下罗列书目30种，最后题"答日本国问一卷"，逐条载录维蠲的答文。与（1）《圆澄问广修答》不同的是，此处缺失30问题目，但维蠲的答文形式与广修同，即每条先出问目全文，后为解答。比较问目的内容与数量，虽然文字繁简有别[2]，但可断定两者同为圆澄汇集的问目。

然而令人不解的是，圆载既然已从广修处得到唐决，为什么还要维蠲作答呢？若采信《元亨释书》的记载，圆澄接受最澄遗命的时候，要求"请决"的地点为国清寺。笔者揣度，最初请禅林寺广修作答，更多是出于偶然。据《入唐求法巡礼行记》记载，承和六年（839）闰正月十九日、二十日，"天台山禅林寺僧敬文"来访并与圆仁笔谈。圆仁为履行使命而询问国清寺的情况，敬文则借机宣传禅林寺以及广修座

1　五台山巡礼中的圆仁，在善住阁院主处见到天台山修禅寺敬文座主送来的广修答本和台州刺史的印信。在此前日，圆仁曾向志远和上请决延历寺未决三十条，志远当即回答，予以拒绝："见说天台山已决此疑，不合更决。"

2　（1）与（2）相比，圆澄的"疑问"相当简略，有些条目仅摘录开头部分。

主。[1]同年三月三日，圆载被委以"请决"大任，离开楚州经扬州向台州进发。同一天，敬文与圆载背道而行自扬州到楚州，当了解事态变化后，立刻折回扬州，以便"共圆载阇梨向天台山去"。按情理推测，圆载向广修请唐决一事，应为敬文居中斡旋。"答日本国问一卷"（维蠲唐决）卷末，附有"承和十年五月七日，从内里赐左小将藤原良相大夫，副状送山家"的记文。日本承和十年即唐会昌三年（843），广修和维蠲的唐决连同"经论疏义三十本"，当于是年五月七日之前递呈日本朝廷，其副本则送往延历寺。至此，最澄的遗命最终得以实现，但是圆澄作为这一事业的企划者和推动人，却早在6年前过世了。

(3)《义真问维蠲答》。在前揭《维蠲书状》中，有一处令人困惑，即（C）中"赍众疑五十科来问"。据（1）和（2），广修和维蠲看到的"疑义"，只有圆澄的30问而已。"五十"有可能是"三十"的误写，但圆仁交付圆载的除"寺家未决"，还有"修禅院未决"。此"修禅院未决"疑即义真提出的"疑义"。细察《义真问维蠲答》，卷头题"义真疑问"，继而列举13条问题，之后有"答修禅院问"，回答也按此顺序排列。假如圆仁交付的"寺家未决"即圆澄的30问，"修禅院未决"是义真的13问，那么两者相加为43问，还是没有达到《维蠲书状》所云"五十科"。一种解释是维蠲将"四十三"说成整数"五十"，还有一种可能是圆仁或圆载另加7问。不过这仅是臆测而已，目前无法作出定论。

---

1 《入唐求法巡礼行记》承和六年（839）闰正月十九条有如下记录："请益僧问：未审彼天台国清寺几僧几座主在。敬文答云：国清寺常有一百五十僧久住，夏节有三百已上人泊。禅林寺常有四十人住，夏即七十余人。国清寺有维蠲座主，每讲《止观》，广修座主下成业。禅林寺即是广修座主长讲《法华经》《止观》玄义，冬夏不阙。后学座主亦有数人云云。"

五

"经论疏义三十本"

《卍新纂续藏经》中收录的《圆澄问维蠲答》的唐决集，包含两通滕迈回应维蠲的文书。以"开士维蠲"开头的一通，尾署"漆迈白"，显示私人信件的文体；以"圆载阇梨"起首的一通，文末署"朝议郎使持节台州刺史上柱国赐绯鱼袋漆迈给"，相当于维蠲（其实是圆载）所请求的"判印"，兹录如下：

> 圆载阇梨，是东国至人，洞西竺妙理。梯山航海，以月系时。涉百余万道途之勤，历三千世界之远。经文翻于贝叶，乡路出于扶桑。破后学之昏迷，为空门之标表。遍礼白足，淹留赤城。游巡既周，巾锡将返。恳求印信，以为公凭。行业众知，须允其请。
>
> 开成五年 月 日 朝议郎使持节台州刺史上柱国赐绯鱼袋漆迈给

"恳求印信，以为公凭"的措辞，表明此文书类乎公文；署"漆迈给"，隐约含有"发给"的意味。日期处为空白，推测与前一封致维蠲的私信一样，同为"开成五年八月十三日"。

圆载为使自己的留学成果得到权威的认定，遂向地方长官请求印信。一是维蠲所写的唐决，另一就是历时近一年抄写的"经论疏义三十本"。入唐僧们的求书活动原非个人行为，而是一项受国家财政支援、需提交相应成果的国家事业。圆载当初到天台山时，已经有明确目标，即"抄写所缺经论"，或可认为在日本已事先做了"求书目录"。台州刺史的"公凭"，正是与这一日本国家事业相呼应的举措，因此不可或缺，无怪乎要如此执着相求了。

此外，以上"公凭"的末尾，在"付日本国经论目"题下，附有30

图9-8 中日祖师碑亭（天台山国清寺）

条书籍目录。这无疑就是《维蠲书状》所说的"经论疏义三十本"。兹从《卍新纂续藏经》引录如下：

（1）《大悲经》三卷；（2）《新释般若心经》一卷；（3）《唐梵对书佛顶》一卷；（4）《仁王经疏》一卷；（5）《金刚经疏》一卷；（6）《菩萨戒疏》二卷；（7）《念经仪法》一卷；（8）《随自意三昧》一卷；（9）《四十二字门》一卷；（10）《小止观》一卷；（11）《华严义海》二卷；（12）《华严还源观》一卷；（13）《华严十玄门》一卷；（14）《注法界观》一卷；（15）《注止观偈》一卷；（16）《止观料节》一卷；（17）《止观科文》一卷；（18）《六妙门》一卷；（19）《释氏血脉谱》一卷；（20）《修禅法行》一卷；（21）《还源集》三卷；（22）《佛窟集》一卷；（23）《大师口决》一卷；（24）《陈先帝书》一本；（25）《圆式论》一本；（26）《义要》一卷；（27）《中

242

道因缘论》一卷；（28）《形神不灭论》一卷；（29）《法王诏》一本；（30）《心王赋》一本。

在《天台霞标》（初编卷之三）中，也载有大同小异的书籍清单，兹撷拾两者不同处示之。《天台霞标》书目题"付日本国经论目录"，此"录"字《卍新纂续藏经》无；（6）《菩萨戒疏》与（11）《华严义海》均作"一卷"，而非"二卷"；（24）《陈先帝书》与（25）《圆式论》作"一卷"，而非"一本"；（20）《修禅法行》的"行"作"门"。

在上述书目之后，另起一行题"答日本国问一卷"，以一问一答形式，记录圆澄的疑问和维蠲的解答。

六

国清寺日本新堂

前面提到的"经论疏义三十本"，可以看作是圆载求书活动成果之一，但抄写者是否圆载则不得而知。从最澄的事例推断，雇写手抄经最为普遍。但也有例外，《法华经五百问论》（简称《五百问论》）三卷，可确定为圆载亲自抄写。此经书活字本收录在《卍新纂续藏经》（NO.939）中，所以广为人知。此外还有文永八年（1271）的抄本，现存于东大寺图书馆。

以《卍新纂续藏经》的通行本为例，卷下的末尾附有几则题跋，说明本书抄写的时间、地点、动机及东传流布之经纬。以下逐一介绍，首先是圆载的跋语：

开成四年六月，于大唐台州国清寺日本新堂，书写此本。会昌三年三月三日，付僧仁好等，送上日本国延历寺徒众、大德、三纲、宿德耳。圆载记上。

这里值得注意的是，圆载在国清寺一个名为"日本新堂"的地方抄写此书。唐大中七年（853），搭乘商船漂流至中国福建的圆珍，在后来巡礼天台山时，听闻约50年前祖师最澄在禅林寺造院，作为留学求法的设施。最澄的遗命提到求法僧要到国清寺"请决"疑义，从这点来看，最澄以其远见为后学准备设施，也是极有可能的。

《天台霞标》初卷之二所辑《圆珍传》，还有下文。最澄建立的"院舍"在会昌年间被拆毁，圆珍感叹此事，遂拿出砂金三十两，在国清寺的止观院建"止观堂"；又造"三间房"，命名为"天台国清寺日本国大德僧院"，以实现最澄的心愿[1]。根据唐人沈懂所撰的《国清寺止观堂记》可知，大中十年（856）九月七日建成后，圆珍立即"住持此院"。

最澄在禅宗色彩浓厚的禅林寺（而非天台宗本山的国清寺）设"院"，这点多少让人觉得不可思议，但这种可能性也不能完全

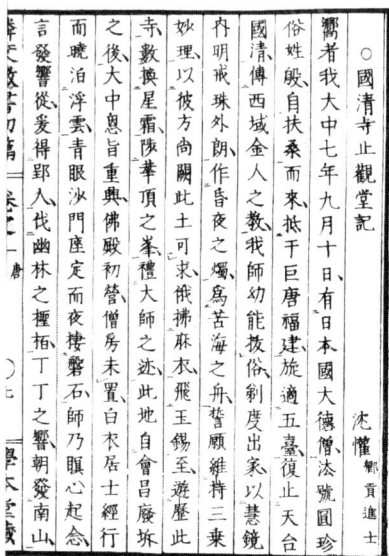

○国清寺止观堂记

沈懂鄂贡进士

嚮者我大中七年九月十日，有日本国大德僧法号圆珍俗姓殷自扶桑而来抵于巨唐福建旋适五臺复止天台

国清传西域金人之教我师幼能教俗制度出家以慧镜丹明戒珠外朗作昏夜之烛焉苦海之舟誓愿维持三乘

妙理以彼方向关此土可求依拂麻衣飞玉锡至遊歷此之後大中恩旨重兴佛殿初营僧房未置自东居士经行

寺数换尾霜陵华顶之峯禮大师之迹此地自會昌廢坼而晓泊浮雲青眼沙门座定而夜楼磬石师乃眠心起念

言发響從爱得郢人代幽林之橿拆丁丁之響朝发南山

图9-9　唐人沈懂《国清寺止观堂记》
（伊藤松《邻交征书》）

---

[1] 《天台霞标》初卷之二云："而会昌年中，僧人遭难，院舍随去。仍将右大臣给圆珍充路粮砂金三十两买材木，于国清寺止观院起止观堂，备长讲之设。又造三间房，填祖师之愿。……题曰'天台国清寺日本国大德僧院'。"

排除。圆珍在《请传法公验奏状案》的注文里，写有"于禅林寺造传法院，备后来人"。如果圆珍记载无误，说明国清寺有日本"止观堂"，禅林寺有日本"传法院"，则最澄很可能在国清寺和禅林寺均留有某些设施。

假设贞元二十年（804）最澄在国清寺造了某"堂"，25年后圆载到达天台山时，即便幸存，也不可能立刻投入使用。可以想象圆载是进行了修复或是再建，单从"日本新堂"这个名字，就可以知道绝对不是照搬使用旧的设施。

可以肯定的是，国清寺的"日本新堂"落成完工后，圆载马上投入抄经事业。开成四年（839）二月二十八日，他自楚州向扬州去，在扬州拿到旅行证明书（过所）等之后，又向梦想之目的地台州进发。虽不清楚他究竟何时到达国清寺，参考最澄从明州到台州国清寺的行程，约需一个月左右，这样推算圆载大约是在四月初到达国清寺。加上日本新堂的工程，等到六月份才抄写前文所举的《法华经五百问论》。根据圆载跋语所记，会昌三年（843）三月三日托付弟子仁好，回国献给延历寺众僧。同年九月，通过楚州新罗译语（翻译）刘慎言的斡旋，仁好和顺昌搭上新罗人张公靖的便船（《入唐求法巡礼行记》），于十二月九日到达长门国（《续日本后纪》卷十三所记录）。

圆载抄写的《法华经五百问论》3卷，由弟子仁好等带回日本。此书相传为天台宗六祖湛然撰述，其问答形式如同唐决集，日本人视若珍宝，广为传抄。在圆载跋语之后，还有多条识语，从中可知此书在日本流传的状况。以下依时间顺序列出：

（A）大唐开成四年，于台州天台国清寺日本新院，书写此本。于本学天台人，令知大师教迹，胜过别宗。学者知之。

（B）文永八年索秋之比，自延历寺宗澄法印之灌顶，借寄此书。

（C）同九年中夏之候，托当寺叡舜显兴房，令书写之毕。

（D）同晚夏之初，托宗成少辅公，令一校毕。

（E）同六月七日，于时于东大寺尊胜院护摩堂南西新学问所，手自书直谬字毕。为兴隆佛法，劝学传灯也。

（A）识语的时代不明，日本新堂也写成"日本新院"，从"大师教迹，胜过别宗"来看，明显主张天台宗的优越性，当为显密之争激化的平安时代中后期所记；（B）为文永八年（1271）秋天，东大寺某僧从延历寺宗澄处借阅此书时所记；（C）为次年（1272）五月，东大寺某僧托同寺叡舜抄写此书时所记；（D）为同年六月初，东大寺某僧请宗成校对写经时所记；（E）为同年六月七日，东大寺某僧亲自订正错字时所记，且明言抄写经书流传之目的，乃为"兴隆佛法，劝学传灯"。

七
新出《金光明经》写经

如前所述，唐开成五年（840）八月十三日之前，圆载已拿到有台州刺史李敬方判印的广修唐决（"寺家未决"三十问）、有滕迈公凭（印信）的维蠲唐决（"寺家未决"30问和"修禅寺未决"13问）、以及抄写的"经论疏义三十本"。维蠲唐决（"寺家未决"30问）尾有跋文"承和十年五月七日，从内里赐左小将藤原良相大夫，副状送山家"。由此可知，最迟在会昌三年也就是承和十年（843）五月七日之前，圆载收集的这些书籍及唐决，已经被送至日本。

进入9世纪后，东亚诸国的海外贸易集团渐趋活跃。于是像惠运、圆珍这样搭乘私人商船（而非遣唐使船）渡海的情况突然增多了。以上所说的唐决和经论义疏，便是通过这种途径送到日本的。

但是，这里要提出的疑问是，圆载在开成四年（839）六月就已经抄写完《法华经五百问论》，为什么不和唐决、经论疏义一起送到本国，而是在4年之后特意派遣弟子送到日本呢？[1]此前没有《法华经五百问论》传到日本的痕迹，因而当属"所缺经论"之一。将此书最先抄写却没有和"经论疏义三十本"一同送到本国，至今仍是一个谜团。

此疑问暂置不谈，会昌三年（843）三月三日，圆载在《法华经五百问论》卷末写上跋文，并遣弟子送往日本的理由，在这里倒可推测之。此时，唐朝政府约定提供衣粮的5年期限[2]眼看到期，圆载向本国送抄写的经书同时，似乎也向朝廷提出资金援助的请求。第二年（844）七月，完成使命的仁好再次入唐，并传回敕令"在唐天台请益僧圆仁、留学僧圆载等，久游绝域，应乏旅资。宜附圆载从僧仁好还次，赐各黄金二百小两者"[3]。可见圆载的请求经费一事，获得日本朝廷的许可。

关于圆载在唐的抄经活动，除了上述资料以外，几乎难觅踪迹。然而，2005年11月12日，京都国立博物馆在举办"天台国宝展"期间，召开"东亚往还与佛教美术"国际研讨会，笔者受邀作基调演讲，有幸发现与圆载有关的新出唐人写经。主办方出于好意，在研讨会的前夜，带领至展览室，使笔者得以近距离观察此写经。

这是用银字在绀纸上书写的《金光明经》卷一的卷末部分，包括经偈与跋文。根据跋文记载，会昌二年（842）九月，临海县的曹游与乐

1　据《入唐求法巡礼行记》《续日本后纪》，圆载的弟子仁好等，于会昌三年（843）九月间抵达楚州，同年十二月回到日本，显然晚于唐决、经论疏义送抵日本的时间。

2　根据《入唐求法巡礼行记》承和六年（839）二月二十四日条，圆载的留学待遇为"但其留学僧一人许向台州，五年之内，宜终给食粮者"，由唐政府支付5年的生活费。

3　《续日本后纪》卷十四承和十一年（844）七月二日条。

安县的项杲募众缘抄写一部，将之喜舍送往日本国，以永充供养。抄写的地点为国清寺，可能就是圆载抄写《法华经五百问论》的日本新堂。全文如下：

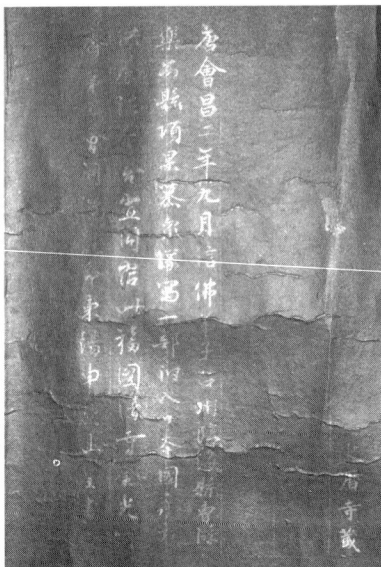

图9-10　唐人写经《金光明经》残卷题记

> 唐会昌二年九月，信佛弟子台州临海县曹游、乐安县项杲，募众缘写一部，附入日本国，永充供养。法界含灵，同沾此福。国清寺金光明斋第三会闻赞，托命东阳申庶幽，立书。

由此联想起《法华经五百问论》的圆载跋文，其中提到圆载将日本新堂抄写的书籍托付弟子仁好送往日本，时间为会昌三年（843）三月三日。笔者推测，此事的准备工作可能在会昌二年（842）就已经启动，于是了解到此事的唐人信徒出于弘传佛教之动机，开始援助圆载的抄经事业。

所幸此唐人写经虽残缺不全，但原本历千余年而留存至今，不能不说是一个奇迹。据卷末所附江户时代亮润的跋文，元文三年（1738）安乐院的慈统在信州（今长野县）的宝积山寺得到此写经，请亮润作跋文后，收藏于净土院。文章略长，照录如下：

> 右《金光明经》，练绀青楮，以白银书，佛字则用黄金书。第

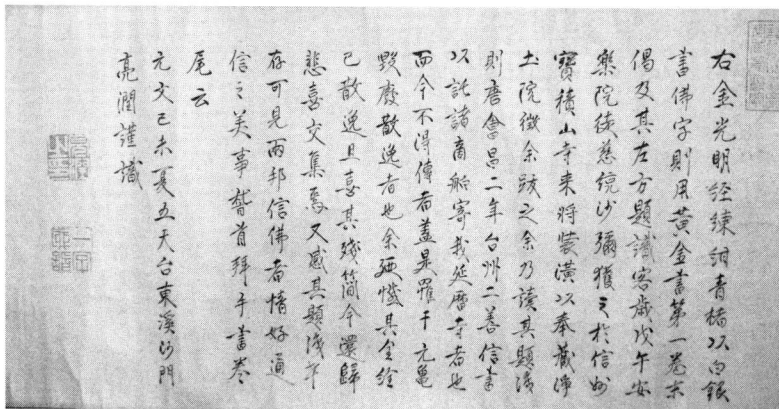

图9-11 唐人写经《金光明经》跋文

一卷末偈，及其左方题识。客岁戊午，安乐院徒慈统沙弥，获之于信州宝积山寺。来将装潢，以奉藏净土院，征余跋之。余乃读其题后，则唐会昌二年，台州二善信书，以托诸商船，寄我延历寺者也。而今不得传者，盖是罹于元龟毁废，散逸者也。余乃忏其全经已散逸，且喜其残简今还归，悲喜交集焉。又感其题后幸存。可见两邦信佛者，情好通信之美事。稽首拜手，书卷尾云。元文己末夏五天台东溪沙门亮润谨识

以上唐人所写《金光明经》，可能便是会昌三年（843）同圆载所写《法华经五百问论》一起，于同年十二月九日由仁好等人带到日本。但是，此经在日本较多见（即非日本"所缺经论"），并不像《法华经五百问论》那样珍贵，慈统在信州宝积山寺发现时，已经和现在一般面目，只存卷一的残叶而已。所幸的是，"题后"即卷末的跋文几乎完整地保留下来，更有"可见两邦信佛者，情好通信之美事"这样千年佳话，见证中日文化交流之源远流长。

本章聚焦于事实上最后一批遣唐使肩负的特殊使命，考证出圆仁的使命系受天台座主圆澄托付，而圆澄则为完成开山最澄的"遗命"，汇总本宗教义疑问30条遣使入唐"请决"；圆仁受托拟赴天台山国清寺寻访名师，但其赴国清寺寻师请益未获唐朝敕准，于是将使命托付给同船入唐且获准留学的圆载。

圆载在履行这一使命的过程中，与当地官府、佛教界、民众广泛接触，其间产生多种传存至今的唐代珍贵文献，包括《维蠲书状》《唐决集》（《圆澄问广修答》《圆澄问维蠲答》《义真问维蠲答》等）、台州刺史滕迈的《书状》及《判印》、圆载写并跋《法华经五百问论》、唐人写经《金光明经》残卷等。上述中国失传而日本留存的文献史料，是唐代中日文化交流的见证。

承和年间的遣唐使，是实际成行的最后一批遣唐使。作为遣唐使事业的收笔之举，对它进行的探究可以是方方面面的。其中，追溯圆仁与圆载的坎坷命运，对于研究日本佛教史特别是日本天台宗的历史有重要意义。

第十章
古代东亚的"书籍之路"

炎炎烈日，茫茫沙漠，默默跋涉的驼队，背负着色彩绚丽的丝绸走向远方，然后满载异国风情的珍奇异宝回归故土——如果这就是所谓的"丝绸之路"，那我们立即会联想到大唐帝国往日的盛世气象。但自遥远的古代开始，汉文书籍负载着灿烂辉煌的中华文明，如高山流水般滔滔不绝向周边地域流播，大大促进了东亚诸国文明的发展，其作用和意义绝不亚于传往西方的丝绸，而人们对这一历史事实尚缺乏应有的关注和认知。

让我们乘坐时空隧道，回到千余年前的唐代。当我们纵目远眺亚洲大陆东侧广阔无垠的浩瀚海洋，就可以发现与上述"丝绸之路"不同的景观——各色各样的船只乘风破浪频繁地往来于中日之间，绵绵不断地开辟洋溢着书香的航道。这就是从我们的记忆中逐渐消失了的"书籍之路"。

"书籍之路"（Book Road）是笔者倡导的一个学术概念，意在论证古代东亚诸国的文化交流，无论内容、形式，还是意义、影响，均有别于沟通中西的"丝绸之路"（Silk Road）。简而言之，中国与西域的交流，主要体现在以"丝绸"为代表的物质文明层面；而中国与日本的交流，则主要体现在以"书籍"为媒介的精神文明层面。前者虽然能暂时地、表面地、局部地装点某个地区的文明景观，但难以从根本上改变该地区的文明内质；后者则可以积淀在一个民族的心灵深处，成为该民族创造文明的源泉。

这条书籍之路起自中国，大略在公元前后通达朝鲜半岛，5世纪中叶经百济延伸至日本列岛。隋唐时代，日本频繁遣使入华，儒书佛典滔滔东渐，书籍交流盛况空前；唐末至五代，中原板荡，历代典籍散毁严重，遂有吴越王海外求书之举；宋元时代，禅宗语录、朱子新注东传，至明清时代而不衰。

隋唐代输往西域的丝绸，现在即便从深埋沙漠的遗存中出土，大概也已经腐朽而不堪穿用；然而，当年来自朝鲜半岛、日本列岛的遣唐使携归的书籍，直到今天依然是人们智慧的源泉。这些书籍犹如文明的种子，在漫长的岁月里生根发芽，继而开花结果，生成参天大树。

一

东亚的书籍流通

根据新旧《唐书》《资治通鉴》等史书记载，李唐治世的约300年间，遣使入唐通聘的国家（民族）多达70余个。这些使节或跨洋过海，或翻山越岭，不远万里来到帝都长安朝贡，呈现"条条道路通长安"的盛况，正如唐末诗人王贞白《长安道》所描述的那般："晓鼓人已行，暮鼓人未息。梯航万国来，争先贡金帛。"[1]

通观唐朝与北狄、西戎乃至南蛮的交聘内容，多为征战、和亲、贸易之类，唯有东夷别具一格，包含了书籍的流通。在古代东亚世界，容受中国书籍的多寡，是衡量一个国家文明程度的重要指标。《通典》卷

---

[1] 王贞白：《长安道》，彭定求等编：《全唐诗（增订本）》卷七〇一，中华书局1999年版，第8135页。

一八五《东夷上》云："大抵东夷书文并同华夏。"这是书籍交流给东亚诸国带来"书同文"的文明盛况。

东亚诸国遣使入唐求书，这在来自其他地区的遣唐使中实属罕见。李商隐所说"姓名过海，流入鸡林、日南有文字国"[1]便是明证，"有文字国"当指汉字文化圈。由此可见，唐代著名文士的诗文虽云"远播海外"，其实大致循着既有的书籍之路东传，并非无序地四处传播。下面对东亚诸国的书籍流通情况，作一简单的概述。

（一）高句丽。《新唐书》称其"人喜学"，未婚子弟聚居一处"诵经习射"[2]；又记唐高祖派遣道士赴彼地，为国王以下数千人讲授《老子》。

关于高句丽拥有的中国书籍，《通典》举出"五经""三史"《三国志》《晋阳秋》《玉篇》《字统》《字林》；《旧唐书》称颂其"俗爱书籍"，国中有"五经"《史记》《汉书》《后汉书》《三国志》《晋阳秋》《玉篇》《字统》《字林》等，并说高句丽人"尤爱重"《文选》。这些书籍无疑均从中国传入。

（二）百济。《新唐书》说"有文籍，纪时月如华人"，《旧唐书》则说"书籍有五经、子、史，又表疏并依中华之法"。古代图书按四部（经、史、子、集）分类，百济在四部中占其三，藏书量不会少于高句丽。

比藏书更为重要的是，百济人与华人一样，用汉文书写表疏、制作历本，具有再生汉字文化的能力，这要胜过高句丽一筹。此外，以中国为起点的书籍之路，主要通过百济延伸至日本，在中日书籍交流中扮演举足轻重的角色。

（三）新罗。与高句丽、百济相比，新罗与唐朝的书籍交流更为频

1　李商隐：《唐刑部尚书致仕赠尚书右仆射太原白公墓碑铭并序》，董浩等编：《全唐文》卷七八〇，中华书局影印本1983年版，第8146页。

2　此处之"经"，非"佛经"之义，当指儒教经书。

繁。据《旧唐书》记载，贞观二十二年（648）新罗遣使入唐，太宗亲赐御制《温汤碑》《晋祠碑》及新撰的《晋书》；垂拱二年（686）遣使求"《唐礼》一部并杂文章"，武则天"令所司写《吉凶要礼》，并于《文馆词林》采其词涉规诫者，勒成五十卷赐之"；开元二十五年（737）邢璹将奉使新罗，玄宗特加叮咛：

> 新罗号为"君子之国"，颇知书记，有类中华。以卿学术善与讲论，故选使充此。到彼宜阐扬经典，使知大国儒教之盛。

以上诸例足以说明，新罗对中国书籍有着强烈的渴求，这些书籍对新罗的文明景观产生巨大影响，以致令唐朝遴选使臣时煞费苦心。

（四）日本。《旧唐书》载第八次遣唐使事，称执节使粟田真人"好读经史，解属文，容止温雅"；又记第九次遣唐使，"所得锡赉，尽市文籍，泛海而还"；还赞许以客卿仕唐的阿倍仲麻吕（唐名"朝衡"），"慕中国之风""好书籍"等等。

日本贞观十七年（875），皇室书库冷然院突遭祝融之灾，历代珍藏大多化为灰烬，宇多天皇敕命藤原佐世编纂残存书目，采录典籍1579部共16790部，足见遣唐使时代书籍交流之盛。唐代传至日本的书籍，通过传抄等形式流布甚广，其中一部分传存至今，形成"唐钞本""旧抄本"等珍贵的资料群，其中包括多种《文馆词林》零卷。

综上所述，由于高句丽、百济、新罗、日本较早借用汉字，隋唐时贵族、官吏、文士、僧侣多通汉文，为书籍的顺畅流通创造了条件。

这条负载唐代文化的书籍之路，与丝绸之路一样起自唐都长安，不同的是向东辐射，一路途经朝鲜半岛以及9世纪以后的渤海国，再越海通往日本；一路从长江下游直抵日本。所谓殊途同归，最后的终点均是日本。

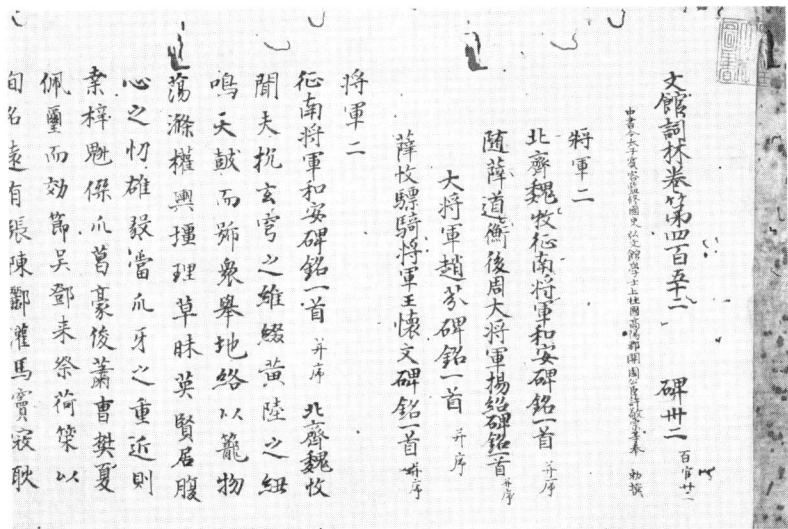

图10-1　早稻田大学藏《文馆词林》卷第四五二（冷然院本影写）

二

从百济到日本

早期中国文化东传，大抵经由朝鲜半岛再流入日本列岛，书籍的传播也不例外。《隋书·倭国传》在回顾古代日本"无文字，唯刻木结绳"的旧有文化状况之后，紧接着说"于百济求得佛教，始有文字"，指出日本摄取大陆文化的百济路线。同书《百济传》也载有"俗尚骑射，读书史，能吏事。亦知医药、蓍龟、占相之术"，并列举了使用《元嘉历》的实例。百济人喜读的"书史"被认为指的是来自中国的经书（书）和史书（史）。此记载表明，除经书和史书之外，还有医药、蓍龟、占相、历术之类等实用类的"子书"也大量流入百济。

若把上述诸事例综合进行考察，我们可以勾勒出早期书籍东传的路线：中国江南（六朝时期的政治文化中心地区）→朝鲜半岛的百济→日

255

本列岛。可以佐证这一书籍之路存在的是《古事记》和《日本书纪》中有关书籍传播的丰富记载，其中最有名的就是"王仁（《古事记》作"和迩吉师"）献书"传说[1]。

《古事记》卷中载："又科赐百济国：若有贤人者贡上。故受命以贡上人，名和迩吉师。即《论语》十卷、《千字文》一卷并十一卷，付是人即贡进。"[2]《日本书纪》卷十"应神天皇十五年（284）八月六日"条载："百济王遣阿直岐贡良马二匹。……阿直岐亦能读经典，即太子菟道稚郎子师焉。"[3]

阿直岐因朝命在身不得久留，遂推荐学问更胜一筹的博士王仁，次年天皇遣使从百济礼聘王仁，于是"春二月，王仁来之。则太子菟道稚郎子师之，习诸典籍于王仁，莫不通达"。[4]其中所谓的"诸典籍"虽所指不明，但至少应该包含《古事记》所载的《论语》10卷和《千字文》1卷；菟道稚郎子"莫不通达"，说明倭国太子在王仁指导下学习《论语》《千字文》有成。

此记载虽然被认为是外来

图10-2　万多亲王等《新撰姓氏录》（1804年刊本）

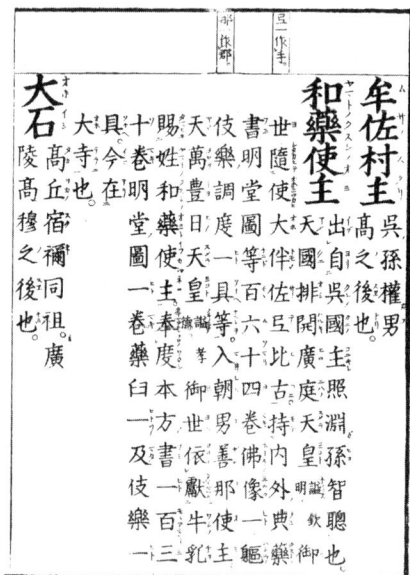

1　详见本书第一章《从传说到史实》第三节《王仁献书说》。

2　[日]仓野宪司、武田祐吉校注：《古事記》，岩波书店1974年版，第248页。

3　[日]坂本太郎等校注：《日本書紀》上册，岩波书店1967年版，第371页。

4　[日]坂本太郎等校注：《日本書紀》上册，岩波书店1967年版，第373页。

的文首集团的始祖传说，存在后世史家粉饰历史的色彩，但也并非毫无史实根据。之所以这么说，是由于应神天皇被认为是5世纪末的人物，从其后的6世纪开始，与"王仁献书"同类的记事在《日本书纪》等史书中屡见不鲜。如《新撰姓氏录》（左京诸蕃下）"和药使主"条云：

> 出自吴国主照渊孙智聪也。天国排开广庭天皇（谥钦明）御世，随使大伴佐弖比古，持内外典、药书、明堂图等百六十四卷、佛像一躯、伎乐调度一具等入朝。男善那使主，天万丰日天皇（谥孝德）御世，依献牛乳，赐姓和药使主。奉度本方书一百三十卷、明堂图一、药臼一及伎乐一具，今在大寺也。

从这条史料可知，钦明天皇（509—571）治世，吴国（江南）人智聪的后代"和药使主"，从百济移居日本，儒书、佛典、药书等164卷；孝德天皇（596—654）治世，其子息"善那使主"献各类医方书籍130卷。祖籍江南一带"吴国"的智聪后代，先从江南迁徙至百济，6世纪中叶再从百济移居日本，他们带去儒教、佛教、道教等的"内外典"之外，尤其值得重视的是还包括技术含量高、实用性强的医书、方书、明堂图（针灸经络图）之类。日本朝廷赐姓"和药使主"，即与他们身怀的技能有关。

至7世纪初，百济僧观勒赴日献书为止，汉籍经由百济流播日本的历史宣告结束；以日本政府派出遣隋使为契机，中日间直通的"书

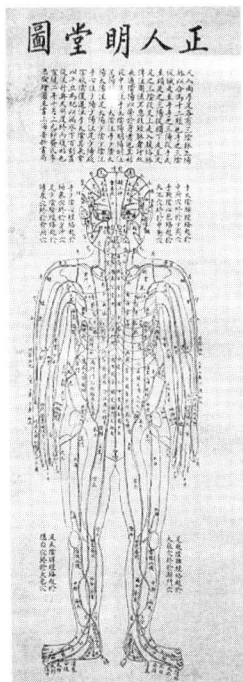

图10-3 《正人明堂图》

籍之路"成功通航。这一巨大变化，在《旧唐书·倭国传》中的"颇有文字，俗敬佛法"、《新唐书·日本国传》中的"有文字，尚浮屠法"等记载中被充分反映出来。

三
遣隋唐使的使命

"遣隋使""遣唐使"的说法，乃是依据中国王朝更迭而命名的。从日本历史的角度来看，二者紧密关联、前后衔接，均肇始于飞鸟时代，没有必要将其强行拆开。名为遣唐使的研究著述大都从遣隋使开始谈起，原因正在于此。因此，当考察遣唐使派遣月的时，遣隋使也应纳入我们的视野。

对于了解遣隋使的派遣目的来说，《善邻国宝记》卷上推古天皇纪中所引《经籍后传记》[1]的遗文不可忽略："以小治田朝（今按推古天皇）十二年岁次甲子正月朔，始用历日。是时，国家书籍未多，爰遣小野朝臣因高于隋国买求书籍，兼聘隋天子。"[2]上述遣隋使肩负购求书籍的使命这一说法，可以得到其他多种文献资料的佐证。

《宋史》引用的《王年代纪》在阐述圣德太了的事迹之后，紧接着载有"当此土隋开皇中，遣使浮海至中国，求《法华经》"。关于遣隋使小野妹子赴中国衡山求得《法华经》之事，奈良时代淡海三船所作的

---

1 坂本太郎指出《经籍后传记》与《政事要略》所引的《儒传》为同书异名，该书宣扬的学说与佛教相背，反映出遣隋使时代的特色，成书年代当为平安期。详请参见拙著《聖德太子時空超越——歷史を動かした慧思転生説》，大修馆书店1994年版，第213页。

2 ［日］田中健夫：《善隣国宝記·新訂続善隣国宝記》，集英社1995年版，第34页。

《景云元年三月天皇巡行诸寺从驾圣德太子寺一首序》（767年，《传述一心戒文》所引）、赴日唐僧思托撰《上宫皇太子菩萨传》（788年，《延历僧录》收载）以及平安时代的多部圣德太子传记中均有记载。

推古十二年即公元604年，"始用历日"无疑是奉中国正朔之标志。同年，主持朝政的圣德太子肇作《宪法十七条》，前一年则颁布《冠位十二阶》，606年释讲《胜鬘经》和《法华经》，整顿法制、演讲佛经均需大量参考书籍，此时感叹"国家书籍未多"而派遣小野妹子赴隋求书，应该顺理成章。遣隋使回国后，圣德太子必定利用了携归的书籍，先后撰写了《胜鬘经义疏》1卷（611年）、《维摩经义疏》3卷（613年）、《法华义疏》4卷（615年）。

遣隋使购求书籍，并不是日本历史上突然发生的现象。如果把此前与百济的交涉一并来梳理，就可以发现，对于书籍的需求是古代日本的一贯做法。只不过圣德太子购求书籍是经中继国百济而向书籍的源头中国遣使来实现的。遣隋使开辟的直通的书籍之路，自然被遣唐使继承并进一步拓展。

遣唐使购求书籍并不是特定个人或者某个群体的嗜好，而是具现日本朝廷即历代天皇意志的国家行为。有关这方面的实证资料不多，但8世纪后期的一份牒状传递出重要信息，《东大寺六宗未决义》尾书云：

> 右被去宝龟六年十二月十三日纲所牒称，了事学头专为别当，请率供别知法大法师并听利僧等，勘出各宗一切经论章疏传集等所疑文义等，寄返学僧等以决所疑者。今依牒旨，注显别宗未决文义并未度来书等，申上如件，以牒上。宝龟七年二月五日。

这份文书虽然用汉文写成，但残留俗称"和习"的日语特征，读来比较拗口，其大意如下：代表朝廷的僧纲所[1]于宝龟六年（775）十二月十三日发牒，要求各宗学头率精英勘出一切经中存疑未决的问题，以便交返学僧（请益僧）入唐求答；宝龟七年（776）二月五日，东大寺依照僧纲所牒，汇总寺内六宗的"未决文义"与"未度来书"呈上。

宝龟六年（775）六月十九日："以正四位下佐伯宿祢今毛人为遣唐大使。"（《续日本纪》）朝廷任命遣唐使之后，僧纲所即向各大寺宗派发牒，征集"未决文义"与"未度来书"（未传到日本的佛书）[2]，由僧纲所负责甄别汇总编成目录，交给遣唐使入唐搜集。

日本遣唐使购求书籍，渗透着国家的意志。事实上，日本政府正是依据携归书籍的质和量，对遣唐使论功行赏的。据《日本书纪》卷二十五"白雉五年（654）七月"条载："是月，褒美西海使等奉对唐国天子，多得文书宝物。授小山上大使吉士长丹以小华下，赐封二百户，赐姓为吴氏；授小乙上副使吉士驹以小山上。"[3] 可知，吉士长丹等获得如此丰厚的赏赐是由于"多得文书宝物"。

由于遣隋使和遣唐使存续的约300年间，东亚的形势发生了激烈

图10-4　遣唐大使吉士长丹像
（《画像图本拾遗》）

1　僧纲所：日本奈良时代设立的管理僧尼与寺院的政府机构，官署常驻药师寺。

2　有关"未决文义"，参见本书第九章《最后一次遣唐使的特殊使命》；有关"未度来书"，参见本书第四章《8世纪的"书籍之路"》。

3　［日］坂本太郎等：《日本书纪》下册，岩波书店1967年版，第323页。

的变动，故遣使目的不能一概而论。但是，对于中国书籍的需求则是日本派出遣唐使的原动力，书籍的输入与遣唐使的使命密不可分。伴随着时代的变迁，中日间的"书籍之路"之所以逐渐得到强化，是由于在岛国这一地理条件下，与人物往来传授相比，大陆先进的知识文化大多数场合不得不依靠书籍来获取。

四
留学生与留学僧

在中日两国的书籍交流中，遣唐使无疑发挥了重要作用。上述对于书籍热心购求的大使等官吏自不用说，跟随使节团赴唐的留学生和留学僧（包括请益生、请益僧、还学生、还学僧、学问生、学问僧等）也把购求书籍作为主要目的，这在中日两国的文献资料中可以撷拾许多实例。

比如，留学僧玄昉一次就曾携归佛教经论5000余卷。《续日本纪》卷十六"天平十八年（746）六月十八日"条载："僧玄昉死。玄昉俗姓阿刀氏，灵龟二年入唐学问，唐天子尊昉准三品，令着紫袈裟。天平七年随大使多治比真人广成还归，赍经论五千余卷及诸佛像来。皇朝亦施紫袈裟着之，尊为僧正，安置内道场。"[1] 白雉四年（653），跟随因"多得文书宝物"而被赐封赐姓的吉士长丹等赴唐的道照（也写作道昭），归国时也携归了大量书籍。《续日本纪》卷一"文武四年（700）三月十日"条载：

道照和尚物化。……初孝德天皇白雉四年，随使入唐，适遇玄

1　[日]青木和夫等:《續日本紀》第三册，岩波书店1995—1998年版，第28—30页。

奘三藏师受业焉。……临诀，三藏以所持舍利、经论咸授和尚而曰："人能弘道，今以斯文附属。"……登时船进还归本朝，于元兴寺东南隅别建禅院而住焉。于时天下行业之徒，从和尚学禅焉。……后迁都平城也。和尚弟及弟子等奏闻，徙建禅院于新京，今平城右京禅院是也。此院多有经论，书迹楷好，并不错误，皆和上之所将来者也。[1]

白雉四年（653），道照随日本使团入唐求学，投玄奘（602—664）门下受业，玄奘对这位海外学子呵护有加，临终前将"所持舍利、经论"悉数相赠。道照回国后，在元兴寺（飞鸟寺）内建造禅院，于是"天下行业之徒"纷至沓来。公元710年，日本迁都平城京（今奈良），道照师徒奏请将禅院移建于新京，从唐携归的"书迹楷好，并不错误"写经也一并安置。

此外，被誉为"入唐八大家"的最澄、空海、常晓、圆行、惠运、圆仁、圆珍、宗睿等携归书籍的目录至今尚存。这些目录所载书籍的总数有20000卷以上。如下笔者仅把他们的目录列举如下（同一人的多个书目中，有些书重复出现，特此说明）：

最澄：《传教大师将来台州录》（128卷）、《传教大师将来越州录》（102卷）

空海：《御请来目录》（461卷）

常晓：《常晓和尚请来目录》（60卷）

圆行：《灵岩寺和尚将来法门道具等录》（160卷）

惠运：《惠运禅师将来教法目录》（180卷）、《惠运律师书目录》（222卷）

---

1 ［日］青木和夫等：《續日本紀》第一册，岩波书店1995—1998年版，第22—26页。

圆仁：《日本国承和五年入唐求法目录》（165）、《慈觉大师在唐送进录》（131卷）、《入唐新求圣教目录》（584卷）

圆珍：《开元寺求得经疏记等目录》（156卷）、《福州温州台州求得经论疏记》（458卷）、《外书等目录》（115卷）、《青龙寺求法目录》（772卷）、《日本比丘园珍入唐求法目录》（1000卷）、《智证大师请来目录》（1064卷）

宗睿：《书写请来法门等目录》（143卷）、《禅林寺宗睿僧正目录》（89卷）

综上可知，在书籍之路形成和发展的过程中，僧侣的功绩很值得大书特书。他们不仅仅是宗教家，而且还是文化人，甚至是政治家。如果把僧侣排除在外，那么唐代的中日文化交流就变得异常单薄。

留学生中，则有携归《唐礼》《太衍历经》等150余卷的吉备真备。《续日本纪》卷十二"天平七年（735）四月二十六日"条载："入唐留学生从八位下下道朝臣真备献《唐礼》一百卅卷、《太衍历经》一卷、《太衍历立成》十二卷……《乐书要录》十卷。"[1]而且吉备真备是在归国不久就早早献上的。最澄、空海等留学僧也曾把携归的书籍献上。由此可见，公费留学生和留学僧有将购求书籍献呈朝廷的义务。

携归书籍，在某种

图10-5　空海《御请来目录》（日本国立国会图书馆藏本）

1　［日］青木和夫等：《續日本紀》第二册，岩波书店1995—1998年版，第288页。

意义上，可以说是留学的成果。正因为如此，各种各样的悲喜剧随之登场。被圆珍辱骂为"犯僧尼，蓄子息，企图暗杀日本僧，贪欲金钱"的圆载，在归国之际也携有苦心收集的千余卷"儒书泊释典"（陆龟蒙《闻圆载上人挟儒书泊释典归日本国》）。试想，如果这些书籍没有因海中遭难与圆载一同化为海藻的话，那圆载一定可以洗去恶名而备受尊崇[1]。

在此，再介绍一位与携归书籍相关的特殊人物，他就是天智八年（669）跟随第七次遣唐使赴唐的留学僧智藏。据《怀风藻》记载：

> 淡海帝世，遣学唐国。时吴越之间，有高学尼，法师就尼受业。六七年中，学业颖秀，同伴僧等颇有忌害之心。法师察之，计全躯之方，遂被发阳狂，奔荡道路。密写三藏要义，盛以木筒，着漆秘封，负担游行。同伴轻蔑，以为鬼狂，遂不为害。[2]

可知，智藏因学业优秀而遭同伴嫉妒，为保全性命，其白天佯装发疯，夜晚展现留学僧的姿态，偷偷抄写经论。甚至在留学生活结束回归祖国的途中，其仍不得不装疯卖傻。《怀风藻》紧接上文还载有："太后天皇世，师向本朝。同伴登陆，曝凉经书。法师开襟对风曰：我亦曝凉经典之奥义。众皆嗤笑，以为妖言。临于试业，升座敷演，辞义峻远，音词雅丽。论虽蜂起，应对如流，皆屈服，莫不惊骇。帝嘉之，拜僧正。"[3]但是在天皇面前比拼学业高低时，智藏则一改过去的狂癫姿态，应对如流，惊叹四座。

1　有关圆载的研究，请参见拙著《唐から見た遣唐使》，讲谈社1998年版，第88—116页。

2　［日］竹内理三编：《宁乐遗文》下，东京堂1981年版，第913页。

3　［日］竹内理三编：《宁乐遗文》下，东京堂1981年版，第913页。

智藏为掩人耳目，处心积虑地抄写经籍，秘藏于木筒，并成功携归故土，在"试业"时才充分利用了这些被秘藏书籍中的知识[1]。由此可见，在书籍携归的背后，隐藏着留学僧的艰辛苦劳。

五
书籍东传的渠道

　　如上所述，在中日两国的书籍之路这一舞台上，遣唐使以及随行的留学生和学问僧无疑扮演着主角。但也不能忽视配角的存在。如下，笔者把配角扮演的情况即书籍交流的渠道分为五类：

（一）唐政府的赐予

　　除上述高句丽、新罗的遣唐使之外，中国王朝赐给外国使者书籍的例子不多见，至于能够佐证日本遣唐使也获赐书籍的史料可举出数例。据《册府元龟·外臣部·请求》载："（开元）二十三年闰十一月，日本国遣其臣名代来朝献表，恳求老子经本及天尊像，以归于国，发扬圣教。许之。"可知，与高句丽同样，日本的遣唐使也被赐老子《道德经》。此外，如玄昉满载《开元

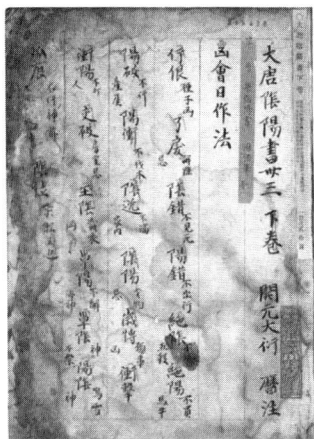

图10-6 《大唐阴阳书（开元大衍历注）》（京都大学图书馆）

1　有关智藏的研究，请参见拙文《留学吴越的智藏》，载《中日文化论丛 1995》，杭州大学出版社1996年版，第3—20页。

藏》而归，吉备真备携带《唐礼》《太衍历经》《太衍历立成》《乐书要录》而回，均非个人能力所及，应该也是唐王朝的赐予。

（二）私人的馈赠

相对于政府的赐予，个人的馈赠的例子屡见不鲜。最澄、空海、园仁、园珍等均被唐人赠送很多书籍。例如，最澄在巡礼天台山时遇见的行满就曾"倾法财，施法宝"，相赠《法华疏》《涅盘疏》《释籤》《止观》《止观记》等82卷[1]。

此外，个人的馈赠的例子还可以从现存书籍的内题跋文中得到证实。比如《遗教经》（石山寺所藏）中所载的长安人陈延昌、《肇论疏》（《大正新修大藏经》所收）所载的扬州僧玄湜等分别抄写经论，托付给归国的遣唐使，使之流布日本[2]。

（三）赴日唐人的随身携带

众所周知，赴日的鉴真僧团携往日本的佛教经书有数百卷（《唐大和上东征传》）。另据《续日本纪》卷三十五"宝龟九年（778）十二月十八日"条载："玄蕃头从五位上袁晋卿赐姓清村宿祢。晋卿，唐人也。天平七年随我朝使归朝，时年十八九，学得《文选》《尔雅》

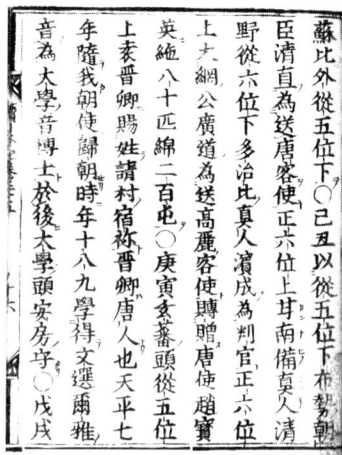

图10-7　唐人袁晋卿记事
（《续日本纪》）

1　有关最澄和行满的交往，请参见拙著《天台の流伝》，山川出版社1997年版，第246—248页。

2　请分别参见拙著《唐から见た遣唐使》，讲谈社1998年版，第150—154页；［日］东野治之：《遣唐使と正仓院》，岩波书店1992年版，第83—86页。

音，为大学音博士。"[1]据此推测，袁晋卿很可能把《文选》《尔雅》等书籍携往日本。

另一个不可忽视的事实是赴日唐人在日撰写的著述。比如跟随鉴真赴日的弟子法进曾撰写《沙弥十戒并威仪经疏》《东大寺受戒方轨》《沙弥经钞》《注梵网经》等，思托也撰有《大唐传戒师僧名记大和上鉴真传》（淡海三船《唐大和上东征传》依据的蓝本）、《延历僧录》等。

（四）中国商船的舶载

9世纪以后，中国商船频繁地往来于中日之间，舶载品中当含有书籍。承和五年（838），太宰府的官吏藤原岳守从唐商船中曾发现"元白诗笔"。《文德实录》卷三"仁寿元年（851）九月二十六日"条载："散位从四位下藤原朝臣岳守卒。……（承和五年）出为大宰少贰，因检校大唐人货物，适得元白诗笔奏上。帝甚耽悦，授从五位上。"

（五）渤海、新罗的赴日使节及商人携带

在此仅以渤海国为例。天安二年（858），渤海使乌孝慎赴日献上《宣明历》（《类聚三代格》）。两年后，日本朝廷废止遣唐使带回的、已经过时的《大衍历》和《五纪历》，施行渤海使带来的《宣明历》。至此之后，《宣明历》沿用了约800年[2]。

通过上述的几种渠道，沿着"书籍之路"流播至日的中国书籍数量惊人。距第一次遣隋使（600）百余年，日本进入奈良时代，书籍的储量已经达到惊人的程度。以佛教书籍为例，651年开始读诵一切经，673年抄写一切经；进入奈良时代，各大寺院纷纷设立"写经所""写一

1　[日]青木和夫等：《续日本纪》第五册，岩波书店1995—1998年版，第82页。
2　关于唐代历法东传日本，参见本书第六章《唐历在东亚的传播》。

切经所"等，朝廷主持的写经、校经、读经的记载，更是频频见于史料。

据石田茂作统计，奈良时代传抄的一切经，数量甚至超过同时代唐朝的佛经目录，如天平宝字五年（761）《奉写一切经所解》，称"合奉写大小乘经律论贤圣集别生疑伪并目录外经总五千三百卅卷"。这种异常情况的出现，大概与日本保存原有经书的同时，不断从唐朝求取新译、新撰的佛教书籍，收录的范围或许比中国更广有关。

纵观遣隋唐使的历史，日本派往中国学习佛教的留学僧，与学习儒学及其他学问的留学生，数量大致是等量齐观的。按常理考虑，留学生与留学僧应该肩负同样的使命，那么他们带回的书籍必定也非常之多。

这种推测有一定根据，宽平三年（891）编成的《日本国见在书目录》，收录的书籍有1579部，计16790卷，分"易家""尚书""诗""礼""乐""春秋""孝经""论语"等40家，辑入书籍约当《隋书·经

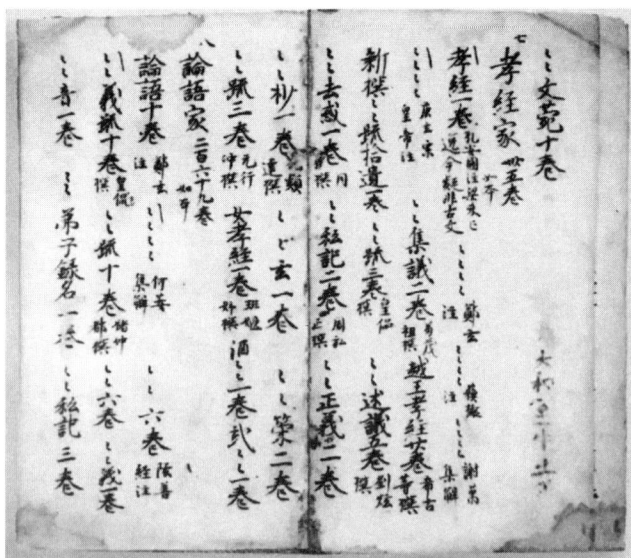

图10-8　《日本国见在书目录》写本

籍志》一半、《旧唐书·经籍志》三分之一强。如果考虑到这是在皇室图书馆（冷然院）化为灰烬（875年）之后网罗的残存书目，那么唐代传入日本的佛教以外的书籍也是非常惊人的。

令人不可思议的是，历经千年以上的沧桑，一部分唐代的写本作为遣唐使时代的遗物至今还保存在日本，促人追忆往昔的"书籍之路"。那些蓄积在"书籍之路"的终点——日本的书籍，数量之丰富，让人叹为观止。目前日本公私以及寺院神社等的藏书，使我们能够追忆这些被携归的书籍的风貌，不能不说是一个历史奇迹。

六
汉文书籍的环流

如上所述，通过遣唐使时代的书籍之路，流播到域外的中国汉文典籍对东亚诸国的文化发展发挥了巨大作用。不可忽视的是，此"书籍之路"并不是单向流播的，东亚诸国的汉文书籍也沿着同一条"书籍之路"逆向输入中国。扮演逆向输入主角的不是别人，正是那些在唐购求书籍的遣唐使们。笔者兹列举如下几例：

（一）圣德太子的《三经义疏》

唐开成三年（838）跟随遣唐使（实际上是最后一次遣唐使）赴唐的圆载，把《法华经义疏》纳入天台山经藏。先于此60年前的宝龟三年（772），于扬州登陆的日本僧戒明等8人，把《法华经义疏》和《胜鬘经义疏》一起呈给了龙兴寺僧灵祐。扬州法云寺僧明空对《胜鬘经义疏》特别感兴趣，施加注释撰成《胜鬘经疏义私钞》。中国人为日本汉文著作进行注释，至明治维新为止，大概仅此一例。《胜鬘经义疏》被

269

如何高度评价，据此可一清二楚[1]。

（二）最澄的送至唐朝的书籍

众所周知，9世纪初（804）赴唐的请益生最澄，自唐携归了大量的书籍。但俗称为"明州牒"的唐代公文书，又告诉我们一个事实：最澄赴唐时，携有用金粉书写的《法华经》《无量义经》《普贤观经》以及《屈十大德疏》10卷、《本国大德诤论》2卷等，并把这些书籍全部施入天台山。《屈十大德疏》和《本国大德诤论》虽著者不明，但大致可以推定为是日本人撰写的汉文佛教典籍。

（三）淡海三船的《大乘起信论注》

据跟随鉴真赴日的唐僧思托撰《延历僧录》记载，当东大寺的赴唐日僧圆觉携带淡海三船的《大乘起信论注》献呈给越州龙兴寺僧祐觉时，祐觉感激之至，托遣唐使把赞美诗送给淡海三船。淡海三船因撰写《唐大和上东征传》而广为人知，其在少年之时曾向赴日唐僧道璇学习佛教，成人之后因在诗文方面的才能而被誉为奈良朝的"文人之首"。通过"书籍之路"，中国僧侣能够鉴赏海东硕学的研究成果，这不能不说是中日交流史上的又一美谈佳话[2]。

（四）石上宅嗣的《三藏赞颂》

据《延历僧录》记载，与淡海三船并称"文人之首"的石上宅嗣曾把自己撰写的《三藏赞颂》托遣唐使送往中国。读到该书的唐内道场大德飞锡惊叹其学识和文采，称赞其为"日本国的维摩吉"，并把自己撰

1　有关"三经义疏"传入中国，详见本书第五章《东亚佛书之环流》。
2　有关淡海三船《大乘起信论注》传入中国史事，详见本书第七章《淡海三船与诗文互鉴》第六节《〈大乘起信论注〉与〈唐大和上东征传〉》。

写的《念佛五更赞》，托遣唐使送至日本。

（五）最澄的《显戒论》

自唐归国的最澄致力于在平安京开创新宗派天台宗，最终与奈良旧宗派（南都六宗）发生了激烈的冲突。最澄在与旧宗派论战之际，曾于弘仁十一年（820）撰写《显戒论》献呈给天皇，阐述天台圆顿戒的奥义。此著作大概被撰写《入唐求法巡礼行记》的圆仁带往中国，送给当时唐代佛教界举足轻重的人物知玄。知玄读过此书之后，书写礼状："周览已毕，绝是佳作""东国名公，永耀真宗"，并针对会昌灭佛造成的现状，感叹"千年象教今东流，盛扬彼土固其宜"。[1]

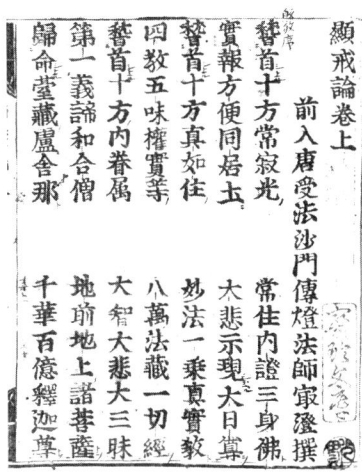

图10-9　最澄《显戒论》书影（1617年刻本）

上述诸例中值得注目的是，淡海三船和石上宅嗣二人均入选过遣唐使团，但因各种各样的缘故最终未能成行，故托友人携带自己著作赴唐。之所以如此，很可能是由于这些著作原本就是著者本人欲亲自携带赴唐，或者最初就是专为送往中国而撰写的。如果这一推测有幸言中，那就可以想象，每次数以百计的赴唐使团中，携带自己或亲友的著作渡海者当大有人在。

不用说，整个遣唐使时代，流传到中国的、日本人撰写的汉文书籍并不局限于上述几种。如仁寿三年（853）搭乘唐商船赴唐的圆珍曾携

1　[日] 最澄：《顯戒論》，宗存，1617年刻本。

带150卷书籍。虽然这些书籍的名称和著者不详，令人遗憾，但考虑到入宋僧成寻携带大量书籍来华的情况，则不难想象其中会包含有日本人的著作[1]。

列举上述诸多的实例，是为了证明"书籍之路"是一个往复通道。也就是说，通过"书籍之路"中国的汉籍像汹涌澎湃的海潮一样顺流至日本的同时，这些中国书籍所具有的再生机能而孕育诞生的日本汉籍也逆流至中国，尽管这种逆流是稀少的，但我们不能因此而忽略之。

逆流的日本汉籍虽少，但也不可小觑。往返的流通渠道一旦开通，流播的方向和数量，虽为各国政局的变动所左右，但也会经常不断地变化。历经"安史之乱""会昌灭佛"的中国，书籍散佚的惨状令人目不忍睹。迨至五代，天台僧义寂为了宗门的复兴，苦心搜求书籍。但获取的本门经书仅有《净名疏》一部。于是，吴越王钱弘俶遣使赴海外购求业已散佚的书籍。高句丽僧谛观和日本僧日延应请各自送来了残存于己国的汉文书籍。此时，日延的身份是"缮写法门度送使"，也就是"送书籍的使者"之意。若据此称谓，则遣唐使可称之为"求书籍的使者"。值得注目的是，"送书籍的使者"与"求书籍的使者"利用的完全是同一条"书籍之路"。换句话说，遣唐使时代通过"书籍之路"流入朝鲜半岛和日本的书籍一部分，在五代以后又沿着同样的道路逆流回归故土。

在此意义上，可以说，灿烂辉煌的中华文明通过"书籍之路"，在向周边的国家和地区撒播文明种子的同时，也扩展了自己的生存空间。也即，因天灾人祸遗失的中国书籍，又沿着"书籍之路"逆流回归，避

1　有关遣唐使时代汉文书籍的逆向输入，请参见拙文《日本汉籍西传中国的历程》，王勇等主编：《中日文化交流史大系·典籍卷》，浙江人民出版社1996年版，第176—303页。

免了灭绝的厄运。由此可见，文化的输出绝不是单向的赐予，同样文化的摄取也不是单向的吸收。所有优秀的文化，正是通过相互交流或者环流，才有可能获得永生。

相对于从沙漠、驼队、丝绸、西方等容易联想到的、充满异国情调的"丝绸之路"，笔者完全被大海、船队、书籍、东方等铺就而成的"书籍之路"所陶醉。探索遣唐使时代的"书籍之路"，将是笔者今后不懈追求和探索的方向。

图书在版编目（CIP）数据

隋唐中日书籍交流史 / 王勇著. —杭州 ：浙江人
民出版社，2021.11
　（新中日文化交流史大系）
　ISBN 978-7-213-10012-3

　Ⅰ. ①隋… Ⅱ. ①王… Ⅲ. ①图书－文化交流－
文化史－中国、日本－隋唐时代 Ⅳ. ①G256.1

中国版本图书馆CIP数据核字（2021）第015691号

隋唐中日书籍交流史

王勇 著

出版发行	浙江人民出版社 (杭州市体育场路347号 邮编 310006)
	市场部电话：(0571)85061682 85176516
责任编辑	方　程
责任校对	何培玉
责任印务	刘彭年
封面设计	敬人工作室
电脑制版	杭州兴邦电子印务有限公司
印　刷	浙江新华数码印务有限公司
开　本	880毫米×1230毫米　　1/32
印　张	9
字　数	232千字
插　页	6
版　次	2021年11月第1版
印　次	2021年11月第1次印刷
书　号	ISBN 978-7-213-10012-3
定　价	78.00元

如发现印装质量问题,影响阅读,请与市场部联系调换。